회남자

생각의 어우러짐에 관한 지식의 총서

청소년 철학창고 32

회남자, 생각의 어우러짐에 관한 지식의 총서

초판 1쇄 인쇄 2014년 1월 20일 | 초판 1쇄 발행 2014년 1월 25일

최영갑 풀어씀 | 펴낸이 홍석 | 기획 채희석
편집 김재실 | 표지 디자인 황종환 | 본문 디자인 서은경
전각 양성주 | 마케팅 홍성우 · 김정혜 · 김화영
펴낸 곳 도서출판 풀빛 | 등록 1979년 3월 6일 제8-24호
주소 120-818 서울특별시 서대문구 북아현동 177-5 한일빌딩 3층
전화 02-363-5995(영업), 02-362-8900(편집) | 팩스 02-393-3858
홈페이지 www.pulbit.co.kr | 전자우편 inmun@pulbit.co.kr

ⓒ 최영갑, 2014

ISBN 978-89-7474-741-1 43150

ISBN 978-89-7474-526-4 (세트)

책값은 뒤표지에 표시되어 있습니다.

이 책의 국립중앙도서관 출판시도서목록(CIP)은
e-CIP 홈페이지(http://www.nl.go.kr/ecip)와 국가자료공동목록시스템
(http://www.nl.go.kr/kolisnet)에서 이용하실 수 있습니다. (CIP제어번호: CIP2014000368)

회남자

생각의 어우러짐에 관한 지식의 총서

유안 엮음 | 최영갑 풀어씀

'청소년 철학창고'를 펴내며

　우리 청소년이 읽을 만한 좋은 책은 없을까? 많은 분들이 이런 고민을 하셨을 겁니다. 그러면서 흔히들 고전을 읽어야 한다고 합니다. 하지만 서점에 가서 책을 골라 보신 분들은 느꼈을 겁니다. '청소년의 지적 수준에 맞춰서 읽힐 만한 고전이 이렇게도 없는가.'라고.

　고전 선택의 또 다른 어려움은 고전의 범위가 매우 넓다는 것입니다. 청소년 시기에는 시간과 능력의 한계 때문에 그 많은 고전들을 모두 읽을 수 없습니다. 그렇다면 어떤 책을 읽어야 할까요?

　이런 여러 현실적인 어려움을 고려해 기획한 것이 풀빛 '청소년 철학창고'입니다. '청소년 철학창고'는 고전의 핵심이라 할 수 있는 '철학'에 더 많은 무게를 실었습니다. 그 이유는 무엇일까요?

　사람들은 일반적으로 철학을 현실과 동떨어진 공리공담이나 펼치는 학문이라고 생각합니다. 하지만 철학적 사고의 핵심은 사물과 현상을 다양하게 분석하고 종합해서 그 원칙이나 원리를 찾아내는 것입니다. 그래서 철학은 인간과 세상에 대해 깊이 있게 생각하고, 논리적으로 종합하는 능력을 키워줍니다. 그런 만큼 세상과 인간에 대해 눈떠 가는 청소년 시기에 정말로 필요한 공부입니다.

하지만 모든 고전이 그렇듯이 철학 고전 또한 읽기가 쉽지 않습니다. 그래서 '청소년 철학창고'는 청소년의 눈높이에 맞추기 위해 선정에서부터 원문 구성에 이르기까지 많은 노력을 기울였습니다.

첫째, 책을 선정하는 과정에서부터 엄격함을 유지했습니다. 동양·서양·한국 철학 전공자들이 많은 회의 과정을 거쳐, 각 시대마다 동서양과 한국을 대표하는 철학 고전들을 엄선했습니다. 특히 우리 선조들의 사상과 동시대 동서양의 사상들을 주체적인 입장에서 비교하고 검토할 수 있도록 했습니다.

둘째, 고전 읽기의 참다운 맛을 살리기 위해 최대한 원문을 중심으로 구성했습니다. 물론 원문 읽기의 어려움을 해결하기 위해 새롭게 번역하고 재정리했습니다. 그리고 청소년이라면 누구나 어렵지 않게 읽으면서 고전이 주는 의미와 내용을 이해할 수 있도록 설명을 덧붙였고, 전체 해설을 통해 저자의 사상과 전체 내용을 다시 한 번 정리해 주었습니다.

마지막으로 쉬운 것부터 읽기 시작해 점차 사고의 폭을 넓혀 가도록 난이도에 따라 세 단계로 구분했습니다. 물론 단계와 상관없이 읽고 싶은 순서대로 읽어도 됩니다.

우리 선정위원들은 고전 읽기의 진정한 의미가 '옛것을 되살려 오늘을 새롭게 한다(溫故知新).'는 데 있다고 생각합니다. '청소년 철학창고'를 통해 자라나는 청소년들이 인간과 사물에 대한 깊은 통찰력을 키워, 밝은 미래를 열어 나갈 수 있기를 진정으로 바랍니다.

2005년 2월

선정위원 허우성(경희대 교수, 동양 철학)   윤찬원(인천대 교수, 동양 철학)
정영근(서울산업대 교수, 한국 철학)   허남진(서울대 교수, 한국 철학)
이남인(서울대 교수, 서양 철학)   한자경(이화여대 교수, 서양 철학)

들어가는 말

　많은 동양의 고전 가운데 《회남자》라는 책을 아는 사람은 극히 드물다. 하지만 새옹지마(塞翁之馬)와 당랑거철(螳螂拒轍)의 고사를 이야기하면 '아하!' 하고 탄성을 지를 것이다. 새옹지마를 모르는 사람은 드물기 때문이다.

　변방에 사는 사람 가운데 꾀가 좋은 사람이 있었는데, 어느 날 아무 이유 없이 집에서 기르던 말이 도망가서 오랑캐 땅으로 가 버렸다. 사람들이 모두 그에게 위로의 말을 전하자 그 아버지가 말했다. "이것이 어찌 복이 되지 않겠소?" 몇 달이 지나서 도망갔던 말이 오랑캐의 준마를 데리고 집으로 돌아왔다. 그러자 사람들은 축하의 말을 전했는데, 그 아버지는 "이것이 어찌 화가 되지 않겠소?"라고 했다. 그 집에는 좋은 말이 많았고 그의 아들은 말 타기를 좋아했는데, 하루는 말에서 떨어져 다리가 부러지고 말았다. 사람들이 모두 그에게 위로의 말을 전하자 아버지가 "이것이 어찌 복이 되지 않겠소?"라고 했다. 그로부터 1년 지난 뒤에 오랑캐 사람들이 변방으로 침입했고 젊은 장정들은 전쟁에 끌려갔다. 그리하여 변방 근처의 사람 가운데 죽은 자가 열 명 가운데 아홉이나 되었다. 하지만 그의 아들은 다리가 부러졌기 때문에 부자가 목숨을 보존할 수 있었다. 이것이 새옹지마다. 그래서 '인간지사 새옹지마'라는 말을 많이 한다.

　춘추 시대 제(齊)나라 장공(莊公) 때의 일이다. 어느 날 장공이 수레를 타고

사냥터로 가던 도중 웬 벌레 한 마리가 앞발을 도끼처럼 휘두르며 수레를 쳐부술 듯이 덤벼드는 것을 보았다. "저것이 무슨 벌레인가?" 그가 마부에게 묻자 마부가 대답하기를 "저놈은 사마귀라는 벌레이온데, 앞으로 나아갈 줄만 알지 뒤로 물러갈 줄은 모르는 놈이옵니다. 제 힘은 생각지도 않고 상대를 가볍게 여기는 벌레입니다." 장공이 고개를 끄덕이며 "만약 저놈이 인간이라면 훌륭한 용사가 되었으리라. 비록 미물이지만 용기가 가상하니, 수레를 돌리거라." 여기서 유래된 말이 당랑거철이다. 자기 힘만 믿고 거대한 적과 대항하는 것을 이를 때 사용하는 고사다.

《회남자》가 어떤 책인지를 설명하기 위해 두 편의 고사를 인용하며 장광설을 늘어놓았다. 비록 많은 사람들에게 알려진 유명한 책은 아니지만 여기에 담긴 많은 이야기들은 사람이 살아가는 데 필요한 다양한 자양분을 제공하고 있다. 이 책은 하나의 사상만 담고 있는 것이 아니라 도가 사상을 비롯해, 정치·신화·천문·지리 등 여러 내용을 싣고 있어서 마치 비빔밥과 같은 책이라고 비유할 수 있다. 다양한 사상과 서로 다른 시각을 가진 사람들이 기록한 내용을 모아 놓은 백과전서와 같은 성격이어서 복잡한 듯 보이지만 오늘날처럼 다문화와 상호 이해를 중요시하는 시대에는 서로의 다름을 인정하는 지혜를 제공한다.

청소년 시기에 다양한 사고와 그에 대한 이해를 배우는 것은 민주적인 소양을 기르는 지름길이다. 소통과 통합이라는 오늘날의 시대적 과제를 2천년 전에 앞서 보여 준 《회남자》를 통해 청소년들의 사고의 폭이 넓어질 것을 기대해 본다.

2013년 12월
최영갑

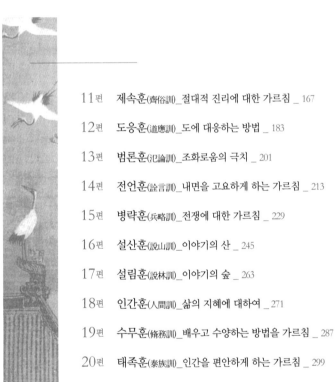

《회남자》를 이해하는 데 필요한 배경 지식

| 인물 |

사광師曠 춘추 말기 진(晉)나라 사람. 맹인이며 음률에 통달했다. 사광은 진나라 평공을 보좌했는데, 학덕이 높아 명성이 높았으며 길흉화복을 점치기도 했던 인물이다.

걸주桀紂 고대 중국 하(夏)나라의 마지막 임금인 걸(桀)과 은(殷)나라의 마지막 임금인 주(紂)를 이르는 말. 걸은 은나라 탕왕에 의해, 주는 주(周)나라 무왕(武王)에 의해 나라를 잃고 죽었다. 이후 두 사람은 백성을 돌보지 않은 폭군의 대명사로 널리 알려졌다.

후직后稷 농사의 신으로 어머니가 신의 발자국을 따라 걷다가 후직을 잉태했다고 한다. 태어난 후 숲에서 동물들의 보호를 받고 자랐으며 선사 시대 농업을 관장하는 관리로 활동했다고 한다.

증자曾子 효성으로 유명한 공자의 제자. 이름은 삼(參). 아버지가 매를 들면 혼절할 때까지 맞으며 효를 다했다고 한다.

효기孝己 은(殷)나라 고종(高宗)의 아들로 아버지가 후궁의 말만 듣고 그를 내쫓아도 끝내 원망하지 않았다고 한다.

도척盜跖 춘추 시대의 유명한 도둑. 노(魯)나라의 현인 유하혜(柳下惠)의 동생이었다는 설(說)에 따르면 춘추 시대의 사람이지만, 실재 인물이었는지의 여부는 분명치 않다. 성격이 포악하여 날마다 무고한 사람들을 죽였으며 사람의 간을 생으로 먹고 재물을 약탈하는 등 악행을 저지르고, 수천의 부하를 모아 천하를 횡행하고 여러 나라를 뒤흔들어 놓았다고 전한다. 《장자(莊子)》의 〈도척〉편에 공자와 도척이 가상적으로 문답하는 내용이 기록되어 있는 걸로 보아서 전국 시대에는 널리 알려진 인물로 보인다. 주로 몹시 악한 사람을 비유하는 말로 쓰인다.

장교莊蹻 전국 시대 초나라 반군 지휘자. 기족(企足)이라고도 한다. 초나라 회왕(楚懷王) 때 수도인 영에서 반역을 도모했다. 비록 거사에는 실패했지만 세력이 매우 강했다고 한다. 전국 시대에 실존하던 초나라 장군 장호(莊豪)라는 설도 있다. 후세 사람들에 의해 도척과 함께 악인의 대명사가 되었다.

손숙오孫叔敖 춘추 시대 초나라의 명재상으로 초나라 장왕을 패자로 만든 인물. 손숙오는 초나라의 최고 벼슬인 영윤(令尹)의 자리에 세 번이나 올라도 기뻐하지 않았고 또 세 번이나 그 자리에서 물러나면서도 서운하게 생각하지 않았다. 자신의 일에 충실할 뿐 부귀영화에 마음을 두지 않았기 때문인데, 그로 인해 훌륭한 관리를 지칭하는 대명사가 되었다.

예羿 중국의 신화에 등장하는 활을 잘 쏘는 명사수. 요임금 시절에 태양이 10개로 늘어나 가뭄이 들자 예를 시켜 9개의 태양을 쏘아 떨어뜨렸다는 이야기로 유명하다. 그의 재주를 시기하던 한착이라는 측근 인물의 계략에 의해 방몽이라는 제자에게 살해당했다고 한다.

광성자廣成子 《장자》〈재유〉편에 나오는데 전설적인 황제 시대에 도를 체득한 사람으로 알려져 있다. 《장자》에는 황제가 광성자를 찾아가 도를 터득하는 방법과 장수 비결에 대해서 묻는 일화가 나온다.

서시西施 춘추 시대 월나라의 미녀로 서자(西子)라고도 한다. 한나라 시대에 흉노에게 바쳐진 왕소군, 소설 《삼국지》에 등장하는 초선, 당나라 시대의 양귀비와 함께 중국 4대 미인의 한 사람으로 불린다. 서시는 당시 월나라의 서울이었던 현 절강성 소흥 시내 서남쪽에 있는 저라촌이라는 곳에서 가난한 집안의 딸로 태어났지만 미인으로 소문이 나서 오나라에게 패한 월나라 왕 구천이 오나라 왕 부차에게 미인 계로 보냈다. 부차는 서시에게 빠져 정사를 돌보지 않는 바람에 월나라 왕 구천에게 패해 죽고 말았다. 서시는 가슴앓이가 있어서 길을 걸으면 가슴이 울리는 통증에 시달려 걸을 때마다 눈살을 찌푸리곤 했다. 그런데 그녀는 눈살을 찌푸린 모습이 오히려 더 아름답기 그지없어 월나라 여인들이 이를 따라 눈살을 찌푸렸다는 고사로 유명하다.

방몽逢蒙 활을 잘 쏘는 예의 가신이었는데, 예에게 활쏘기를 배웠다. 그런데 한착이라는 인물의 꼬임에 빠져 이 세상에 자기보다 활을 잘 쏘는 사람은 유일하게 예밖에 없다고 생각해서 예를 죽이고 말았다.

양호陽虎 춘추 시대 노나라 사람으로 양화(陽貨)라고도 함. 노나라의 국정을 좌우하던 계손씨·숙손씨·맹손씨(이들 3성씨를 삼환씨라고 한다) 가운데 계손씨의 가신으로 계평자(季平子)를 받들었는데, 평자(平子)가 죽자 그를 대신하여 노나라의 국정을 전담했다. 노 정공(魯定公) 5년(기원전 505년) 계손씨의 적자인 계환자(季桓子)를 붙잡아 감금하고 자기에게 복종할 것을 강요했으며, 노 정공 8년(기원전 502년) 삼환씨의 적자들을 모두 살해하고 그와 사이가 좋은 그들의 서자들을 대신 세우려고 난을 일으켰다. 그러나 삼환씨의 반격을 받아 싸움에서 지고 도망쳤는데, 공자의 용모가 양호와 비슷해서 곤경을 당하는 장면이 《논어》에 나온다.

성인聖人 하느님, 남신과 여신, 영적 완성체, 인격적 완성체, 그 밖에 여러 가지 방식으로 태생적 능력을 타고났다고 믿어지는 사람 등을 총체적으로 이르는 말. 성인이라는 말은 춘추·전국 시대에 이미 널리 사용되었는데 춘추 시대 말 공자는 유가 사상을 정립하면서 성인의 경지를 요순과 같은 이상적인 초기 성군(聖君)들에서 찾으면서 윤리적·인격적 완성을 이룬 존재로 보았다. 또한 비슷한 시기에 성립된 도가 사상에서는 성인의 상태를 좀 더 신비스럽게 설정하여 자연과 혼연일체가 된 상태로 무위자연의 도를 실천하는 존재로 보았다. 이 책에서는 도가의 성인 개념을 주로 받아들이고 간혹 가다가 유가의 개념도 사용하고 있다.

진인眞人 참된 도(道)를 깨달은 사람. 특히 도가 사상에서는 깊은 진리를 깨달은 사람을 이르는 말이다. 도교가 종단으로 확립된 다음 3세기 후반부터는 종파의 우두머리를 가리키는 공식 명칭이 되었다. 도교의 성인 장자는 진인을 세속적인 욕망을 극복하여 영원불멸을 이룩한 이상적인 인간이라고 하여, 신인(神人) · 지인(至人) · 성인(聖人) 등과 비슷한 의미로 사용했다. 도교에서는 진인을 속세를 벗어나 '신선'

의 경지에 이른 사람으로 사용하기도 한다.

삼황三皇과 오제五帝 중국 고대 시대 전설상의 제왕을 일컫는 말로
삼황은 복희씨(伏羲氏), 신농씨(神農氏), 황제를 말하고, 오제는 소호(少
昊)·전욱(顓頊)·제곡(帝嚳)·요(堯)·순(舜)을 가리킨다. 이 외에 삼왕
(三王)이라는 용어도 있는데 우(禹)·탕(湯)·문무(文武)를 가리키는 말
이다.

| 용어 |

희준犧尊 제례 때 사용하는 제사용 그릇의 한 종류로 소의 형태를 본
떠 만들었다. 코끼리 형태를 본떠서 만든 것을 상준(象尊)이라 한다.
이러한 제기들은 종묘나 향교를 비롯한 국가에서 시행하는 제례에
주로 사용되었다. 상준과 희준은 제례에 쓰는 액체를 담는 그릇인데,
희준에는 예제(醴齊) 즉 감주(甘酒)를 담아 올렸으며, 상준에는 앙제(盎
齊)라 하여 후주(後酒) 즉 막걸리를 담아서 사용했다.

태소太昭 천지가 아직 형태를 갖추기 전 아득히 어둡고 형체가 없는
상태를 이르는 말이다. 도가적인 개념으로 사용되는 말인데, 유가에
서는 이런 상태를 태극(太極)이라 부른다.

허확虛霏 텅 빈 허공이라는 뜻으로 《회남자》에서는 "도는 허확에서 시작된다."라고 말한다. 공허하고 아득히 멀며 광활한 상태를 뜻한다. 이 상태는 아무런 형상도 없고 어둑하고 어둑해 아무도 그것을 인식할 단서를 찾을 수 없는데, 태소와 비슷한 상태를 말한다.

양수陽燧 고대 중국이나 우리나라에 있었던 불을 피우는 오목거울. 햇빛을 이용하여 불을 일으키던 청동으로 된 거울이다. 《묵자(墨子)》에도 양수에 대한 기록이 보이고, 《동의보감(東醫寶鑑)》에는 "양수가 해를 향하면 타서 불이 일어난다. 허신(許愼)이 이르기를, 양수는 금이니 금배(金盃)를 뜨겁도록 마찰하여 해가 중천에 있을 때 해를 향해 쑥으로 불을 피우면 쑥이 타서 불을 얻는다고 했다."라고 기록되어 있다.

방제方諸 큰 조개를 말한다. 이 조개를 달빛에 비추어 두고 물을 받는데, 이것을 방제수라고 한다. 아침 이슬과 비슷한 형태로 한의학에서는 눈을 밝게 하고 마음을 안정시키며 어린아이의 열을 내리는 데 효능이 있다고 말한다.

구주九州 고대에 중국 전 국토를 9개의 주(州)로 나누었던 것에서 유래한 명칭인데, 이후 중국 전체를 이르는 말로 사용되거나 천하나 세계 전체라는 의미로 사용되었다. 《서경》에서는 기(冀), 연(兗), 청(靑), 서(徐), 양(揚), 형(荊), 예(豫), 양(梁), 옹(雍)을 구주라고 했고, 《이아》라는 책에서는 유(幽), 영(營) 주가 들어가지만 청, 양(梁) 주가 빠진다. 《주례》에는 유와 병(幷) 주는 있지만 서, 양(梁) 주가 없다. 이렇듯이 구주란 일관된 명칭이라기보다는 중국 전역을 지칭하는 통칭이라고 볼 수 있다.

경토輕土와 중토重土 경토는 모래가 많고 점성이 적어 갈기 쉬운 토양을 말하고, 중토는 점토가 많거나 차져서 딱딱한 토양을 말한다. 토양의 수분이 높은 수준에서 낮은 수준으로 이동함에 따라 굳기나 점성 등이 변하는데 이에 따른 분류다.

수후隨侯의 구슬 중국 춘추 시대 수나라의 임금인 수후가 뱀을 도와준 공으로 얻었다는 보배로운 구슬. 수나라 임금이 놀이를 나갔다가 길 위에 상처를 입고 괴로워하는 뱀을 발견하고 사람을 시켜 상처를 치료하게 해 주었다. 얼마 후, 상처가 나은 뱀이 구슬을 입에 물고 나타나 수나라 임금에게 바치며 "나는 동해 용왕의 아들인데 임금이 저의 생명을 구해 준 은혜에 감격하여 이렇게 특별히 와서 보물을 드립니다."라고 말했다. 그래서 수후지주(隨侯之珠) 또는 수후지벽(隨侯之璧)이라는 말은 신령스러운 뱀이 물어다 준 진주나 옥구슬을 의미하게 되었는데, 뱀이 물어다 주었다고 해서 영사지주(靈蛇之珠)라고도 한다.

화씨의 벽옥 천하의 귀중한 보물을 가리키는 말. 전국 시대 초나라 사람 변화씨는 산 속에서 옥의 덩어리를 발견해서 곧바로 초나라 여왕에게 바쳤다. 여왕이 감정가에게 맡기니 보통 돌이라고 하는 바람에 변화씨는 거짓말을 했다고 하여 왼쪽 발꿈치를 자르는 형벌을 받았다. 여왕이 죽고 무왕이 즉위하자 화씨는 옥돌을 무왕에게 다시 바쳤으나 이번에도 지난번과 마찬가지 감정을 받아 오른쪽 발꿈치마저 잘렸다. 어느덧 세월이 지나 무왕도 죽고, 문왕이 즉위하자 변화씨는 옥 덩어리를 품고 초산 밑으로 들어가 사흘 동안 피눈물을 흘리며 서글프게 울었다. 문왕이 이 소문을 듣고 사람을 보내 그 까닭을 묻자 그는 "보옥을 돌이라 하고, 곧은 선비를 사기꾼이라 하는 것이 슬퍼서 그렇습니다."라고 답했다. 이에 왕은 옥 덩어리를 잘 다듬는 장인에게 맡긴 결과 진귀한 옥을 얻을 수 있었는데, 이를 '화씨지벽(和氏之璧)'이라고 한다. 이후 화씨지벽은 수후지주와 함께 진귀한 보물의 대명사가 되었다.

오형五刑 다섯 가지 형벌. 오형은 《서경》〈순전(舜典)〉에 나오는 형벌의 종류인데, 이마에 글자를 새기는 묵형(墨刑), 코를 베는 의형(劓刑), 발을 자르는 비형(剕刑), 생식기를 없애는 궁형(宮刑), 사형에 처하는 대벽(大辟)이다.

수질首経 상복(喪服)을 입을 때 머리에 두르는 둥근 테를 말하는데, 새끼줄에 삼 껍질을 감아 만든 것이다.

만승지국萬乘之國 천자의 나라를 가리키는 말로 승(乘)은 말 네 마리가 끄는 전차인데, 만 개의 전차를 거느렸다는 의미다. 승에는 기본적으로 세 명이 타고, 그 뒤에 7명의 장교와 병사 20명이 따랐다고 한다. 이 전차의 단위를 가지고 국가의 크기를 표현하는 것인데, 천승지국(千乘之國)은 제후의 나라를 지칭한다.

종횡가縱橫家 중국 전국 시대에 등장한 제자백가(諸子百家)의 한 학파로 여러 국가를 종횡으로 합치기를 주장했다. 《한서(漢書)》〈예문지(藝文志)〉에는 종횡가로서 소진(蘇秦)·장의(張儀)를 들고 있는데, 소진은 합종(合縱)을, 장의는 연횡(連衡)을 주장했다. 합종설은 당시 동쪽에 있던 연(燕)·초(楚)·한(韓)·위(魏)·조(趙)·제(齊)의 6국이 종으로 동맹하여 강대국 진(秦)에 대항하자는 정책이고, 연횡설은 진을 중심에 두고 6국의 각각과 단독으로 동맹한다는 정책이다. 소진과 장의는 모두 귀곡자(鬼谷子)에게 배웠기 때문에 귀곡자가 종횡가의 비조라고 말할 수 있다. 이후 시세를 판단하고 이를 기회로 각국 사이의 외교술을 계책으로 내세워 제후들 사이에 유세하고 다닌 사람을 종횡가라고 칭하게 되었다. 예를 들면 소진·장의 외에 추양(鄒陽) 등이 여기에 해당되며, 한나라 시대의 주부언(主父偃)·서악(徐樂) 등의 유세객도 그 아류로 간주된다.

《주역》 중국 고대의 유교 경전 가운데 하나로 《역경(易經)》이라고도 하는데, 주(周)의 문왕이 지었고 공자가 주를 달아 정리했다고 한다. 원래 이 책은 괘(卦)·효(爻)라는 부호를 중첩시켜 길흉화복을 점치는 점술서였다. 그런데 공자 이후 중국 사상계에 많은 영향을 끼치는 유교의 기본 경전이 되었다.

육박六博 놀이 한나라 때 유행하던 놀이 가운데 하나로 오늘날의 바둑과 비슷한데, 여섯 개의 바둑알을 가지고 하기 때문에 육박이라고 한다. 놀이 방법은 전해지지 않고 있지만 장사 마왕퇴에서 유물이 출토되었다.

유명幽冥 어두운 곳, 그윽한 곳, 태양이 비추지 않는 곳, 인간의 손이 미치지 않는 곳, 어려움에 구호의 손길이 미치지 않는 곳 등을 의미하는 말인데, 도가에서는 태소나 허확 등과 비슷한 의미로 사용된다.

양암諒闇 임금이 부모의 상중에 있을 때 머무는 방.

《국어國語》 한나라 시대 《춘추》를 해설한 책인 《춘추좌전》을 지은 좌구명이 《춘추좌전》을 보완하기 위해 지었다고 전해진다. 춘추 시대의 나라별 역사를 21권으로 나누어 기록한 책이다. 각국의 역사를 기록한 책이지만 춘추 시대의 제도나 문물 등 다양한 내용을 담고 있어 중요한 사료로 활용된다. 기원전 967년부터 기원전 453년까지의 역사를 기록하고 있다.

이 책의 편제에 대하여

이 책은 본래 21편으로 구성되어 있다. 그런데 마지막 편은 앞에 나오는 20편의 글을 요약해서 정리한 것이므로 실제 내용은 20편이라고 할 수 있다. 각 편의 제목은 전체적인 내용을 상징적으로 표현한 것인데, 모든 제목 끝에는 '훈(訓)'이라는 글자를 붙여 교훈적 의미를 전달하고 있다.

그런데 이 책의 편제는 논리적으로 시종일관하고 있지 않다. 앞에서 언급된 내용이 뒷부분에서도 나오거나, 편에 따라 유가적 사상이나 도가적 사상이 혼재되어 드러나는 등 다소 복잡다단하다. 따라서 각 편이 말하고자 하는 핵심 내용을 정리하는 한편 다소 장황하거나 오늘날의 현실에서 불필요하다고 판단되는 부분은 과감하게 생략해서 재구성했음을 밝혀 둔다. 또한 21편의 《요략》을 바탕으로 각 편의 앞에 간략한 도입 글을 넣었다.

| 일러두기 |

1. 이 책은 《한문대계》에 나오는 《회남자》를 기본 텍스트로 삼고, 《회남자》(이석호 저. 세계사)와
   《회남자》(김성한 저, 살림), 《신완역 회남자》(안길환 편역. 명문당)를 참고했다.
2. 이 책은 《회남자》 가운데 핵심적인 내용만을 가려 뽑아 재구성했다.
3. 이 책의 편제는 《회남자》 순서에 따라서 목차를 구성했으나, 20편의 내용을 개괄 설명하고 있는
   21편 〈요략〉편은 생략하고 대신 그 내용을 각 편의 앞머리에 요약해서 실었다.
4. 이 책의 뒤에는 《회남자》에 대한 해설을 간략하게 정리해서 실었다.
5. 본문에 사용된 전각은 다음의 한자를 형상화한 것이다.

巧不若拙 교묘하다는 것은 졸렬한 것만 못하다. 약삭빠른 것보다는 오히려 우직하다는 것이 더 귀중하다.
교 불 약 졸

大巧若拙 매우 교묘한 것은 졸렬한 것과 같다. 매우 재주가 좋은 것은 재주가 없는 것과 같다.
대 교 약 졸

拙
졸

1편

원 도 훈 原道訓

우주 만물의 근원에 대한 가르침

1편
원도훈原道訓
우주 만물의 근원에 대한 가르침

이 편은 《회남자》의 사상 가운데 가장 근본적인 물음인 도(道)란 어떤 것인지에 답하는 부분이다. 도의 출발점인 우주의 근원을 밝히는 한편 도와 인간의 삶을 연결시켜 어떻게 사는 것이 올바른 삶인지 제시하고 있다. 만물의 근원인 태일(太一)을 원리로 삼아, 아무런 욕심 없는 태허(太虛)의 상태에서 노닐어야 한다는 것이 그 핵심 내용이다. 또한 인간이 이런 진리의 핵심을 파악해 그것을 구체적인 정치에 반영한다거나, 자연 법칙의 선후 관계를 통해 화복의 근원을 파악한다든가, 도의 동정(動靜, 움직임과 고요함)이 어떻게 사람에게 이익이나 재앙이 되는 것인지를 밝히는 내용이 포함되어 있다. 한마디로 도를 터득하고자 하는 사람은 하늘을 존중하고 진실을 보존해야 하며, 그다음은 사물을 가볍게 여기고 자신을 귀중하게 여길 줄 알아야 하며, 마지막으로 욕망을 버리고 자신의 순수한 마음을 회복해야 한다는 것이다.

1. 도는 무엇인가

도는 하늘과 땅을 포함하고 있으면서 사방팔방으로 펼쳐져 그 높이를 헤아릴 수 없고 그 깊이를 측량할 수 없다. 천지를 감싸고 있는데 형체도 없으면서 널리 혜택을 미친다. 마치 샘이 솟아올라 물이 흐르면 처음에는 비어 있다가 서서히 고이고, 물이 섞여서 흐를 때는 처음에는 흐리다가 차츰 맑아지는 것과 같다. 그러므로 도를 세우면 천지에 가득 차고, 가로눕히면 사해에 미친다. 도는 무궁무진하게 베풀며 그 처음(일어남)과 끝(스러짐)이 없다.

이 도를 펼치면 온 우주를 덮고, 돌돌 말면 한 주먹에도 차지 않는다. 작으면서도 크고, 어두우면서도 밝으며, 약하면서도 강하고, 부드러우면서도 단단하다. 사방을 지탱하면서도 음양의 기운을 포용하고 있으며, 우주를 엮어 해, 달, 별을 빛나게 한다. 진흙 곤죽처럼 지극히 부드러우면서도 더없이 미세하다. 도로 인해서 산이 높아지고, 연못이 깊어지며, 짐승이 달리고, 새가 날며, 해와 달이 밝아지고, 별이 운행하며, 기린이 노닐고, 봉황이 비상한다.

✤ 고대 중국의 사상 가운데 도처럼 여러 용도로 쓰이는 개념도 드물다. 원래 도란 길이라는 의미를 지닌 것이니 궁극적인 목표나 지향점을 가리키는 말이었지만 점차 우주의 근원이나 출발점, 우주의 운

행 원리 등의 의미로도 널리 사용되었다. 그런데 춘추 전국 시대로 오면서 유가, 도가, 묵가는 물론 기타 사상가들도 모두 자신들의 궁극적인 목표를 도라고 표현하면서 도가 함축하는 의미가 여러 갈래로 분화된다. 유가에서는 하늘의 도리인 천도와 인간의 도리인 인도를 구분해 인간 사이의 윤리적 규범인 인도를 더 강조하고, 도가는 자연의 질서에 따르는 무위자연의 삶을 강조하면서 도를 우주의 근원이라는 의미로 주로 사용했으며, 묵가는 차별 없는 사랑의 도를 강조한다. 그런데 《회남자》에서는 노자나 장자가 말한 도의 개념을 주로 받아들이고 있다. 《회남자》를 저술할 때 참여한 학자들의 주류가 도가적 이념을 가진 사상가들이었기 때문일 것이다.

그러므로 《회남자》에서 말하는 도는 만물을 생성하며 만물을 운행시키는 근원적인 존재라는 의미를 지닌다고 볼 수 있다. 그런데 그것은 인간의 감각이나 인식으로 알 수 없는 것이다. 도는 넓게 펼치면 한없이 넓어지지만 그것을 말아 쥐면 주먹 안에 들어갈 정도로 작아질 수 있는 능소능대하면서 무소불위인 존재다. 즉, 도는 만물을 낳고 지탱하는 근원적인 힘이면서 만물 속에 내재해 작용하는 힘이기도 하다.

앞으로 이 책에서는 도에 대해 자주 언급할 것이다. 하지만 인간의 인식 능력으로 파악할 수 없는 것이어서 '도란 이것이다'라고 정의 내리는 순간 그것은 다시 원래의 도와 달라질 수도 있는 개념이기도 하다. 그러므로 도가 어떤 것인지 확실하게 정의할 수 없을지 모르지만 도가 지닌 다양한 속성이나 작용 등을 통해 '아, 도란 이런 것을 말하는구나.'라고만 이해하도록 하자.

최상의 도는 만물을 생성하지만 소유하지 않고, 형상을 만들고도 주재하려 하지 않는다. 네 발로 걷는 짐승과 부리로 먹는 새, 기어 다니는 벌레도 도를 기다려 태어나지만 그것이 도의 덕인 줄 알지 못하고, 도를 기다린 뒤에 죽지만 원망하지 않는다. 만물을 얻어서 이롭게 된 사람도 도를 칭송하지 않고, 만물을 이용하다가 실패한 사람도 도를 비난하지 않는다. 만물을 모아 축적해도 도는 더 부유해지지 않고, 만물에게 베풀어 나누어 주어도 도는 더 가난해지지 않는다. 아무리 찾아봐도 알 수 없고, 너무 작아서 끝이 없다. 높이 쌓아도 높아지지 않고, 무너뜨려도 낮아지지 않으며, 더 보태도 많아지지 않고, 덜어 내도 적어지지 않으며, 깎아도 얇아지지 않고, 죽여도 죽지 않고, 뚫어도 깊어지지 않고, 메워도 얕아지지 않는다. 황홀하여 형상할 수 없고, 황홀하여 끝이 없다. 그윽하고 어두워 형체가 없는 듯하며, 깊숙하면서도 환하여 헛되이 움직이지 않는다. 강함과 부드러움에 따라 말렸다 펴지며 음양과 더불어 오르고 내린다.

✢ 도에 의해서 만물이 생성되지만 그것이 정작 도에 의해서 이루

어지는 것인 줄 알지 못하는 것이 진정한 도의 작용이다. 도가의 무위 사상이 그대로 《회남자》로 이어지는 느낌이다. 아무것도 하지 않는 것 같지만 실제는 모두 도에 의해서 생성되고 움직여진다. 때로는 강하고 때로는 약하며, 때로는 음이고 때로는 양이며, 때로는 모습이 있고 때로는 아무 형체도 없는 것이 도의 황홀함이다. 그래서 도는 오묘한 것이다. 오묘하여 알 수 없고 형용할 수 없는 것이 도의 모습이다. 글자 그대로 알다가도 모를 것이 도의 본질이다. 알 듯하면서도 알 수 없고, 없는 것 같지만 인간의 일상 속에 존재한다.

자연의 흐름과 변화를 생각하면 쉽게 도의 작용을 이해할 수 있을 것이다. 해와 달이 뜨고 지며 사계절이 바뀌는 모습은 인간이 힘을 가해 이루어지는 것이 아니다. 저절로 운행하고 있을 뿐이다. 봄이 왔는가 싶더니 어느새 여름이 오고 가을을 지나 겨울이 된다. 인간의 힘이 가해지거나 어떠한 외부의 작용이 없더라도 우주 만물은 저절로 운행하고 변화한다. 이러한 자연의 질서와 변화 속에 눈으로 보이지는 않지만 도가 존재한다는 것이다.

2. 도에 통달한 인간

사람이 태어날 때부터 고요한 것이 하늘이 내린 본성이다. 그러나 감각에 따라 움직이면 그 본성을 해치게 된다. 사물이 다가와서 정신이 반응하면 지각이 움직인다. 지각이 사물과 접하게 되면 좋아하고 싫어하는 마음이 그곳에서 생긴다. 좋아하고 싫어하는 마음이 형성되어 지각이 외물(外物, 밖의 사물)에 유혹되면 자신으로 돌아갈 수 없고 천리(天理, 하늘이 이끄는 이치)도 사라질 것이다. 그러므로 도에 통달한 사람은 인위적인 것으로 천성을 비꾸지 않기 때문에 밖으로는 사물과 더불어 변하더라도 안으로는 그 마음을 잃지 않는다. 또한 지극히 무욕(無欲)하면서도 만물의 요구에 이바지하고, 때로 분주하면서도 만물에게 휴식을 준다. 크고 작은 것, 길고 짧은 것이 모두 갖추어져 있어 만물이 다가와 소란스럽게 해도 분별을 잃지 않는다. 그러므로 윗자리에 있어도 백성들이 무겁게 여기지 않고, 앞에 있어도 대중들이 해롭게 여기지 않는다. 천하가 그에게 돌아오고 간사한 자는 그를 두려워한다. 만물과 다투지 않기 때문에 감히 그와 다투려고 하지 않는다.

✤ "사람은 태어나면서부터 본래 고요하다."는 말은 유가 계통의 고전인 《예기》에도 나오는 말이다. 불교에서도 인간의 청정심을 이야기하고, 맹자는 선한 마음을 주장하며, 순자는 마음을 대청명(大淸明)

하다고 말한다. 이와 같이 동양에서는 인간의 본성과 마음을 맑고 고요한 것이라고 주장하는 학자들이 많다. 본성은 선천적으로 고요하고 선하지만 외물, 즉 바깥에 있는 온갖 사물을 보면서 욕망이 생겨나 본성은 흐려지고 망가지게 된다. 따라서 본성을 맑게 유지하기 위해서는 외물을 통제하고 다스릴 줄 아는 사람이 되어야 하는데, 이것을 바로 도에 통달했다고 말하는 것이다.

노자는 "다섯 가지 색이 사람의 눈을 멀게 하고, 다섯 가지 소리가 사람의 귀를 멀게 하며, 다섯 가지 맛이 사람의 입맛을 잃게 한다."라고 말했다. 오색(五色), 오음(五音), 오미(五味)는 인간이 즐기는 외물의 대표적인 것이다. 이러한 것들에 의해 인간의 욕망이 일어나고, 이것에 따라 움직이면 마음이 흔들리고 혼란하게 되어 고요한 본성을 유지할 수 없게 될 것이다. 따라서 도를 터득한 사람은 자연스럽게 욕망을 채우지만 욕망에 따라서 마음이 움직이지 않고 무엇인가 차지하기 위해 다투지 않는다. 예나 지금이나 인간 사회를 혼란하게 만드는 것은 외물의 유혹이다. 자신의 맑은 본성인 마음을 잃지 않으려면 외물의 유혹을 이겨 낼 수 있는 지혜가 필요하고, 외물을 이겨 내면 고요한 본성을 유지하며 인간다운 삶을 살게 된다. 이러한 삶이 곧 도와 합일되는 삶이다. 따라서 도는 인간과 분리된 것처럼 보이지만 인간의 삶 속에 언제나 함께 존재하는 것이다.

득도한 사람은 곤궁해도 두려워하지 않고 영달해도 영화롭게 생각하지 않는다. 높은 자리에 있어도 위태롭지 않고, 그릇에 물을 가득 채우고 있어도 뒤집히지 않는다. 새것이라고 해서 반짝거리지 않고 오래되었다고 해서 색깔이 바뀌지 않고, 불에 들어가도 타지 않고 물에 빠져도 젖지 않는다. 그러므로 권세를 기다리지 않아도 존귀해지고 재물을 기다리지 않아도 부유해지며 힘을 기다리지 않아도 강해진다. 평평하고 텅 비어서 아래로 흐르고 만물의 변화와 함께 자유롭게 비상한다. 그러한 사람은 귀한 금을 산에 감추고 귀한 보물을 연못에 숨겨 두며 재물을 이롭게 여기지 않고 권세와 명예를 탐내지 않는다. 그러므로 편한 삶을 즐겁게 여기지 않고 재물이 없는 삶을 슬퍼하지 않으며 귀한 신분을 안락하게 여기지 않고 비천한 삶을 위태롭게 여기지 않는다.

득도한 사람은 형체와 정신, 기운과 의지가 각각 마땅한 곳에 머물며 천지가 하는 대로 순응한다. 형체는 생명의 집이요, 기(氣)는 생명이 가득 찬 것이요, 정신은 생명을 주관하는 것이다. 이 가운데 하나라도 제자리를 잃으면 세 가지가 상처를 입는다. 그러므로 성인은 사람들로 하여금 각자 그 자리에 있으면서 그 직분을 지켜 서로 간섭하지 못하게 한다. 그러므로 형체는 자기가 있어야 할 곳이 아닌데 있으면 망가지고, 기는 자기가 채워야 할 곳이 아닌데 채워져 있으면 새어 나가며, 정신은 마땅히 써야 할 곳이 아닌데 사용하면 어둡게 된다. 이 세 가지는 신중히게 지키지 않을 수 없는 것이다.

✤ 도를 깨닫는 것은 쉬운 문제는 아니지만 그렇다고 어려운 것도 아니다. 보통 사람들은 도를 깨닫고자 하는 마음보다 외물에 이끌려 부귀영화만 추구하기 때문에 점차 도에서 벗어나게 된다. 하지만 부귀영화는 편리한 삶을 줄 수 있을지는 몰라도 행복하고 평온한 삶을 주는 것이 아니다. 오로지 도를 깨달은 사람만이 자기 본연의 모습을 즐기고 그 속에서 편안하고 안정된 정신세계를 추구할 수 있게 된다.

그러면 어떻게 도를 깨닫게 되는가? 그것은 자신의 마음을 비우고 무위자연의 삶을 추구해야 가능하다. 이렇게 도를 생활 속에서 실천하게 되면 사람을 이루고 있는 형체와 기, 정신이 자기 자리에서 충실하게 역할을 하게 되고, 자연스러운 상태에 머물게 된다. 형체는 인간의 몸을 말하고, 기는 몸에 활력을 불어넣는 기운이며, 정신은 기운을 통제하고 주관하는 존재다. 그런데 이 세 가지는 하나라도 자신의 역할을 벗어나 사용하게 되면 우주의 질서를 위반하는 것이 되기 때문에 언제나 자연과 함께 존재해야 한다. 즉, 천지자연의 법칙에 순응하는 삶이야말로 곧 도를 터득하는 길이다. 오늘날처럼 물질만능에 빠져 자신의 본래 모습조차 잃어버린 사람들이 귀를 기울여야 하는 말이다. 더 많이 가지려는 욕심을 버리지 않는 한 마음의 평화는 결코 다가오지 않는다는 경고의 메시지이기도 하다.

지금 나무를 옮기는 사람이 음양의 본성을 파악하지 못하게 되면 그 나무는 말라 죽게 될 것이다. 그러므로 귤나무를 강북으로 옮겨 심으면 그것은 탱자나무로 변하고, 구관조는 제수(濟水, 황하의 지류 가운데 하나)를 건너가지 못하고, 담비는 문수(汶水, 장강의 지류 가운데 하나)를 건너가면 죽게 된다. 이미 형성되어 고정된 본성은 바꿀 수 없고 자리를 잡은 거처는 옮길 수 없는 것이다. 그러므로 도에 통달한 사람은 청정한 본성으로 돌아가고 사물의 이치에 통달한 사람은 무위로 끝난다.

✤ 이 글에 나오는 "귤나무를 강북으로 옮겨 심으면 탱자나무로 변한다."라는 말은 남귤북지(南橘北枳)라는 고사로 귤화위지(橘化爲枳)라고도 한다. 사람은 환경에 따라 악하게도 착하게도 살 수 있다는 의미로 많이 인용되는 말이다. 그 출처는 《안자춘추(晏子春秋)》인데 그 내용은 이렇다.

춘추 시대에 제나라의 재상 가운데 유명한 안영이 있었다. 그는 말도 잘하고 임기응변에도 능한 사람이었다. 안영은 어느 날 초나라에 사신으로 가게 되었다. 안영의 비범함을 소문으로 들은 영왕은 그를 시험해 보기로 했다. 안영은 뛰어난 재상이었지만 키도 작고 외모도 볼품이 없었다.

"제나라에는 인재가 그렇게 없소? 당신 같은 사람을 사신으로 보내는 것을 보면 알 만하구려."

영왕은 안영을 비웃으며 말했다. 그러자 안영은 태연하게 말했다.

"우리 제나라에서는 한 가지 원칙을 세워 두고 있습니다. 큰 나라에는 큰 사람을 보내고, 작은 나라에는 작은 사람을 보내는 것이 바로 그 원칙입니다. 저는 작은 사람 중에서도 가장 작기 때문에 이렇게 초나라에 오게 되었습니다."

마침 그때 포졸이 죄수 하나를 끌고 그 앞을 지나갔다. 영왕이 물었다.

"그 죄인은 어느 나라 사람이더냐?"

"제나라 사람인데 도둑질을 한 죄인입니다."

포졸의 대답을 듣고 영왕이 물었다.

"제나라 사람은 저렇게 도둑질을 잘합니까?"

"제가 듣건대, 회수 남쪽의 귤을 회수 북쪽으로 옮겨 심으면 탱자가 됩니다. 잎사귀만 서로 비슷할 뿐 맛은 서로 다르다고 합니다. 그러한 이유가 무엇이겠습니까? 물과 흙과 같은 토양이 다르기 때문입니다. 제나라 사람이 제나라에 있을 때는 도둑질이 무엇인지도 모르고 성장했는데 이곳 초나라에 와서 도둑질한 것을 보면 역시 초나라의 풍토 때문인 것 같습니다."

여기서는 이 고사가 사물도 환경이 바뀌면 변하거나 생명을 유지할 수 없는 것처럼 인간의 본성 또한 원래 맑은 것이므로 그것을 변하게 해서는 안 되고 본래의 모습을 유지해야 한다는 점을 강조하기 위해 사용된다. 사물을 부릴 때에도 인위적으로 행하지 말고 본래의 속성에 맞게 무위의 자세로 해야 한다는 말이다.

3. 물에서 도를 배우다

천하의 사물 가운데 물보다 유약한 것은 없다. 그러나 물의 크기는 끝이 없고 깊이는 헤아릴 수 없을 정도다. 짧은 것은 무궁(無窮, 공간이나 시간 따위가 끝이 없음)에 이르고 먼 것은 무애(無涯, 넓고 멀어서 끝이 없음)에 도달하며, 줄어들고 늘어나는 것이 헤아릴 수 없는 지경에 이른다. 하늘로 올라가면 비와 이슬이 되고 땅으로 내려가면 연못이 된다. 만물은 물이 없으면 살아갈 수 없고, 모든 일도 물이 없으면 이루어지지 않는다. 뭇 생물을 두루 포용하며 사사로이 좋아하거나 싫어하는 것이 없고, 은택이 벌레 같은 미물에게까지 미치면서도 보답을 바라지 않는다. 넉넉함은 천하를 채워 주면서도 다함이 없고, 덕은 백성들에게 베풀어지면서도 소모되지 않는다. 흘러가면 끝을 알 수 없고, 작아지면 손으로 움켜쥘 수가 없다. 때려도 다치지 않고, 찔러도 상하지 않으며, 베어도 끊어지지 않고, 태워도 불에 타지 않는다.

✚ 《도덕경》에도 물에 대한 언급이 많다. 그 가운데 상선약수(上善若

水)라는 말은 최상의 선은 물과 같다는 의미로 가장 많이 인용되기도 한다. 가장 약한 것 같지만 가장 강한 것이 바로 물이다. 그래서 도가에서는 도를 물에 비유하는데, 여기 《회남자》에서도 물을 통해 도의 모습을 설명하고 있다. 사실 물은 인간에게도 없어서는 안 될 가장 중요한 것이지만 물의 소중함을 아는 경우는 많지 않다. 평소 가까이 있고 흔하게 존재하는 것이기 때문에 그 소중함을 알지 못하고 지나친다. 그렇지만 물은 귀천을 구분하지 않고 크든 작든 모든 사물에게 생명을 일구어 은혜를 베푸는 존재다. 그러나 물은 자신을 자랑하지 않고 내세우지도 않는다. 이러한 물의 특징 때문에 도에 비유된다. 어느 곳에나 있으며 만물이 활동하게 하면서도 사람의 감각으로는 쉽게 발견할 수 없다는 점에서 도는 물과 같은 특징을 지니고 있기 때문이다.

유가에서도 이런 물의 특성 때문에 지혜로운 사람은 물을 좋아한다거나 군자는 물과 같은 태도를 지녀야 한다고 표현하기도 한다. 비록 설명의 방식은 조금 다르지만 만물에 은혜를 베풀면서도 묵묵히 낮은 곳을 향하는 물을 통해 이상적인 사람이 지녀야 하는 겸손의 미덕을 강조한다는 점에서는 동일하다.

4. 마음을 지키는 다섯 가지 방법

기쁨과 노여움은 도를 치우치게 만들고, 근심과 슬픔은 덕을 잃게 하며, 좋아하고 싫어하는 것은 마음의 허물을 낳고, 기호와 욕망은 본성에 해를 끼친다. 사람이 크게 노하면 음기가 파괴되고, 크게 기뻐하면 양기가 추락하며, 기가 엷어지면 벙어리가 되고, 기를 놀라게 하면 미치광이가 된다. 근심과 슬픔으로 화를 많이 내면 병이 쌓이고, 좋아함과 미워함이 빈번하게 많아지면 재앙이 서로 따르게 된다. 그러므로 마음으로 근심하거나 즐거워하지 않는 것은 덕이 지극한 것이요, 통달하면서 변하지 않는 것은 고요함이 지극한 것이다. 욕망이 실리지 않는 것은 허(虛)의 지극함이다. 좋아함과 싫어함이 없는 것은 평온이 지극한 것이다. 사물과 더불어 섞이지 않는 것은 순수함이 지극한 것이다. 이 다섯 가지에 능하면 신명(神明, 밝은 이치에 도달함)과 통하게 되고, 신명과 통하면 내면에서 터득한 자다. 그러므로 마음으로 밖을 제어하면 모든 일이 망가지지 않고, 마음속에서 이것을 얻으면 외물도 바르게 할 수 있다. 마음속에서 이것을 얻으면 오장이 편안해지고 생각이 평온해지며 근력이 강해지고 이목이 총명해진다.

✤ 기쁨과 노여움, 근심이나 슬픔, 좋아함과 싫어함과 같은 인간의 감정, 그리고 어떤 것에 지나치게 빠지는 기호나 물건이나 재화에 대한 욕망은 모두 인간의 청정한 마음이나 고요한 본성을 혼란하게 만

드는 원인이다. 그러니 도를 깨달으려 하는 사람은 이런 감정이나 욕망에 사로잡히지 않아야 한다. 사실 매일 솟아나는 샘물 같은 욕망을 절제한다는 것은 인간의 삶에서 쉽지 않은 일이다. 더구나 오늘날처럼 온갖 욕망을 부추기는 물질 만능 사회에서는 더욱더 그러하다. 하지만 이러한 욕망을 제거하지 않으면 인간은 물질의 노예가 되어 마음의 평정을 유지할 수 없고 자신의 존재조차 망각하게 된다.

여기서는 다섯 가지 방법을 제시하면서 청정한 마음을 잘 유지할 수 있다고 제안하고 있다. 즉, 근심과 즐거움 같은 감정을 다스려 덕을 잘 유지하고, 도의 본질을 깨달아 고요한 상태를 지키려 노력하고, 욕망에 물들지 않도록 마음을 텅 비우고, 좋아함과 싫어함과 같은 개인적 감정 기복을 조절해서 마음의 평온을 유지하고, 바깥 사물의 유혹에 빠져들지 않아서 마음의 순수함을 되찾는 것이 그것이다. 지금처럼 복잡다단한 사회에서 도를 터득하고 깨닫는 것이 무슨 의미를 지니느냐고 반문하는 사람들도 있겠지만 주변을 돌아보고 자신을 잘 살펴보면 현재 자신이 어디에 서 있는지 보일 것이다. 자신이 어디로 가고 있는지, 무엇을 하고 있는지, 최종 목표가 무엇인지도 모른다면, 그것은 감정과 욕망에 이끌려 가고 있음을 나타내는 반증이다. 비록 고대 시대에 제안한 것이지만 여기서 말하는 다섯 가지를 삶에서 실천해 본다면 무한 경쟁과 욕망이 질주하는 삶에서 한걸음 비켜서 자신을 반추하는 좋은 계기가 될 것이다.

2편

숙진훈俶眞訓

도의 참모습에 대한 가르침

　'숙'은 시작이라는 뜻이고, '진'은 실제의 모습, 참모습이라는 뜻이다. 그러므로 이 편에서는 도의 참모습이 어디서 시작하는 것인지에 대해 주로 언급하고 있다. 이 책에서 도는 무(無)에서 출발해 유(有)에서 만들어진다고 말한다. 그러므로 만물의 시작과 끝, 유와 무, 삶과 죽음 등과 같은 변화에 대해 파악하고 분별하는 것은 사람으로 하여금 사물에서 벗어나 자신의 본성으로 돌아가도록 하기 위해 필요한 것이다. 만물의 시초로 돌아가 지극한 도의 참모습을 깨닫게 된다면 도에 한층 더 가까워지게 된다. 또한 이 편에서는 인간 사회에서 강조되고 있는 인의(仁義)의 본질을 파악함으로써 그것이 도덕과 서로 같고 다른 이치를 밝혀 지극한 덕의 참모습을 알게 하려는 의도도 들어 있다.

1. 만물의 변화

옛날에 공우애(公牛哀)가 병에 걸려 7일 만에 호랑이로 변했다. 그의 형이 문을 열고 들어가 엿보자 호랑이가 형을 잡아서 죽였다. 그러므로 무늬가 짐승이 되면 손톱과 어금니도 변하고 바뀐다. 또한 의지와 마음도 변하고 정신과 형체도 변한다. 바야흐로 호랑이가 되면 일찍이 사람이었던 것을 알지 못하고, 사람이 되면 호랑이었던 것을 알지 못한다. 이 두 가지는 서로 반대로 치달아 각각 만들어진 형체에 따라 즐긴다. (사람과 호랑이는) 혹은 교활하고 혹은 우매해서 옳고 그름이라는 단서가 없으니 누가 그것이 생겨나는 줄을 알겠는가?

물은 겨울이 되면 얼어서 얼음이 되고, 얼음은 봄을 맞이하면 녹아서 물이 된다. 얼음과 물이 전후로 변하고 바뀌는 것은 마치 둥근 원을 따라 달리는 것과 같다. 어느 겨를에 괴롭고 즐거운 것을 알 수 있겠는가? 그러므로 추위와 더위, 마르고 축축함으로 인해 형체가 상해를 입으면 형체는 죽지만 정신은 왕성해진다. 기쁨과 노여움, 생각의 근심에 정신이 상해를 입으면 정신은 다 없어지지만 형체는 여전히 남아 있다. 그러므로 피곤한 말이 죽었을 때 가죽을 벗기면 마른 나무와 같고, 미친개가 죽었을 때 그 고기를 찢으면 마치 젖은 것처럼 싱싱하다. 그러므로 상해를 입어 죽은 사람은 그 영혼이 떠돌고, 나이가 들어 제대로 죽은 사람은 그 영혼이 편안하다. 이것은 모두 형체와 정신이 함께 죽지 않기 때문이다.

❧ 사람이 호랑이로 변하고 호랑이가 사람으로 변하는 것은 사실 불가능한 일이다. 이러한 설정을 한 것은 만물의 변화를 설명하기 위한 것이다. 만물은 그 태어난 생김새에 따라서 형체만이 아니라 정신과 의지 등도 달라질 수 있다는 것이다. 사람이 호랑이로 바뀌면 호랑이의 형체와 정신을 갖게 되어 그에 따라 행동 양식도 바뀌고 그 생김새에 맞게 삶을 즐긴다. 그러니 사람이 호랑이보다 더 낫다고 단언할 수 있겠는가? 그러한 진실을 알기는 매우 어려운 일이다.

여기서 흥미로운 주장은 외부의 영향에 따라 형체가 변하더라도 정신은 여전히 온전할 수 있고, 정신이 변하더라도 형체는 온전할 수 있다는 말이다. 가령 피곤한 말은 형체가 상해를 입었기 때문에 벗기면 딱딱하고, 미친개는 정신이 상해를 입었기 때문에 형체는 멀쩡해서 그 고기를 찢으면 싱싱한 상태라면서 그 근거를 대고 있다. 오늘날의 상식으로는 이해할 수 없는 주장이지만 고대 사회에서는 정신과 육신을 분리해서 생각했음을 알 수 있게 해 준다.

이처럼 만물은 시작과 끝, 유와 무, 삶과 죽음의 과정을 통해 끊임없이 변화하는데 그 변화의 과정 속에서 시작과 끝이 무엇인지를 명확하게 알기는 어려운 일이다. 따라서 사물이 출발하는 가장 근원적인 상태로 돌아가 사물의 본질을 파악해야 한다. 왜냐하면 모든 사물은 각기 그 태어난 형질에 따라 서로 다른 본래의 모습을 갖기 때문이다. 인간은 인간으로서의 본래 모습이 있고 사물은 사물로서의 본래 모습이 있다. 그 본래의 모습이 바로 변하지 않는 본질이다. 그리고 모든 존재는 자연이 부여한 이 본질을 유지하는 것이 가장 바람직한 상태라는 것이 이 책의 일관된 주장이다.

2. 만물은 하나다

도는 하나의 근원에서 나와 아홉 개의 문(九門)을 지나 여섯 갈래의 방향(六合)으로 흩어져 끝없는 우주에 퍼져 나가는데, 적막하고 허무하여 사물에 어떤 작용도 하지 않는다. 그런데도 만물은 스스로 어떤 작용을 한다. 그러므로 모든 일이 도에 따르는 것은 도가 (일부러) 그렇게 하는 것이 아니고 도가 자연스럽게 베풀어진 것일 뿐이다. 하늘이 덮고 있는 것, 땅 위에 있는 것, 천지와 사방 안에 있는 것, 음양이 젖어든 것, 비와 이슬이 적시는 것, 도와 덕이 돕는 것, 이런 것들은 모두 한 부모에게서 태어나 하나의 조화를 이루는 것이다. 그러므로 느티나무와 느릅나무, 귤나무와 유자나무는 합하면 한 형제가 되고, 묘족이나 삼위도 두루 한 집안이 된다.

✤ "도는 하나의 근원에서 나온다."라는 말은 뒤에 나오는 내용인데 어둑어둑하고 텅 빈 상태인 태소(太昭)나 허확(虛霩, 텅 빈 허공)의 상

태에서 도가 나오고 만물이 태어난다는 뜻이다. 아홉 개의 문이란 중국의 고대 시대에는 하늘(우주)을 아홉 개의 방위로 나누어 그것을 구천(九天)이라 불렀는데 이를 이르는 말이고 여섯 갈래의 방향, 즉 육합(六合)은 하늘과 땅, 그리고 동서남북의 사방을 말한다. 구천과 육합은 모두 우주를 구성하는 요소를 설명하는 말이다. 현실에서는 이를 빌어서 천자가 사는 궁궐의 문과 시가지의 길에 적용했는데 대궐은 아홉 개 문으로 통하게 하고, 여섯 방향에 길을 내어 각기 사거리를 두었다. 이렇게 하면 사방으로 흩어져 모든 곳에 이른다. 도라는 말이 길이라는 뜻임을 생각하면 아주 자연스러운 발상이라 하겠다.

이와 같이 도는 하나의 근원에서 출발하여 우주 만물을 태어나고 활동하게 하는데 그렇다고 활동의 주체가 도는 아니다. 이 활동의 주체는 도의 도움을 받은 개개의 사물이다. 그러나 도의 이런 작용은 매우 은밀하고 눈에 보이는 것이 아니어서 마치 없는 듯하다. 이런 까닭에 만물은 도를 부모로 삼아 존재하고 활동하는데, 이것은 마치 자식들이 한 부모에게서 태어나는 것과 같다. 비록 외형과 본성은 다를지라도 모두 한 부모에게서 나온 형제라는 것이다. 묘족은 남쪽에 살고, 삼위는 북쪽에 사는 오랑캐 족인데, 중국인들은 이들 오랑캐를 자신과 다르다고 구별해 야만족이라고 멸시했다. 그러나 이들도 모두 도라는 하나의 부모에서 태어난 사람들이니 넓게 보면 모두 한 집안인 것이다.

《회남자》의 이런 사상은 장자의 세상 모든 존재는 똑같은 존엄과 가치가 있다는 만물제동 사상과 유사하다. 흔히 사해동포주의라고도 불리는 이 사상은 중화와 이적을 문명과 야만의 이분법으로 구분하고 자신들만이 문명인이며 천하의 주인이라고 주장하는 중화주의와 정면으로 배치되는 사상이다. 사실 중화주의는 한나라 무제 시절에 확고하게 자리 잡은 것인데, 그 속에는 중앙 집권적인 서열화와 주변 이민족에 대한 멸시와 정복욕이 숨어 있는 일존주의(一尊主義, 하나의 가치나 사상을 지나치게 높이거나 숭배하는 입장) 사상이기도 하다. 사실 《회남자》의 저자로 되어 있는 회남왕 유안은 지방 분권 체제에서 중앙 집권 체제로 전환하는 과정에서 한 무제에 의해 숙청당하는데, 이런 배경과 무관하지 않은 듯하다.

송나라 때 유학자인 장횡거가 지은 〈서명(西銘)〉에도 "백성은 모두 나의 동포요 만물은 나와 같은 존재다."라는 말이 나온다. 인간과 만물, 중화와 이적을 동일한 존엄체로 보는 관점과는 약간 다르지만 결국은 천인합일(天人合一)이라는 측면에서는 유학도 동일한 입장이었다. 반면 유학에서는 오직 인간만이 다른 사물과 달리 우수한 자질을 타고난 존재로 보기 때문에 사물과 인간을 구별한다. 또한 다른 사람보다 자기 가족이 더 중요하다고 보기 때문에 가족 중심주의적인 측면이 있다. 이런 측면이 강화되면서 유학은 한 무제 시대처럼 일존주의, 중화주의의 이론적 근거가 되기도 했다. 그런 문제는 차치

하더라도 '만물은 하나다.'라는 생각은 중국 고대 사상이 발전시킨 매우 소중한 개념임에는 변함이 없다.

3. 무형에서 유형이 생긴다

아주 가는 털도 틈이 없는 곳으로 집어넣으면 도리어 큰 것이 되고, 갈대 껍질의 두께도 두께가 없는 곳을 지나면 두꺼운 것이 된다. 가는 털의 미세함이나 갈대 껍질의 두께조차 없이 무한한 사방으로 통하고 경계 없는 곳에 이르는 것이 있으니, 그것을 막을 수 있는 것은 아무것도 없다. 이렇게 미묘하고 미묘한 것이 만물을 들락거리며 천지 사이에서 변화를 만드니 어찌 그것을 논할 수 있겠는가?

빠르게 부는 바람은 나무를 뽑아내지만 머리털은 뽑지 못하고, 높은 누각에서 사람이 떨어지면 등이 부러지고 머리가 부서질 텐데 작은 곤충들은 쉽게 날아서 간다. 작은 곤충은 하늘의 움직임을 타고 우주의 한 구석에서 형체를 받아 가볍게 나는 미물인데도 오히려 떨어지는 운명을 벗어날 수 있는데, 하물며 형체가 없는 것이야 말해 무엇하겠는가? 이것으로 본다면 무형(無形)에서 유형(有形)이 생기는 것은 분명한 것이다. 그러므로 성인(聖人)은 자기의 정신을 신령스러운 곳에 맡기고 만물의 시초로 돌아가 어두운 가운데서 보고 소리 없는 곳에서 듣는다. 어두운 가운데서 홀로 깨닫기도 하고 적막한 가운데서 홀로 비추기도 한다. 그 작용은 작용하지 않는 것에 기인하는 것이다. 그러므로 작용하지 않은 다음에 작용할 수 있는 것이다. 그 지각은 지각하지 않는 것에 기인하는 것이다. 지각하지 않은 다음에 지각할 수 있는 것이다.

✤ 여기서는 도가 어떤 형태를 지니고 있는지를 설명하고 있다. 사실 도는 크기와 두께를 잴 수 없을 뿐만 아니라 인간의 눈으로 볼 수 있는 것도 아니다. 작다면 한없이 작아서 아무리 현미경을 들이대도 볼 수 없는 것이 바로 도다. 그러나 도는 그 크기도 두께도 분별할 수 없지만 파고들지 못하는 곳이 없다. 그러니 만물 속에 두루 퍼져 작용하는 것이 바로 도다. 따라서 도는 그야말로 없는 것과도 같은 존재인데도 그것이 작용해서 만물이 활동하게 되니 무(無)에서 유(有)가 나온다고 하는 것이다. 어떻게 무에서 유가 나올 수 있는가? 논리적으로는 설명이 불가능한 부분이다. 그러나 우리가 조금 더 깊이 생각해 본다면 형체가 없는 듯이 보이는 소립자에서 형체가 보이는 사물이 만들어진다는 것은 전혀 이해하기 어려운 일도 아니다. 현대 과학에서는 이러한 것을 실험을 통해 계속 증명하려고 한다.

가장 작은 물질은 무엇인가? 지금까지 물리학의 소립자 이론이 진전되면서 물질의 기본 단위는 분자, 원자, 중성자, 쿼크로 그 크기가 작아지고 있다. 그래서 현재 발견된 가장 작은 입자는 쿼크다. 그런데 최근 힉스 입자의 존재를 발견하려는 연구가 진행되고 있다. 빅뱅 이후 우주에서 사라진 힉스 입자의 존재가 발견되면 그것이 작동하는 방식에 대해 관찰하고 연구할 수 있게 되고 그럴 경우 인간은 신처럼 물질을 창조할 수 있게 된다는 것이다. 힉스 입자에 의해 인간도 무에서 유를 창조할 수 있을지 모른다.

그렇다면 현대 물리학에서 말하는 힉스 입자가 결국은 도를 말하는 것은 아닐까? 우주 만물의 시초이며 생성자인 도는 인간의 인식 범위 밖에 존재하는 미세한 것이어서 무(無)라고 표현하지만 사실은 실존하는 어떤 소립자일지도 모르기 때문이다. 하지만 우리가 도를 소립자라는 실체로 인식하는 것이 이 책의 중심은 아니다. 이 책의 저자를 포함해서 중국의 도가 사상가들은 도를 인간이 따라야 하는 마땅한 원칙이나 이치로 이해했다. 그리고 그 점이 중요하다. 우주 만물을 생성하고 활동하게 만드는 도를 물질로서 파악하려고 들지 않고 인간을 포함한 우주 만물이 따라야 하는 법칙이나 원리로 받아들인다. 그 원리는 바로 무위자연의 원리이자 자연과의 조화와 공생, 만물을 차별 없이 대하는 만물제동 등과 같은 원리다. 인간이 만든 제도나 기술 등이 인간을 도리어 소외시킬 수 있다는 이 주장은 물질 문명이 발전하면 발전할수록 더욱 힘을 얻을 것으로 보인다.

4. 본성을 보존하자

하늘이 안정되지 않으면 해와 달이 매달릴 곳이 없고, 땅이 안정되지 않으면 초목은 뿌리 내릴 곳이 없으며, 몸을 세우는 일이 편안하지 않으면 옳고 그름을 드러낼 수 없다. 그러므로 진인(眞人)이 있고 난 뒤에 참된 지식이 있게 된다. 자기가 가진 지식이 분명하지 않은데 어찌 이른바 '앎은 모름이 아니다'라는 사실을 알겠는가? 혜택과 덕을 쌓고 사랑과 은혜를 많이 베풀며, 이 명성으로 안과 밖을 따뜻하게 하고 만백성을 보호하여 그들이 기쁘게 자기의 본성을 즐기도록 하는 것이 인(仁)이다. 큰 공을 세우고 평판이 좋은 사람을 등용하며, 군신이 서로 본받고 상하의 위계가 바르고, 친소와 귀천의 구분을 분명하게 하며, 위태로운 나라를 보존하고 끊어진 대를 이어 주며, 혼잡하고 번거로운 나라를 다스리고 무너진 왕조를 일으키며, 후손이 없는 사람의 후사를 세워 주는 것이 의(義)다. 몸에 있는 아홉 개의 구멍을 닫고, 마음과 의지를 감추며, 총명함을 버리고 무지로 돌아가 아무 생각도 없는 듯이 방황하며 속세의 바깥에서 헤매고, 일을 일부러 꾸미지 않는 속에서 거닐며, 음양의 기운을 머금었다 토해 내고, 만물과 더불어 하나가 되는 것이 덕(德)이다. 그러므로 도가 흩어지면 덕이 되고 덕이 지나치게 넘쳐 나면 인의(仁義)가 된다. 인의가 확립되면 두 덕이 사라진다.

백 아름이나 되는 나무를 베어서 희준(犧尊)을 만들기 위해서는 조각칼로 새겨서 파란색이나 노란색을 칠하고, 꽃무늬로 장식하고 금빛으로 아름답게 하며, 용과 뱀, 호랑이와 표범을 새기고 좋은 문장을 조각한다. 그러나 쓸모없이 잘라진 나무는 도랑에 버려진다. 희준과 잘라진 나무를 비교하면 추하고 아름다운 차이가 있다. 그러나 둘 모두 본성을 잃어버린 점에서는 똑같다. 그러므로 바깥 사물에 정신이 팔린 사람의 말은 화려하고 덕이 흩어진 자의 행위는 위선이다. 마음에 지극한 정신이 없고 말만 번지르르하게 잘하는 사람은 자기 자신이 외물의 노예가 되는 것을 면하지 못할 것이다.

✤ 여기서 강조하려는 내용은 근본, 즉 본성을 잘 지키기 위해서는 근본이 무엇인지를 정확하게 분별할 수 있어야 한다는 점이다. 이 점은 개인뿐만 아니라 사회도 마찬가지다. 먼저 개인의 경우를 설명하기 위해 희준과 희준을 깎기 위해 버린 나무를 비유하고 있다. 희준은 제례 때 사용하는 제기의 한 가지로 소의 형태를 본떠 만든 것을 말한다. 좋은 나무로 아름다운 희준을 만드는 과정에는 쓸모없이 버려진 나무도 있다. 둘 사이의 차이점은 아름답다는 점과 그렇지 않다는 점이겠지만 나무의 본성을 해쳤다는 점에서는 동일하다. 그러니 희준처럼 아름다운 말만 하는 사람이야말로 더욱 경계해야 한다는 것이다. 말을 화려하게 잘하는 사람은 진실함이 부족하고 위선에 차 있다는 의미다. 이것은 공자가 말하는 교언영색(巧言令色)과도 같다.

"교묘하게 말을 잘하고 얼굴빛을 잘 꾸미는 사람 가운데는 어진 사람이 드물다."라고 한 공자의 말과 비슷하지 않은가.

다음으로 사회적인 관계에서도 그것은 마찬가지라는 것이다. 도와 덕 같은 근본적인 본성을 잃게 되니 인의가 강조된다는 것이다. 이것은 도덕은 본성에, 인의는 번지르르한 말에 대비하면 쉽게 이해할 수 있을 것이다. 이런 주장은 유가에서 강조하는 인의를 비판하고 무위자연의 근본으로 돌아가자는 주장으로 볼 수 있다. 유가에서 말하는 도덕은 인간이 가야 할 올바른 길과 마음에 갖춰진 인격적인 덕망을 말하며 인의는 타인을 사랑하고 올바른 길을 걸어야 한다는 윤리적인 차원의 내용이다. 그런데《회남자》에서는 백성들에게 은혜와 사랑을 베풀며 그렇게 얻은 명성으로 백성들을 편안하게 하는 것을 인, 훌륭한 정치를 의라고 규정하면서 인의는 모두 겉으로 드러난 가치이지 본질적인 것이 아니라고 말한다. 무위자연의 도를 깨달아 만물과 더불어 하나가 되는 것을 덕이라고 부르면서 도덕을 잃게 되니 인위적으로 도덕규범을 강조하는 인의가 자리 잡는다고 주장하는 것이다. 도가의 정치관을 잘 드러낸 대목이라 하겠다.

여름에 가죽옷을 입지 않는 것은 그것을 아끼기 때문이 아니라 몸에 따뜻함이 지나치기 때문이다. 겨울에 부채를 사용하지 않는 것은 그것을 소홀하게 여기기 때문이 아니라 서늘함이 매우 알맞기 때문이다. (이와 마찬가지로) 성인은 배가 부른 상태를 헤아려 음식을 먹고, 몸의 상태를 헤아려 옷을 입는다. 이렇게 자신에게 적절하게 할 뿐이니 탐욕스러운 마음이 어디서 생겨나겠는가? 그러므로 천하를 소유할 수 있는 자는 반드시 천하를 위해 어떤 일을 하려는 마음을 갖지 않고, 명예를 소유할 수 있는 자는 반드시 달려가서 명예를 구하려고 하지 않는다. 성인은 이런 이치에 통달하는 것이니, 통달하면 기호와 욕망의 마음에서 벗어나게 된다.

공자와 묵자의 제자는 모두 인의의 술책으로 세상을 인도했지만 그들은 헛된 수고를 면하지 못했다. 자기 자신도 실천할 수 없는 것을 가지고 하물며 남을 가르쳤으니 말해 무엇하겠는가? 이러한 이유는 도에서 벗어났기 때문이다.

✤ 이 구절에서도 인의와 같은 인위적인 도덕규범을 비판하고 무위자연의 태도를 강조하고 있다. 그래서 가죽옷과 부채의 예를 들어 자연의 질서에 알맞게 행동하는 것이 중요하다는 점을 지적한다. 사실 인간의 욕심은 끝이 없다고 할 수 있다. 그런데 아무리 부유한 사람이라도 위장에 담을 만큼밖에 먹지 못하고 아무리 좋은 집에 살아도 하룻밤 잠을 자는 것은 가난한 사람과 다를 것이 없다. 그러니 진정으로 도를 터득한 성인은 이러한 탐욕으로부터 벗어나 자연의 질서에 따라서 도를 실천하게 되니 진정으로 자유로운 삶을 살 수 있다.

반면에 공자와 묵자는 인위적으로 세상을 다스리고 통치할 것을 주장했기 때문에 비판받는다. 공자는 인(仁)과 예(禮)를, 묵자는 겸애로 세상을 다스릴 것을 강조했는데 이런 두 학파의 주장을 그들 자신도 행하지 못하는 것이라면서 비판하고 있다. 사실 한나라 시대 이후 유학이 사회의 지배적인 학문이 되었지만 그렇다고 세상이 태평성대로 변하지 않았다. 유학자들은 모두 인의의 삶을 강조하지만 사실은 그 자신이 그것을 실천했는지는 의문이다. 오늘날에도 예수의 사랑을 강조하고 있지만 기독교도들이 그것을 실천하는지는 알 수 없는 노릇과 마찬가지다.

3편

천문훈 天文訓

우주의 이치에 대한 가르침

천문훈天文訓

우주의 이치에 대한 가르침

이 편은 음양의 기운을 조화롭게 하고, 일월(日月)의 빛을 다스리며, 천지의 기운이 열리고 닫히는 시기를 조절하고, 별들의 운행을 가지런하게 하는 내용 등을 다루고 있다. 또한 자연의 변화에 순응하는 이치와 역행하는 이치에 대해 알게 해 주고, 재앙을 피하고 사시가 운행하는 법칙에 순응하여 사람들로 하여금 하늘을 우러르고 순종하며 불변하는 도를 어지럽히지 않게 하는 내용을 담고 있다. 따라서 이 편의 핵심 내용은 하늘을 관측하는 천문을 통해 우주 자연의 법칙을 밝히는 데 있다.

1. 우주는 어떻게 생성되었는가?

천지가 아직 형태를 갖추기 전에는 아득히 어둡고 형체가 없었기 때문에 태소라고 한다. 도는 허확에서 시작했고, 허확은 우주를 낳고, 우주는 기를 낳았다. 기는 무겁고 편안한 모습이 있는데 그 가운데 맑고 밝은 기는 엷게 떠올라 하늘이 되었고, 무겁고 탁한 기는 엉겨서 땅이 되었다. 맑고 신묘한 것이 모이기는 쉽고, 무겁고 탁한 것이 응고되기는 어렵기 때문에 하늘이 먼저 이루어지고 땅이 나중에 안정되었다. 하늘과 땅의 정기가 합쳐지면서 음양이 되었고, 음양의 정기가 배합되면서 사계절이 되었으며, 사계절의 정기가 분산되어 만물이 되었다. 양의 열기가 쌓여 불(火)을 생성했고, 화기(火氣)의 정기가 해가 되었다. 음의 찬 기운이 쌓여 물(水)을 생성했고, 수기(水氣)의 정기가 달이 되었다. 해와 달에서 넘친 정기는 별이 되었다. (이렇게 되니) 하늘은 해와 달과 별을 받아들이고 땅은 물과 빗물과 먼지를 받아들였다.

✛ 위의 글은 〈천문훈〉편의 첫 구절로 우주의 생성과 변화 과정에 대해 설명하고 있다. 형체도 없고 아득한 최초의 상태를 태소라고 부르는데, 이 태소는 곧 텅 빈 허공인 허확이라고도 할 수 있다. 이 허확에서 우주가 생겨나고, 우주에서 기가 나오고, 기에서 하늘과 땅, 즉 천지가 생겨났다. 이렇게 천지가 생겨나면서 그 정기들은 음양이

되고, 음양이 사계절을, 사계절은 만물을 낳는다.

《회남자》에서 말하는 우주 생성론에 따르면 우주 생성의 최초의 근원은 '태소'다. 태소는 기(氣)가 나타나기 이전의 어떤 최초의 상태를 말하는데, 이 상태는 하늘과 땅이 아직 형성되기 이전으로 아무런 형상도 없이 한데 뒤엉켜 분간이 되지 않은 세계다. 이것은 마치 《장자》〈응제왕〉편에 나오는 혼돈(混沌)과 같은 상태를 말한다. 이 태소 다음은 '허확'이 나온다. 허확은 공허하고 아득히 멀며 광활한 상태를 뜻한다. 이 상태 역시 아무런 형상도 없고 어둑하고 어둑해 아무도 그것을 인식할 단서를 찾을 수 없는 상태이니 태소와 동일한 상태를 뜻한다.

이와 같은 우주 생성론을 보면 서양의 창조론이나 빅뱅 이론에서 말하는 것과도 유사한 측면이 있다. 창조론이나 빅뱅 이론 모두 우주의 최초 상태는 혼돈과 무질서가 뒤섞여 있는 카오스 상태로 보고 있기 때문이다. 반면 서양과 달리 동양의 우주론은 자연이나 물질을 형성하는 근원을 기로 보고 있다. 창조론에서야 하느님이 우주 생성의 주관자이니 논외로 치더라도 빅뱅 이론 등에 따르면 최초에 형성되는 것은 원자나 쿼크 같은 물질의 최소 단위다. 그러나 동양에서는 일종의 활성 에너지와 비슷한 의미의 기로 설명하고 있다. 이 점이 근본적인 차이점이라 할 수 있는데, 동양적인 사고에서는 생물과 무생물을 구별하지 않았기 때문에 그러한 사상이 나왔다고 할 수 있다.

흔히 이런 동양적인 사고를 비과학적이라고 오해하기 쉬운데, 참고로 말하자면 사람의 경우 기는 이미 과학적으로도 입증된 바 있다. 그러므로 기가 만물의 근원이라는 고대 동양인들의 주장을 무조건 황당무계한 것으로 치부해서는 안 될 일이다.

천도(天道, 하늘의 도)를 원(圓, 둥근 원)이라 하고 지도(地道, 땅의 도)를 방(方, 네모)이라 한다. 방은 어둠을 주관하고 원은 밝음을 주관한다. 밝음은 기를 토해 내기 때문에 불(火)을 가리켜 빛을 밖으로 드러낸다고 한다. 어둠은 기를 머금기 때문에 물(水)을 가리켜 빛을 안으로 품는다고 한다. 기를 토해 내는 것은 만물에 시혜를 베풀고 기를 머금는 것은 만물을 변화시킨다. 그러므로 양은 베풀고 음은 변화시키는 역할을 한다. 하늘의 치우친 기운이 노하면 바람이 되고, 땅이 머금은 기운이 조화를 이루면 비가 된다. 음양이 서로 가까이하여 감응하면 우레가 되고, 음양이 서로 부딪치면 천둥이 되고, 음양이 뒤섞이면 안개가 된다.

양기가 이겨서 흩어지면 비나 이슬이 되고, 음기가 이겨서 응결되면 서리나 눈이 된다. 털과 날개가 있는 것은 날아다니는 종류이기 때문에 양에 속하고, 껍질이나 비늘이 있는 것은 숨거나 엎드리는 종류이기 때문에 음에 속한다. 해는 양의 주인이므로 봄과 여름에는 많은 짐승들의 털이 빠지고, 동지나 하지에는 사슴의 뿔이 빠진다. 달은 음을 주관하므로 달이 기울면 물고기의 뇌가 줄어들고, 달이 완전히 기울면 조개의 살이 빠진다. 불은 위로 타오르고, 물은 아래로 흐른다. 그러므로 새는 날아서 높이 올라가고, 물고기는 움직여 아래로 간다. 사물은 유사한 것끼리 서로 살아가고, 본(本)과 말(末)은 서로 반응한다. 그러므로 양수(陽燧)가 햇빛을 받으면 타서 불이 되고, 방제(方諸)는 달빛을 받으면 진액이 흘러 물이 된다.

✤ 고대 동양에서는 하늘은 둥글고 땅은 네모지다고 생각했는데 이를 천원지방(天圓地方)이라고 하며 이 말은 본래 《여씨춘추(呂氏春秋)》에서 나왔다. 여기서는 앞 구절에 이어 인간이 살아가는 세계인 하늘과 땅을 중심으로 음기와 양기가 모이고 흩어지면서 만물이 생성되거나 변화하는 과정을 설명하고 있다. 간단하게 설명하자면 양은 해를 상징하기 때문에 따스하거나 밝은 것을 의미하고, 음은 달을 상징하기 때문에 차갑고 어두운 것을 의미한다. 그리고 음과 양 두 종류의 기가 서로 화합하거나 작용해서 만물을 생겨나게 만들고 또 변화시킨다는 것이다. 이 구절에 나오는 내용은 오늘날의 과학으로는 납득하기 어렵지만 기를 만물의 근원이라고 생각하던 고대인의 시각에서는 논리적인 설명이라고 이해하면 좋을 것이다.

'양수'는 햇빛을 이용하여 불을 일으키던, 청동으로 된 거울 같은 도구를 말하고, '방제'는 큰 조개를 말한다. 이 조개를 달빛에 비추어 두고 물을 받으면 아침 이슬과 같은데 이것을 방제수라고 한다. 한의학에서는 눈을 밝게 하고 마음을 안정시키며 어린아이의 열을 내리는 데 효능이 있다고 말한다. 양수와 방제는 유사한 종류끼리 서로 반응하는 예로 든 것이다.

천지가 세워지고 그것이 나뉘어 음양이 되었다. 양은 음에서 생기고, 음은 양에서 생긴다. 음양이 서로 뒤섞여 네 방위가 통하며, 음양이 쇠퇴하거나 왕성해지면서 만물이 이루어진다. 기어 다니거나 걷고 부리를 갖거나 숨을 쉬는 것 가운데 사람보다 귀한 것은 없다. 그래서 사람의 모든 구멍과 신체는 모두 하늘과 통한다. 하늘에 구중(九重, 하늘을 9개의 방위로 나눈 것)이 있는 것처럼 사람에게는 아홉 개의 구멍이 있다. 하늘에 사계절(四時)이 있어서 12달을 부리는 것처럼 사람에게는 사지(四肢)가 있어서 12관절을 부린다. 하늘에 12달이 있어서 360일을 제어하는 것처럼 사람에게도 12관절이 있어 360마디를 부린다. 그러므로 일을 할 때 하늘의 도리에 순종하지 않는 자는 그 생명에 역행하는 자다.

✢ 여기서는 천지의 음양 조화로 만물이 생성되듯이 인간 또한 음양의 조화로 태어나는데, 만물 가운데 인간이 가장 귀한 존재임을 말하고 있다. 그리고 인간은 하늘을 본떠서 만들어졌으니 인간의 신체도 모두 자연의 운행 법칙에 맞추어 생성되고 움직인다고 주장한다. 자연(하늘)과 인간은 하나라는 생각에서 나온 것으로 이는 고대 동양

인들의 중심 사고였다. 이것을 천인합일(天人合一)이라고 하는데, 제자백가의 어느 사상이나 학파를 막론하고 모두 궁극적으로 천인합일을 주장했다. 이런 사상은 자연과 인간이 상호 밀접하고 긴밀한 관계 속에 놓여 있어 서로 분리될 수 없다는 유기체적 사고에서 발전한 것이다. 인간을 소우주라고 하는 말은 이런 입장을 대변하는 대표적인 표현이다.

2. 삼(三)은 만물을 낳는다

도는 일(一)에서 시작하는데, 일에서는 생성될 수 없기 때문에 나뉘어 음양이 되었고 음양이 화합하여 만물을 생성하게 된다. 그러므로 노자는 "일(一)은 이(二)를 낳고, 이는 삼(三)을 낳으며, 삼이 만물을 낳는다."라고 말한 것이다. 천지는 세 달을 한 계절로 삼는다. 그러므로 제사 지낼 때는 세 번 밥을 올리는 것으로 예를 삼고, 상례에서는 세 번 발을 구르는 것을 절도로 삼고, 군대에서는 세 번 깃발을 흔드는 것을 제도로 삼는다.

✤ 숫자 3은 고대 동양인들에게 매우 중요한 숫자로 여겨졌다. 천(天), 지(地), 인(人) 삼재(三才)를 우주의 기본 구성 요소로 생각한 사상

때문이다. 그래서 노자가 말하는 것처럼 3은 만물을 낳는 것으로 이해되기도 하며, 유가에서는 각종 예법에 3이라는 숫자가 사용되기도 한다. 성년이 되는 관례에서도 세 번 관을 바꿔 씌우는 삼가례가 있고, 상례에서도 삼우제를 지내거나 삼년상을 지내고, 제례에서도 삼헌관이 있어 술을 세 번 올린다. 《회남자》에서는 노자의 말을 인용하여 "1은 2를 낳고 2는 3을 낳는데 3이 만물을 낳는다."라고 주장하는데, 여기서 1은 도를 말하고 2는 음양을, 그리고 음양의 결합체인 3이 만물이 된다는 말이다. 반면에 유가에서는 음양이 수금화목토의 오행(五行)과 결합하여 만물을 생성한다고 주장한다. 이처럼 동양 사상에서는 음양의 기를 바탕에 두고 자연의 법칙을 설명하면서 이를 다시 인간의 삶에도 적용해 각종 의식과 예법도 이에 맞추었던 것이다.

4편

지형훈 地形訓

지형에 대한 가르침

지형훈地形訓

지형에 대한 가르침

    이 편에는 동서남북의 길이를 재고 넓이를 헤아리며, 산과 언덕 또는 시내와 계곡의 형태와 소재를 구분하는 내용이 담겨 있다. 또한 만물의 주재자를 밝히고 많은 생물의 종류를 알며 산과 연못의 수를 파악하고 원근의 길을 헤아려 인간이 이러한 것을 두루 통달하여 사물 때문에 움직이지 않고 기이한 것 때문에 놀라서는 안 되는 이유를 설명하고 있다. 특히 이 편에는 중국 고대의 지리서로 신화적인 내용이 담겨 있는 《산해경》의 내용과 일치하는 것이 많다.

1. 천지와 우주의 구성 요소

땅은 육합(六合)의 사이와 사극(四極)의 안을 싣고 있는데, 이곳은 해와 달로 환하게 비춰지고 있고, 별들의 운행에 따라 안정되며, 사계절의 순환에 따라 기강이 잡히고, 태세(太歲, 목성)의 움직임에 따라 바로잡힌다. 천지 사이에는 구주(九州)와 팔극(八極)이 있고, 토지에는 구산(九山)이 있으며, 산에는 구새(九塞)가 있고, 연못에는 구수(九藪)가 있으며, 바람에는 팔등(八等)이 있고, 물에는 육품(六品)이 있다.

✤ 육합은 상하와 동서남북을 합해서 하는 말로 천하 또는 우주를 의미한다. 사극은 사방의 끝이 닿은 곳을 말한다. 태세는 목성을 말하는데 목성의 움직임에 따라서 달력을 구성한다. 구주는 하나라, 상나라, 주나라 시대와 같은 중국 고대 시대의 행정 구역이었는데, 춘추 시대와 전국 시대를 거치면서 천하를 9등분한 구역이라는 의미를 갖게 되었다. 구주는 중국 전 국토를 9개의 주(州)로 나누었던 것에서 유래하는 명칭이지만 후대에는 중국 전역을 총칭하는 의미로 사용되었다. 팔극은 8개의 방위를 말한다. 구산은 회계산·태산·왕옥산·수산·태화산·기산·태행산·양장산·맹문산 등 하늘에 제사 지내던 중요한 산들을 말한다. 구새는 아홉 개의 요새를 말하고, 구수는 아홉 개의 큰 연못을 말한다. 팔등은 방위에 따라 부는 바람을 여덟 가지로

구분한 것이고, 육품은 하수·적수·요수·흑수·강수·회수 등 지형을 이루는 중요한 강들을 말한다.

〈지형훈〉의 첫 부분은 이와 같이 중국의 영토를 설명하고 있는데, 여기서는 생략했지만 뒤를 이어 각각의 길이와 넓이, 물길과 골짜기 등을 세밀하게 열거하고 있다. 물론 이러한 분류는 중국이라는 한계 내에서 이루어지고 있지만 당시에는 중국이 세계의 전부라고 생각해서 이렇게 나눈 것이다. 천문과 더불어 지리적 측면에서 천하의 영역과 이치를 설명하려고 한 것이지만 사실적인 설명이라기보다 설화적 요소가 내포되어 있다.

곤륜산의 언덕에서 두 배 올라가면 그곳을 양풍산이라고 하는데, 여기에 오르면 죽지 않는다. 또 거기서 두 배 올라가면 그곳을 현포산이라고 하는데, 여기에 오르면 신령스러워져 바람과 비를 부릴 수 있다. 다시 거기서 두 배 올라가면 상천(上天)인데, 여기에 오르면 신이 된다. 이곳을 태제(太帝)가 거처하는 곳이라고 말한다.

✤ 곤륜산은 중국 서방에 있는 높은 산인데 사실 하나의 산봉우리가 아니라 인근의 많은 산을 한데 모아 부르는 이름이다. 그런데 중국 고대 신화에는 다양한 낙원이 등장하는데 그 가운데 곤륜산이 차지하는 비중이 가장 크다. 말하자면 곤륜산은 실재하는 산이라기

보다는 하늘의 기둥이자 신선이 사는 전설상의 산으로 주로 거론된다. 곤륜산의 봉우리 가운데 하나인 옥산(玉山)은 글자 그대로 옥이 많이 나는 산인데 서왕모(西王母)가 거처하는 곳으로 유명하다. 서왕모는 도교 신화에 나오는 불사(不死)의 여신으로 모습은 인간과 비슷하지만 표범의 꼬리와 호랑이의 이빨을 가진 산신령이 아름다운 여인으로 변신했다고 한다.

서왕모가 거처하는 정원에는 이 세상에서는 볼 수 없는 신기한 꽃과 새, 불로장생의 복숭아인 선도가 있다. 상제가 사는 궁궐 옆에는 요지(瑤池)라는 아름다운 연못이 있었는데, 서왕모는 이곳에서 신들을 위한 잔치를 자주 베풀었다. 그리고 삼천 년 만에 꽃을 피우고 다시 삼천 년 만에 열매를 맺는 반도(蟠桃) 복숭아도 서왕모의 소유다. 또한 곤륜산의 일부 지역인 괴강산(槐江山)이라는 곳에는 중국인의 조상으로 일컫는 황제의 꽃밭이자 옥이 사방에 굴러다닌다는 현포(玄圃)가 있다. 이곳에서 맑은 요수(瑤水)가 흘러나와 옥산의 요지로 흘러든다고 한다. 이처럼 옥이 주렁주렁 달리는 나무가 서식하고, 신선이 사는 곤륜산은 신화와 도교적 상상력이 결합해서 만든 이상향으로 불로장생의 꿈을 실현하는 낙원을 의미한다.

여기서 우리는 도가와 도교를 구분해야 할 필요가 있다. 도가는 노자와 장자의 사상처럼 무위자연을 중심 이념으로 하는 철학 사상을 주로 의미하고, 도교는 노장 사상이 민간의 신화 전설과 결합하면서 등장한 종교를 말한다. 즉, 도가와 도교를 같은 의미로 받아들여서는 안 된다는 말이다. 물론 통용해서 사용하는 경우도 없지는 않지만 불로장생과 신선술을 주로 추구하는 도교는 무위자연으로 살아가라는 도가와는 구별되어야 할 것이다.

이런 구별을 통해 판단한다면 신화적 요소가 있는 곤륜산을 말하는 한편, 곤륜산의 꼭대기에 올라가면 신이 살고 있다고 하는 등 도교적 내용이 들어 있는 것으로 보아《회남자》가 만들어지던 한나라 초기에 이미 도가에서 도교로 넘어가고 있었음을 알 수 있다.

2. 풍토에 따라 사물의 특성이 달라진다

땅의 형태는 동서가 위(緯)가 되고, 남북이 경(經)이 된다. 산에는 덕이 쌓이고 강에는 형벌이 쌓인다. 높은 곳은 생(生)이 되고, 낮은 곳은 사(死)가 된다. 구릉은 수컷이 되고 계곡은 암컷이 된다. 물이 둥글게 꺾여 흐르는 곳에서는 진주가 나오고, 모나게 꺾여 흐르는 곳에서는 옥(玉)이 나온다. 맑은 물에서는 황금이 나오고, 용이 사는 연못에서는 옥영(玉英)이 나온다.

토지는 각각 종류에 따라 사람을 만들기 때문에 산의 기운이 강하면 남자가 많고, 연못 기운이 강하면 여자가 많다. 사방이 막힌 기운의 땅에는 벙어리가 많고, 바람의 기운이 강하면 귀머거리가 많다. 숲의 기운이 강하면 마음이 병든 사람이 많고, 나무의 기운이 강하면 곱사등이가 많다. 언덕 아래의 기운이 강하면 피부병을 앓는 사람이 많고, 돌의 기운이 강하면 힘이 센 사람이 많고, 험악한 기운이 강한 곳에는 혹이 나는 사람이 많다. 더운 기운이 강하면 요절하는 사람이 많고, 추운 기운이 강하면 장수하는 사람이 많다. 계곡의 기운이 강하면 마비되는 사람이 많고, 언덕의 기운이 강하면 절름발이가 많다. 넓은 벌판의 기운이 강하면 어진 사람이 많고, 구릉의 기운이 강하면 탐욕스러운 사람이 많다. 경토 (輕土)에는 날카로운 사람이 많고, 중토(重土)에는 아둔한 사람이 많다.

✤ 이 구절에서는 땅, 산, 물, 언덕, 계곡 등의 형태를 보고 음양의 기운으로 나누며 나아가 그런 지형에 따라 인간의 품성이나 건강 상태 등이 달라진다고 말한다. 사실 어떤 환경에서 태어나고 성장하느냐에 따라 인간의 품성이나 건강이 달라지는 것은 충분히 인정할 수 있다. 신토불이(身土不二)라는 말도 있지 않은가. 그러나 여기서 말하는 것처럼 획일적으로 그렇게 되는 것은 분명 아니다. 다만 자연이 인간에게 미치는 영향과 자연과 인간이 상호 유기적으로 연결되어 있다는 점에서 지형의 모습에 따라 사람의 형태와 품성 등도 영향을 받을 수 있다는 것을 이 구절을 통해 확인할 수 있다.

이런 사고는 고대에는 일반적인 것이어서 공자도 거처를 잘 선택해야 한다고 말한 바 있다. 어진 풍속이 많고 어진 사람이 많은 곳을 선택해서 살지 않으면 지혜롭다고 할 수 없다는 것이다. 하지만 풍토에 따라 건강과 품성이 영향을 받기는 하겠지만 인간은 그러한 영향에서 벗어나 스스로 좋은 풍속을 만들어 갈 수 있는 존재이기 때문에 환경이 인간의 품성이나 건강을 결정한다고 할 수는 없다.

경토는 모래가 많고 점성이 적은 토양을 말하고, 중토는 점토가 많거나 결지성이 높은 토양을 말한다. 토양의 수분이 높은 상태에서 낮은 상태로 이동함에 따라 액성, 점성, 점착성, 소성, 팽연성, 강성 등도 변하는데, 이와 같은 토양의 성질을 결지성 또는 견지성이라고 한다. 그래서 결지성이 높으면 토양은 단단한 상태라고 하겠다.

 물을 먹는 것은 헤엄을 잘 치고 추위에 강하며, 흙을 먹고 사는 것은 마음이 없으며 숨을 쉬지 않는다. 나무를 먹는 것은 힘이 세고 크며, 풀을 먹는 것은 잘 달리지만 어리석다. 잎을 먹고 사는 것은 실을 토하고 나방이 되며, 고기를 먹고 사는 것은 용감하지만 사납다. 기(氣)를 먹고 사는 것은 정신이 맑고 장수하며, 곡식을 먹고 사는 것은 지혜롭지만 요절한다. 먹지 않고 사는 것은 죽지도 않고 신이 된다.

✤ 식생활에 따라 어류와 파충류, 동물과 식물, 인간의 특징을 분류하면서 각각의 장점이나 단점을 설명하고 있다. 그 가운데서 최고

의 단계는 먹지도 않고 죽지도 않는 신의 단계로 보았다. 이 주장에 따르면 인간은 곡식을 먹고 고기를 먹기 때문에 지혜롭고 사납기도 하지만 요절하게 된다. 따라서 인간은 기를 먹거나 아니면 아무것도 먹지 않는 신의 단계에 이르는 수련을 거쳐야 최고의 삶을 누릴 수 있다는 말이다. 이 구절 역시 도교적 신선 사상을 바탕에 두고 인간이 도달해야 할 최종 목표를 설명하고 있다고 할 수 있다.

3. 오행의 질서

목(木)은 토(土)를 이기고, 토는 수(水)를 이기며, 수는 화(火)를 이기고, 화는 금(金)을 이기며, 금은 목(木)을 이긴다. 그러므로 벼는 봄에 태어나 가을에 죽고, 콩은 여름에 태어나 겨울에 죽고, 보리는 가을에 태어나 여름에 죽으며, 냉이는 겨울에 태어나 여름에 죽는다.

목이 왕성해지면 수는 시들고 화는 생성되며 금은 갇히고 토는 죽는다. 화가 왕성해지면 목은 시들고 토가 생성되며 수는 갇히고 금은 죽는다. 토가 왕성해지면 화는 시들고 금이 생성되며 목은 갇히고 수는 죽는다. 금이 왕성해지면 토는 시들고 수가 생성되며 화는 갇히고 목은 죽는다. 수가 왕성해지면 금은 시들고 목이 생성되며 토는 갇히고 화는 죽는다.

✤ 목·화·토·금·수의 오행(五行)을 설명하고 있는 구절이다. 순서대로 보면 목에서 화가 생기고, 화에서 토가 생기며, 토에서 금이 생기고, 금에서 수가 생기며, 수에서 목이 생기는데 이 과정을 상생(相生)이라고 한다. 하나씩 건너뛰면서 보면 목이 토를 이기고, 토는 수를, 수는 화를, 화는 금을, 금은 목을 이긴다고 하는데 이 과정을 상극(相剋)이라고 한다. 상생은 살려 주는 기운을 말하고 상극은 서로 죽이거나 충돌하는 기운을 말한다. 오행이 서로 상생하고 상극하면서 만물

이 생장하고 소멸하는 과정을 겪는다는 오행론 역시 음양론과 더불어 우주자연의 변화를 설명하는 고대 동양의 사유 체계였다. 그렇기 때문에 동양에서는 오행을 우주 만물을 이루는 다섯 가지 원소라고 한다.

오행을 방위와 계절에 따라 분류하면 목은 동방이며 봄에 해당하고, 화는 남방이며 여름에 해당하고, 토는 중앙에 위치하며 사계절에 모두 통하고, 금은 서방이며 가을에 해당하고, 수는 북방이고 겨울에 해당한다. 이에 맞추어 사계절에 생성되는 식물을 상생과 상극으로 설명하고 있다. 본래 계절의 변화는 지구의 자전과 공전으로 일어나는 현상인데, 음양오행 이론에서는 이를 천간(天干)과 지지(地支)로 설명한다. 즉, 천간이란 오행에 맞추어 구분된 요소인 10개의 십간(十干, 갑을병정무기경신임계)이 춘하추동의 계절을 담당하면서 계절이 바뀌게 된다는 것이고, 음양에 따라 천간과 결합되는 하위 12개의 요소인 십이지(十二支, 자축인묘진사오미신유술해)가 1개월에 하나씩 배치되어 운행하면서 4계절이 바뀐다고 본다. 이 이론에 따르면 음은 양의 지배를 받지만 양은 음의 영향을 받아 서로 조화를 이루며 사계절이 운행한다고 한다. 이 내용을 자세하게 알 필요는 없지만 모두 《주역》에서 말하는 만물의 변화에서 나온 이론이다.

| 오행의 원리 |

구분	목木	화火	토土	금金	수水
방위	동방	남방	중앙	서방	북방
계절	봄	여름	사계절	가을	겨울
색	청(靑)	적(赤)	황(黃)	백(白)	묵(黑)
오관	눈(目)	혀(舌)	입(口)	코(鼻)	귀(耳)
맛	신맛	쓴맛	단맛	매운맛	짠맛

| 상생의 원리 |

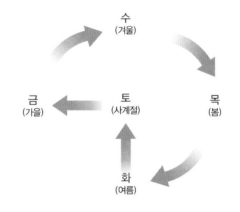

| 상극의 원리 |

목 〉 토 〉 수 〉 화 〉 금 〉 목

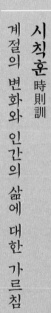

5편

시칙훈 時則訓

계절의 변화와 인간의 삶에 대한 가르침

시칙훈 時則訓
계절의 변화와 인간의 삶에 대한 가르침

이 편은 사계절의 변화와 인간의 삶을 연결시켜 설명하고 있다. 인간은 자연의 법칙을 어겨서는 안 되고 그 속에서 살아야 한다. 위로는 계절의 변화를 따르고 아래로는 땅의 힘을 극진하게 하며, 제도에 근거해서 마땅한 것을 행하고 인간의 규율에 합당하게 해야 함을 말하고 있다. 12절기에 맞추어 화복을 알고, 때에 맞게 제사를 지내며, 자연의 법칙에 순응하는 명령을 내려 백성들에게 시기에 맞게 농사짓는 법을 가르치며, 임금에게는 일에 종사하는 까닭을 알게 하는 내용이 서술되어 있다.

1. 계절에 따라 만물의 상태는 변화한다

맹춘의 달에는 북두칠성의 일곱 번째 별이 동북동 방향의 인(寅)을 가리키고, 날이 저물면 삼성(參星)이 정남 방향의 중앙에 있고, 아침에는 미성(尾星)이 정남 방향의 중앙에 있다. 위치는 동방이고, 일자는 갑을이며, 왕성한 덕은 목(木)에 있다. 동물로는 기린이며, 음은 각(角)에 해당하고, 율(律)은 태주에 해당한다. 숫자는 8이며, 맛은 신맛에 해당하고, 냄새는 나무 냄새에 해당하며, 제사는 외짝 문에서 지내고, 제사에서는 비장을 먼저 바친다. 동풍이 얼음을 녹이면 겨울잠을 자던 벌레들이 다시 소생하고, 고기는 위로 올라와 얼음을 등에 지며, 수달은 고기를 잡아 제사를 지내고, 기러기는 북쪽으로 날아간다.

✤ 맹춘은 1월을 가리키며 정월 또는 인월(寅月)이라고 하는데, 초봄을 의미한다. 삼성은 하늘의 별자리를 28개로 나눈 이십팔수(二十八宿)의 스물한 번째 별자리의 별을 말하고, 미성도 이십팔수의 하나로 혜성이라고 하는 여섯 번째 별자리의 별이다. 여기서는 초봄의 상태를 여러 가지 방식으로 다양하게 표현하고 있다. 벌레들이 땅속에 있다가 나와서 비로소 움직이고, 물고기는 햇빛을 보고 올라와 얼음 밑에 있게 되며, 수달은 고기를 잡아 제사 지내는 것처럼 물가에 늘어놓는다는 것이다. 이 글처럼 고대에는 동서남북의 방위를 사계절에 배

치하거나 십간과 십이지를 나누어 구분하고, 오행에 따라 계절을 나누었다. 이 구절 다음에 언급되는 내용도 모두 이러한 방식으로 전개되고 있다. 《회남자》가 도가 사상만이 아니라 역술이나 천문, 지리 등과 같은 다양한 학문을 포괄하고 있음을 알게 하는 내용이다.

다음 구절에 나오지만 〈시칙훈〉 전체는 봄을 맹춘(1월)·중춘(2월)·계춘(3월)으로, 여름을 맹하(4월)·중하(5월)·계하(6월), 가을을 맹추(7월)·중추(8월)·계추(9월), 겨울을 맹동(10월)·중동(11월)·계동(12월)으로 나누어 계절의 특징을 다양한 방식으로 서술한 다음 이것을 토대로 어떤 정치적 행위를 해야 하는지를 언급하고 있다. 즉, 봄에는 봄에 맞는 명령을 내려야 하고, 여름에는 여름에 내려야 할 명령을 내리는 것이 자연스럽고 옳은 일이다. 만약 그렇지 않다면 재앙이 내리게 될 것이라고 한다. 자연의 변화와 인간의 삶을 상호 연결시켜 천문(天文)과 인사(人事)를 하나로 설명하고 있음을 알 수 있다.

2. 계절의 변화에 따른 정치를 하라

맹춘인데도 불구하고 여름에 내려야 할 명령을 내리면, 비바람이 때에 맞게 내리지 못하고 초목이 일찍 쇠락하며 나라에 두려움이 생긴다. 가을에 내려야 할 명령을 내리면 백성들은 큰 병에 걸리고 회오리바람이 불고 폭우가 내리며 강아지풀이나 쑥과 같은 잡초가 함께 자란다. 겨울에 내려야 할 명령을 내리면 고여 있던 물이 썩고, 비와 서리가 내리고 우박이 떨어지며 곡식을 거둘 수 없게 된다. 정월에는 물과 토목을 담당하는 사공에게 벼슬을 내린다. 맹춘의 나무는 버드나무이다.

봄인데도 불구하고 여름에 내려야 할 명령을 행하면 봄의 기운이 새어 나가고, 가을에 내려야 할 명령을 행하면 홍수가 나고, 겨울에 내려야 할 명령을 행하면 한기가 넘친다. 여름인데도 불구하고 봄에 내려야 할 명령을 행하면 바람이 불고, 가을에 내려야 할 명령을 행하면 황폐해지며, 겨울에 내려야 할 명령을 행하면 만물이 멈추게 된다. 가을인데도 불구하고 여름에 내려야 할 명령을 행하면 꽃이 피고, 봄에 내려야 할 명령을 행하면 만물이 무성하게 자라기만 하고, 겨울에 내려야 할 명령을 행하면 쇠퇴하게 된다. 겨울인데도 불구하고 봄에 내려야 할 명령을 행하면 찬 기운이 새어 나가고, 여름에 내려야 할 명령을 행하면 가뭄이 들고, 가을에 내려야 할 명령을 행하면 안개가 끼게 된다.

❖ 이 구절 역시 앞에서 말한 대로 각 계절마다 그에 알맞은 정치적인 행위를 해야 함을 설명하고 있다. 가령 군주가 백성들에게 전쟁을 하기 위해 명령을 내린다면 어느 계절이 좋을까? 사실 전쟁은 어느 시기든 바람직한 것은 아니지만 부득이 전쟁을 할 때도 시기를 가려서 해야 한다. 만약 그렇지 못하면 백성들은 전쟁 때문에 피폐해지고 농사도 짓지 못하게 된다. 전쟁 때 가장 피할 시기는 파종하는 봄과 수확하는 가을이다. 그렇다고 여름이나 겨울에 전쟁을 하기도 쉽지 않다. 여름은 덥고 습해서 병에 걸리기 쉽고, 겨울은 추워서 기동성이 떨어진다. 어느 계절이라도 전쟁을 하기는 쉽지 않지만 봄에 파종하지 않으면 식량이 부족해서 굶주림에 빠지게 될 것이고, 가을에 추수를 하지 못하면 역시 기근이 닥칠 것이다. 따라서 봄과 가을에는 전쟁을 일으켜서는 안 된다.

이처럼 봄에 내려야 할 명령이 있고 여름과 가을에 내려야 할 명령이 있다. 만약 이러한 고려를 하지 않게 되면 각종 재앙이 다가와 백성들의 삶은 피폐하게 되고 정치는 성공할 수 없게 된다는 것이다. 자연의 법칙에 순응하여 인간의 삶을 조절하는 것이 가장 바람직하다는 말이다. 오늘날은 과학이 발달하고 기술이 좋아져 계절에 상관없이 식물을 재배하고 농사를 짓는다. 그로 인해 수확량이 증가하고 풍요롭게 되었지만 자연의 질서를 교란시킴으로써 환경 문제나 유전자 변형 등 각종 문제가 발생하기도 한다. 자연에 순응하며 사계절이 운행하는 법칙에 따라 살고자 했던 고대인의 사고가 오늘날의 입장에서 보면 자연을 활용할 줄 모르는 어리석음으로 비칠 수도 있다. 하지만 오늘날의 모습이 반드시 지혜롭고 옳은 것이라고 단언할 수 있을까. 자연 자원은 한정되어 있는데 그것을 무분별하게 사용함으로써 지구의 미래는 암울할 수도 있다. 따라서 자연을 존중하고 따르며 자연과 공생하는 지혜가 필요하다.

6편

남명훈 覽冥訓

시야를 넓게 하는 방법

6편
남명훈覽冥訓
시야를 넓게 하는 방법

'남'이란 관찰한다는 뜻이고, '명'은 인간의 감각 기관으로 인식하기 어려운 경지를 말한다. 따라서 인식하기 어려운 것에 대해 잘 관찰하는 방법에 대해서 기술하는 편이 〈남명훈〉이다. 이 편에서는 지극히 정밀한 것은 우주와 통하고, 지극히 정밀한 것은 형체가 없으며, 순수한 것은 지극히 맑은 상태로 들어가며, 밝음이 어둠과 통하는 것에 대해서 말하고 있다. 그래서 많은 사물을 채취하고 분류하여 서로 비교하며, 막힌 것은 통하게 하고 닫힌 것을 열어 주어야 함을 기술하고 있다. 또한 인간의 의지를 무극과 연결시키고 이것으로 사물들이 서로 느끼고 반응하며 음양이 합치되는 것을 통해서 사람들이 넓게 관찰하고 멀리 보도록 했다.

1. 인간의 마음은 하늘과 통한다

옛날에 사광(師曠)이 백설곡을 연주하자 신령스러운 물건이 하강하고 풍우가 사납게 쏟아져 진나라 평공(平公)이 위독하게 되었고, 진나라에는 가뭄이 들어 풀도 한 포기 나지 않았다. 또한 서녀(庶女)가 억울함을 하늘에 호소하자 우레와 번개가 내리치고 제나라 경공(景公)은 누각에서 떨어져 사지가 부러지고 바닷물이 크게 넘쳤다. 맹인 사광이나 서녀는 지위가 말단 관리보다 미천하고 권세가 날짐승의 깃털보다 가볍다. 그러나 마음을 모으고 뜻을 분발하여 일을 하늘에 맡기고 정신을 집중하니 위로는 구천(九天)에 통하고 하늘은 지극한 정신을 격려했다. 이것으로 보건대 비록 아득하고 먼 은닉처나 이중으로 된 석실(石室), 사방이 가로막힌 험난한 곳이라 할지라도 하늘의 죽임으로부터 도망칠 수 없다는 것은 분명하다.

✤ 사광은 춘추 말기 진(晉)나라 사람으로 맹인이며 음률에 통달한 사람이다. 사광은 또한 학덕이 높아 진나라 제후인 평공을 보좌하며 길흉화복을 점치기도 했던 인물이다. 그런데 평공이 듣지 않아야 할 음악을 부탁하여 마지못해 연주했는데, 그로 인해 진나라는 3년 동안 흉년이 들고 평공은 병에 길려 결국 죽었다고 한다. 서녀는 천한 여자를 말한다. 제나라에 어떤 과부가 자식도 없으면서 개가하지 않

고 시어머니를 모시고 살았다. 그런데 시어머니의 재산을 탐낸 딸이 과부의 개가를 권했다. 과부가 말을 듣지 않자 자기 어머니를 죽이고 며느리에게 그 죄를 뒤집어씌웠다. 과부는 변명할 방법이 없자 하늘에 억울함을 호소했는데, 하늘에서는 천둥과 번개를 내려 제나라 경공의 누각을 부수고 경공의 사지를 부러뜨리며 바닷물을 넘치게 했다고 한다.

사광이나 서녀의 마음이 하늘에 통해 잘못된 것을 벌주는 것처럼 아무리 작은 잘못이라도 하늘을 속일 수 없다는 것이 이 구절이 전하는 의미다. 또한 인간의 마음이 자연과 우주에 통하고 만물에게도 영향을 미친다는 의미도 담고 있다. 공자도 "하늘에 죄를 얻으면 빌 곳도 없다."라고 말한 바 있다. 인간이 만든 죄는 아무리 숨기고자 해도 숨길 수 없고 감추고자 해도 감출 수 없는 것이다. 하늘은 눈과 귀가 없는 듯하지만 모든 것을 보고 듣는 존재이기 때문이다. 지성이면 감천이라는 말처럼 지극한 정성이 하늘을 감동시켜 억울한 사람들의 마음을 풀어 주었다는 이야기는 동서고금을 막론하고 전해 오는 이야기다. 따라서 인간으로서 마땅히 해야 할 일과 도리를 다한다면 하늘도 인간의 마음을 수용하고 따라 줄 것이다.

2. 무위로 복종하게 하라

지극한 음은 공허하고 지극한 양은 성대한데, 이 두 가지가 만나서 조화를 이루어야 만물이 생성된다. 수컷은 많은데 암컷이 없다면 어떻게 조화가 이루어질 수 있겠는가? 이것이 바로 말하지 않는 변론과 도가 아닌 도인 것이다. 그러므로 먼 사람을 부를 때는 무위(無爲)로 하고 가까운 사람을 친하게 대할 때는 무사(無事)로 해야 한다. 오직 도를 깨달은 자라야 그렇게 할 수 있다. 그러므로 전쟁을 위해 달리는 말을 멈추게 하여 농사에 힘쓰게 하고, 수레바퀴 자국이 먼 지방으로 이어지지 않게 해야 한다. 이것이 바로 앉아서 달리기를 하고 육지에서 물속에 들어가며, 낮에도 어두운 것을 보고 밤에도 밝게 보며, 겨울에 아교를 녹이고 여름에 얼음을 만든다고 하는 것이다.

✤ 여기서 먼 사람은 사방의 오랑캐를 말하고, 가까운 사람은 중국 본토에 있는 사람을 말한다. 오랑캐를 다스리는 방법은 사자를 보내 협박하거나 힘이나 전쟁으로 하는 것이 아니라 무위로 해야 하고, 가까운 사람과는 일을 시켜서 친하게 대하는 것이 아니라 일 없는 가운데 친해져야 한다는 뜻이다. 인위적이거나 형식적인 방식으로는 가까운 이웃이든 먼 오랑캐든 설득하기 어렵다는 말이다. 그러므로 도를 깨달은 사람, 즉 성인이 다스릴 때는 무위와 무사를 통해 마음으

로 복종시킨다. 앉아서 달리기를 하고 육지에서 물속에 들어가며, 낮에도 어두운 것을 보고 밤에도 밝은 대낮처럼 보며, 겨울에 아교를 녹이고 여름에 얼음을 만든다고 하는 말은 도를 깨달은 사람의 오묘함을 말한 것이다. 극과 극은 서로 통한다고 한다. 음이 극에 다다르면 양이 생겨나고, 양이 극에 다다르면 역시 음이 생겨나는 것이 자연의 이치다. 그러하니 사람을 교화시키고 교육시키는 방법 가운데 가장 중요한 것은 말 없는 가르침이다. 말보다 직접 보여 주는 실천이 더욱 효과적이라는 뜻이다. 무위의 가르침이 최상의 가르침이 될 수 있다는 주장이다.

3. 도에 순종하는 삶을 살아라

무릇 도는 사사로이 나아가거나 사사로이 떠나지 않는다. 도에 능한 자에게는 여유로운 것이지만 서툰 자에게는 부족한 것이다. 도에 순종하는 자는 이롭고 도를 거역하는 자에게는 재앙이 온다. 비유하자면 수후의 진주나 화씨의 벽옥과 같아서 그것을 얻는 자는 부유해지고 잃는 자는 가난하게 된다. 도를 얻고 잃는 법도는 매우 미묘하고 그윽해서 지혜로도 알 수 없고 말솜씨로도 설명할 수 없으니 어떻게 해서 그 내용을 모두 알겠는가?

지황(地黃)은 뼈를 붙이는 데 주로 사용되고, 감초는 살을 생겨나게 하는 데 주로 사용되는 약이다. 뼈를 붙이는 약을 가지고 살을 생겨나게 하는 데 사용하거나 살을 생겨나게 하는 약을 가지고 뼈를 붙이는 것에 사용하려고 한다면 이것은 마치 왕손작(王孫綽)이 반신불수에 쓰이는 약을 두 배로 늘려 이미 죽은 사람을 살려 내려는 것과 같은 일이므로 역시 논리적이지 못하다고 말할 수 있을 것이다.

불로 나무를 태울 수 있듯이 이에 착안해서 쇠를 녹이려고 한다면 그 방법은 행해질 수 있을 것이다. 그런데 자석이 쇠붙이를 끌어당긴다고 해서 기왓장을 끌어당기려고 한다면 어려울 것이다. 사물은 진실로 경중을 가지고 논할 수 없기 때문이다. 부싯돌이 태양에서 불을 취하고, 자석이 쇠붙이를 끌어당기며, 게가 옻칠을 먹고, 해바라기가 해를 향하는 것은 비록 현명한 지혜를 가졌다고 해도 그 까닭을 알기 어렵다. 그러므로 눈과 귀로 살핀다고 해도 사물의 이치를 모두 분별할 수 없고, 마음이나 생각으로 논한다고 해도 사물의 옳고 그름을 확정할 수가 없는 것이다. 그러므로 지혜로 나라를 다스리는 사람은 나라를 유지할 수 없고, 오직 커다란 조화에 통달하고 자연에 감응할 수 있는 사람만이 그것을 보존할 수 있다.

✤ 수후의 신주는 중국 수나라의 임금인 수후가 뱀을 도와준 공으로 얻었다는 보배로운 구슬을 말한다. 수나라 임금이 놀이를 나갔다

가 길 위에 상처를 입고 괴로워하는 뱀을 발견하고 사람을 시켜 상처를 치료하게 해 주었는데, 상처가 나은 뱀이 구슬을 입에 물고 나타나 수나라 임금에게 바쳤다는 이야기다. 화씨의 벽옥은 화씨지벽(和氏之璧)이라는 고사로 유명하다. 전국 시대, 초나라에 살았던 변화씨가 산에서 옥을 캐서 왕에게 바쳤는데 여왕과 무왕은 모두 평범한 돌이라는 말을 듣고 도리어 발꿈치를 자르는 형벌을 내리고 말았다. 그런데 문왕에 이르러 보배임이 증명되자 상을 받게 되었다는 이야기다. 왕손작은 왕손가의 후예로 한 첩의 약으로 반신불수를 고치고 그 약을 배로 해서 이미 죽은 사람을 고치려고 했다고 한다.

지혜로움으로 다스린다는 것은 인위적인 것을 극대화시키는 방법에 불과하다. 인위적인 가르침도 때로는 필요하지만 그것을 최고의 수단으로 삼는 것은 바람직한 일이 아니다. 더구나 모든 자연현상과 우주에 존재하는 이치를 인간의 힘과 지혜로 알 수 있는 것도 아니지 않는가? 요즘같이 과학이 발달한 시대라고 해도 이런 점은 마찬가지다. 과학이 우주와 만물의 모든 이치를 밝힐 수 있다고 믿는 것은 도리어 어리석은 착각일 수 있다. 따라서 자연의 법칙을 거스르며 인간만이 무엇이든 할 수 있다는 오만을 버리고 오히려 자연과 더불어 살려는 자세가 진정 올바른 삶의 자세가 아닐까?

4. 성인의 통치와 난세의 통치

옛날에 황제가 천하를 다스릴 때 역목(力牧)과 태산계(太山稽)라는 사람들이 그를 도와 해와 달의 운행을 다스리고, 음양의 기운을 다스리며, 사계절의 모습을 조절하고, 달력의 수를 바로잡았다. 또한 남녀를 구별하고 자웅을 달리하며, 상하를 분명하게 하고 귀천의 차등을 두었으며, 강한 자가 약한 자를 가로막지 못하게 하고, 많은 사람이 적은 수의 사람을 해치지 못하게 했다.

그리하여 백성들은 생명을 유지하며 요절하지 않고, 계절마다 곡식이 잘 익어 흉년이 들지 않았다. 또한 모든 관리들은 공명정대하여 사사로움이 없었으며 상하가 조화를 이루어 허물이 없었으며, 법령은 분명해 어둡지 않았다. 관리의 보좌관들은 공평한 마음으로 아부하지 않았으며, 농부는 밭두둑을 침범하지 않았고, 어부는 고기잡이를 다투지 않았으며, 길에서는 떨어진 물건을 줍는 사람이 없었다. 시장에서는 물건을 미리 사 두지 않았고, 성곽을 닫지 않고 읍에는 도적이 없으며, 신분이 천한 사람들도 서로 재물을 양보하고, 개와 돼지도 길에 곡물을 토해 놓으며 다투는 마음이 없었다.

이에 해와 달이 정밀하고 밝아졌으며, 별은 운행 질서를 잃지 않고, 바람과 비는 때에 일맞게 내려 오곡이 잘 익었다. 호랑이는 함부로 물지 않았으며, 사나운 새는 함부로 낚아채지 않았고, 봉황이 뜰에 날아오고, 기린이 교외에서 놀며, 청룡이 천자의 수레를 끄는 멍에를 쓰고, 비황(飛黃)이 마구간에 엎드리며, 북쪽에 사는 담이(儋耳) 같은 오랑캐 나라들이 공물을 바치지 않는 일이 없었다. 그러나 아직도 복희의 도에는 미치지 못했다.

✠ 황제는 중국 고대의 전설상의 제왕으로 복희씨(伏羲氏), 신농씨(神農氏)와 더불어 삼황이라 칭해진다. 황제는 황제 헌원씨(黃帝軒轅氏)라고도 부르며, '황제(黃帝)'라는 이름은 그의 재위 시절 황룡이 나타나 토덕(土德)의 상서로운 징조가 있다고 하여 붙여진 것이다. 도교의 시조로 받들어지며 죽어서 신이 되었다고 하는데, 실존 여부나 생존 시기 등이 확실하지 않은 전설상의 인물이다. 역목과 태산계는 황제를 보좌한 어진 신하들인데 황제는 이들의 보좌를 받아 자연의 법칙에 순응하며 백성을 바르게 다스려 상서로운 현상이 나타났고 짐승들도 모두 온화하게 살았다고 한다.

비황은 《주서(周書)》에 "백민(白民)이라는 나라에 있는 승황(乘黃)은 생김새가 여우와 같고 등 위에 뿔이 두 개가 있는데, 이것을 곧 비황이라 한다."라고 나오는데, 이 또한 전설상의 상서로운 동물로 보인다. 《산해경》에 보면 백민국(白民國)은 용어(龍魚)라는 곳의 북쪽에 있으며 그 나라 사람들은 몸이 희고 머리를 풀어 헤쳤다고 한다. 담이 또한 북쪽 끝 지점에 사는 오랑캐 부족이다.

이처럼 황제 시대는 백성들이 자연의 법칙에 따라 조화롭게 살며 통치자와 백성 모두 서로를 믿고 살았지만 그의 통치 또한 그보다 앞선 복희씨의 통치에는 미치지 못한다고 말한다. 그 이유는 시대가 지날수록 군주들은 자신들의 지혜와 각종 발명품을 통해 백성들을 안락하게 하려고 하지만 그것이 궁극적으로는 자연의 질서에 어긋나는 것이기 때문이다.

유가의 경전인 《예기》〈예운〉편에도 이 글에서 언급한 내용과 비슷한 부분이 있다. "대도가 행해지면 천하가 공평하게 된다. 어진 덕이 있는 자나 재능이 있는 자를 뽑고, 믿음을 가르치고 화목함을 닦는다. 그러므로 사람들은 자기의 어버이만을 친애하거나 자기의 자식만을 친애하지 않게 된다. 노인은 안락하게 삶을 마칠 수 있고, 젊은이는 충분히 자기의 힘을 사용할 수 있으며, 어린이는 안전하게 자랄 수 있고, 홀아비, 과부, 부모 없는 고아, 자식 없는 외로운 사람과 병든 사람들이 모두 보살핌을 받을 수 있게 된다. 남자에게는 일정한 직분이 있고, 여자에게는 시집갈 곳이 있다. 재물을 땅에 버리지는 않지만 그렇다고 반드시 자기가 가지려고 하지 않으며, 힘이 있어도 자기만을 위하지 않는다. 그러므로 간사한 모의는 닫혀져서 생겨나지 않고, 도둑질이나 반란은 일어나지 않았고, 바깥문을 닫지 않고 안심하고 생활했다. 이것을 대동이라고 한다." 이렇게 태평성대에 살며 모두가 평등하고 편안한 세상을 대동 세계라고 부르는데, 유가에서 추구하는 이상적 사회다. 이 글을 보면 궁극적으로 도가에서 추구하는 이상 사회나 유가에서 추구하는 이상 사회가 크게 다르지 않다는 것을 알 수 있다.

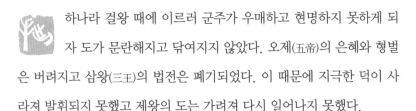

하나라 걸왕 때에 이르러 군주가 우매하고 현명하지 못하게 되자 도가 문란해지고 닦여지지 않았다. 오제(五帝)의 은혜와 형벌은 버려지고 삼왕(三王)의 법전은 폐기되었다. 이 때문에 지극한 덕이 사라져 발휘되지 못했고 제왕의 도는 가려져 다시 일어나지 못했다.

모든 일은 하늘의 도를 어기고, 명령은 사계절에 역행하며, 봄과 가을은 조화로운 기운을 거두어들이고 천지는 덕을 없애 버렸다. 군주는 자리에 앉아 있어도 불안하고, 대부는 도를 숨기고 말하지 않았으며, 많은 신하들은 임금의 생각을 기준으로 삼아 거기에 맞출 것만을 생각했다. 골육을 멀리하고 스스로 사악한 사람을 받아들이며, 붕당을 만들어 음모를 꾸미고, 군신과 부자 사이를 이간질하고, 앞다투어 교만한 군주를 내세워 그의 뜻을 따르고, 사람들을 혼란하게 만들어 자기의 개인적인 일만 성취했다. 그러므로 군주와 신하가 반목해 서로 친하지 않게 되고, 골육이 멀어져 서로 만나지 못하며, 사직단의 나무가 말라 죽고, 예를 베푸는 누각이 진동으로 무너져 버렸다. 개들은 무리를 지어 짖으면서 연못으로 뛰어들고, 돼지는 자기가 깔고 앉았던 자리를 입에 물고 물가로 나가며, 미인은 머리를 풀어 헤치고 까만 얼굴을 한 채 꾸미지도 않고, 노래 부르는 사람은 숯을 먹고 목을 쉬게 하여 노래 부르지 않았으며, 상을 당한 사람은 슬픔을 극진하게 나타내지 않았고, 사냥할 때도 음악을 듣지 못했고, 서왕모는 머리 장식을 부러뜨렸고, 신이 된 황제도 울부짖으며 탄식했다.

✤ 오제는 소호·전욱·제곡·요·순을 가리키고 삼왕은 우·탕·문왕을 가리킨다. 삼황, 오제, 삼왕은 모두 성군으로 칭송받는 고대의 제왕들이다. 그런데 하나라의 마지막 임금인 걸왕(桀王)과 은나라의 마지막 임금인 주왕(紂王)은 미녀에게 빠져 정치를 돌보지 않은 군주였다. 이렇게 걸·주는 자연의 도를 어겼기 때문에 백성은 물론 짐승들까지도 혼돈에 빠져 세상이 엉망이 되고 말았다는 것이다.

복희·신농·황제를 중심으로 하는 삼황 시대와 달리 이후 통치자들의 정치는 갈수록 포악해졌다고 본 것이다. 그 까닭은 바로 자연의 법칙을 무시하고 인위적인 통치가 횡행하면서 발생하게 된다. 인간다움도 사라지고 군주의 이익만 추구하는 상태에서 백성들의 삶은 편안할 수 없고 국가는 혼란에 빠지게 된다. 걸왕과 주왕은 도가만이 아니라 유가를 비롯한 제자백가 모두에서 가장 포악한 군주로 여기는 인물들이다. 이런 점은 《회남자》에서도 그대로 나타났다고 볼 수 있다. 이 글의 논지 역시 후대로 갈수록 인위에 의한 통치가 강화되면서 세상이 혼란해졌다는 것이다.

사람의 머리를 베개로 삼고 인육을 먹으며 사람의 간으로 젓갈을 담고 사람의 피를 마시면서 이러한 것들이 곡식이나 고기보다 맛있게 여기기에 이르는 세상이 되었다. 그러므로 삼대(三代) 이후로는 세상 사람들이 마음을 편안하게 갖지 못했고 습속을 즐기지 못했으며 천명을 보존하지 못하고 포악한 정치로 인해 일찍 죽게 되었다. 그렇게 된 까닭은 무엇인가? 그것은 바로 제후들이 힘으로 정벌하여 천하를 하나로 통일하지 못했기 때문이다.

✤ 삼대는 하나라·은나라·주나라를 가리킨다. 주나라의 전반기를 서주라 하고, 후반기를 동주라고 하는데 춘추 시대와 전국 시대는 동주 시대에 해당한다. 동주 시대는 제후들이 전쟁을 일삼으며 살육하는 것을 밥 먹듯이 했던 시기였다. 이러한 잔인한 상황을 종식시키고자 많은 사상가들이 나와서 각자의 주장을 펼쳤는데 이들이 제자백가다. 전국 시대가 끝나고 진(秦)나라가 모든 제후국을 통일하여 최초로 통일 제국을 만들었지만 지나치게 법에 의한 통치만 해서 백성들의 삶은 피곤하게 되었고 그로 인해 진나라는 15년 만에 멸망하고 말았다. 그리고 세워진 국가가 바로 한(漢) 제국이었다. 《회남자》가 만들어진 시기가 바로 이 시기에 해당한다.

이런 시대의 흐름을 보면 알겠지만 한나라가 다시 중국을 통일했지만 그렇다고 수많은 문제들이 일거에 해결될 수 없었기에 백성들은 여전히 심신이 모두 지쳐 있는 상태였다. 그 때문에 백성들에게는 휴식과 안정된 삶이 절실하게 필요했고, 노장 철학과 같은 조화로운 삶을 강조하는 학문이 각광을 받게 된다. 물론 동중서의 건의로 한 무제 시대에 유학이 국교로 채택되지만 사상계를 이끄는 주된 흐름은 도가적 성향이 강했다. 도가에서는 백성을 행복하게 만들기 위한 통치가 오히려 백성들을 도탄에 빠지게 하는 결과를 만들었고 이것은 전적으로 인위적으로 변화시키려는 잘못된 인식에서 비롯되었다고 본다. 따라서 이 구절에서 언급한 것과 같은 무도한 정치를 끝내려면 삼황 시대와 같은 무위의 정치를 회복해야 한다고 주장한 것이다.

겸차(鉗且)와 대병(大丙)은 고삐나 재갈을 채우지 않고도 말을 잘 타는 것으로 세상에 이름을 떨쳤고, 복희와 여와는 법도를 사용하지 않고도 지극한 덕을 후세에 남겼다. 어떻게 이러한 경지에 이르렀는가? 허무하고 순수하여 번거로운 일에 매달리지 않았기 때문이다. 《주서(周書)》에 이르기를 "꿩을 잡으려다 얻지 못하면 다시 그 바람을 따른다."라고 했다. 오늘날 신불해, 한비자, 상앙과 같은 사람들의 정치는 뿌리를 뽑고 근본을 버려 둔 채 그것이 생겨난 이유를 연구하지 않는다. 어떻게 해서 이 지경에 이르렀는가? 그들은 오형(五刑)을 적용해 백성들의 몸에 새기고, 도덕의 근본을 위배하며 사소한 이익을 다투었다. 또한 백성을 죽여 태반이나 없애 버리면서도 즐거운 마음으로 항상 스스로 통치를 잘한다고 여겼다. 이것은 마치 나무를 껴안고 불을 끄려고 하거나 구멍을 뚫고 물을 멈추는 행위와 같은 것이다. 우물가에 가래나무를 심으면 두레박으로 물을 뜨기 어렵고, 도랑가에 나무를 심으면 배가 다닐 수 없게 된다. 또한 나무들은 모두 3개월도 지나지 않아 반드시 죽고 만다. 그 이유가 무엇일까? 모두 미친 듯이 자라기만 하고 그 뿌리가 없기 때문이다.

✤ 겸차와 대병은 말을 잘 모는 사람들이었다. 대병에 대해서는 이 책의 〈원도훈〉편에 "옛날에 풍이(馮夷)와 대병이 수레를 몰았는데, 구름 수레를 타고 무지개 속을 날아다녔다."라고 말한 바 있다. 여와는 중국 신화에 나오는 중매인(仲媒人)의 수호 여신이다. 여와는 복희의 아내로, 중매인의 규범과 결혼의 규범을 세웠고 남녀 사이의 올바른 행실을 제정했다고 하는데, 인간의 얼굴과 뱀이나 물고기의 몸을 가졌다고 한다. 신불해, 한비자, 상앙은 모두 법가(法家)의 학자들로 강력한 법과 군주의 권력 강화를 통해 나라를 다스려야 한다고 주장했다. 오형이란 다섯 가지 형벌을 말하는데, 본래는 《서경》〈순전(舜典)〉에 나오는 형벌의 종류다. 이마에 글자를 새기는 묵형(墨刑), 코를 베는 의형(劓刑), 발을 자르는 비형(剕刑), 생식기를 없애는 궁형(宮刑), 사형에 처하는 대벽(大辟)이 바로 오형이다.

《주서》에 나오는 인용문은 꿩을 잡으려고 하다가 놓치면 억지로 쫓지 말고 다시 바람의 흐름을 보며 기다린다는 말로, 인위적인 노력보다 순리에 따르는 것이 좋다는 의미다. 이 구절에서는 인의로 통치하는 유가의 정치 형태도 바람직하게 보지 않지만 강력한 법과 군주의 권력으로 통치하려는 법가에 대해서는 근본이 없는 정치라고 더욱 강하게 비판하고 있다. 무위의 다스림이 사라지자 인의의 다스림이 시작되었고, 인의의 통치가 사라지자 법과 강제만을 내세우는 포악한 정치가 나타나게 되었다는 것이다. 따라서 인위적 행위는 물론 무력과 술책에 의한 통치를 버리고 무위의 정치로 돌아가야 평화롭고 안정된 세상이 온다는 주장이다.

이 편은 인간이 생겨난 유래를 살핀다. 인간의 형체와 아홉 개의 구멍이 하늘의 형상을 본뜬 것이며, 인간의 혈기가 자연의 천둥·번개와 유사하고, 희로애락의 감정이 추위·더위 등과 같은 종류임을 깨닫게 하는 내용을 담고 있다. 또한 죽음과 삶의 차이를 살펴서 같거나 다른 자취를 구별하며, 움직임과 고요함의 미세한 낌새를 조절해서 타고난 본성으로 돌아가게 하는 내용으로 구성되어 있다. 인간으로 하여금 자기의 정신을 사랑하고, 혼백을 어루만지며, 물질과 자신을 바꾸지 않고, 허무(虛無)의 집을 굳게 지키도록 하는 내용을 기술하고 있다.

1. 정신의 근원은 어디인가?

옛날에 하늘과 땅이 아직 없었을 때에는 오직 무형(無形)의 모습을 띠고 있었기 때문에 그윽하고 어두우며 구별하기도 어렵고 흐릿하고 몽롱해서 그 문을 알 수 없었다. 음양의 두 신이 뒤섞여 나타나서 하늘과 땅을 만들고 경영했는데, 그 일이 너무 깊어서 끝을 알 수 없고 너무 커서 멈출 곳을 알 수 없었다. 이에 나뉘어 음양의 두 기가 되고 흩어져서 팔극(八極)이 되었다. 강하고 부드러운 것이 서로 어울려 만물이 형성되었는데, 번거롭고 잡스러운 기운은 동물이 되고 맑은 기운은 사람이 되었다. 그러므로 사람의 정신은 하늘에 속하고, 육체는 땅에 속하는 것이다. 사람이 죽으면 정신은 하늘의 문으로 들어가고 육체는 근본인 땅으로 돌아가니 나라는 존재가 어디에 별도로 존재하겠는가?

그러므로 성인은 하늘을 본받고 본성에 순종하여 세속에 구애되지 않고 사람들에게 유혹되지도 않는다. 하늘을 아버지로 삼고 땅을 어머니로 삼으며, 음양을 큰 벼리로 삼고 사시(四時)를 작은 벼리로 삼는다. 하늘은 조용하고 맑으며 땅은 안정되고 편안하다. 만물이 그것을 잃으면 죽고 그것을 본받으면 생존한다. 고요하고 적막한 것은 신명(神明, 하늘과 땅의 신령 또는 밝게 이치를 깨달은 상태)의 집이요, 아무것도 없이 텅 빈 것(虛無)은 도의 거처다. 그러므로 이것을 외부에서 구하면 내면에서 잃게 되고, 내면에서 그것을 지키면 외부에서 얻게 된다. 비유하자면 근본(本)과 말단(末)의 관계처럼 뿌리를 당기면 천만 개의 가지와 잎이 따라오지 않을 수 없는 것이다.

✤ 팔극은 여덟 개 방향의 넓은 범위라는 뜻으로 천지나 우주 전체를 의미한다. 이 구절에서는 앞에서 태소나 허확이라고 부르던 아무런 형태도 없는 태초의 상태에서 음양으로 분화되고, 다시 음양이 팔극으로 나뉘어 만물이 생성되었다고 말한다. 이 내용은 앞에서 말한 태소 → 도 → 천지 → 음양 → 만물이라는 생성 과정과 일치한다. 그런데 이번 구절에서 강조하는 것은 하늘과 땅의 기운을 받아 인간의 정신과 육체가 생겨났다는 점이다. 보통 하늘은 강함·양·아버지를 상징하고, 땅은 부드러움·음·어머니를 상징한다. 이러한 사상은 학파와 관계없이 동양 사상 전반에 자리 잡고 있다. 그러므로 하늘의 기운과 땅의 기운이 지닌 속성인 고요함과 적막함, 허무함은 도가 거처하는 곳이므로 이것을 내면에서 잘 지켜 내면 삶을 유지할 수 있고, 이것을 잃으면 죽게 된다고 말하는 것이다. 그런데 하늘과 땅 가운데 근본적인 것은 하늘의 기가 내려 준 정신이므로 이런 근본을 망각하지 말고 정신을 안정시켜야 인간은 바로 서게 된다는 것이다. 이 점에서 보면 정신을 육체보다 중요하다고 보는 전통적인 동양의 사고를 《회남자》 또한 따르고 있음을 알 수 있다.

2. 정신을 지키는 방법

천지의 도는 지극히 넓고 크지만 오히려 그 빛을 절제하고 신명을 아낀다. (이와 마찬가지로) 사람의 이목(耳目, 귀와 눈)은 오랫동안 분주하게 일하면서 어찌 쉬지 않을 수 있으며, 사람의 정신은 오랫동안 달리면서도 어찌 멈추지 않을 수 있겠는가? 그러므로 혈기는 사람의 꽃이요 오장은 사람의 정기라 할 수 있다. 혈기가 오장에 붙어 있으면서 밖으로 달리지 않으니 가슴과 배가 가득 채워져 욕망이 줄어들고, 가슴과 배가 가득 채워져 욕망이 줄어들면 이목이 맑게 되고 보고 듣는 것도 통달하게 된다. 이목이 맑고 보고 듣는 것이 통달하게 되는 것을 '명(明)'이라고 한다.

✤ 흔히 총명이라는 말은 머리가 반짝반짝 잘 돌아가는 것을 말하는데, 본래의 뜻은 귀와 눈이 맑고 밝아 사물을 분명하게 보고 듣는 것을 말한다. 인간의 감각 기관은 한계가 있기 때문에 보는 것보다 보지 못하는 것이 더 많고, 귀도 역시 듣는 것보다 듣지 못하는 것이 훨씬 많다. 따라서 보이지 않는 것을 보고 들을 줄 아는 것이 바로 총명하거나 현명하다는 의미를 내포한 밝음(明)이다. 이것을 가능하게 하는 근본은 바로 혈기와 육체(여기서는 그 핵심을 오장이라고 본다)를 잘 다스리는 데에서 시작된다. 인간이 지닌 육체적 욕망이나 한계를 역

제하고 고요한 상태가 될 때 인간은 비로소 감각이나 지적 능력 모두 트이게 되는 것이다.

인간이 저지르는 모든 악의 근원은 욕망에서 시작한다. 사실 인간이 자신의 수명을 연장하고 활동하는 데 필요한 음식이나 옷과 같은 물질은 얼마 되지 않는다. 그런데도 불구하고 인간이 필요 이상의 물질과 재화를 추구하면서 점점 욕망도 커지게 된다. 욕망이 커질수록 본성은 감춰지거나 사라지고 교활함과 악은 증가하게 된다. 이처럼 사회가 혼탁하고 조화를 이루지 못하는 것은 인간이 가진 지나친 욕망 때문이다. 그러므로 진정으로 총명한 사람이라면 행복한 삶의 지름길이 무엇인지 스스로를 성찰해야 한다. 《회남자》에서는 그것을 인간의 생명력이라고 할 수 있는 혈기와 정신을 유지하는 집인 육체를 잘 다스려야 가능하다고 말한다.

사람의 몸에 있는 구멍은 정신이 출입하는 문이고, 기와 의지(氣志)는 오장의 시중을 드는 심부름꾼이다. 귀와 눈이 소리나 색깔의 즐거움에 빠지면 오장이 요동쳐서 안정되지 않는다. 오장이 요동쳐서 안정되지 않으면 혈기가 넘쳐흘러 잠시도 쉬지 못한다. 혈기가 넘쳐흘러 잠시도 쉬지 못하면 정신이 밖으로 치달아 내면을 지킬 수 없다. 정신이 밖으로 치달아 내면을 지킬 수 없으면 화복이 산처럼 다가오더라도 그것을 식별조차 할 수가 없다.

이목으로 하여금 맑고 밝으며 사방에 통달하게 하여 좋아하는 것에 유혹되지 않게 하고, 기와 의지로 하여금 아무런 생각도 없이 고요하며 욕심이 줄어들게 하며, 오장을 안정되고 편안하게 하여 기운이 새어 나가지 않게 하고, 정신으로 하여금 안으로 형체를 지키면서 밖으로 달아나지 않게 하면 지나간 시대를 바라보고 다가올 미래를 예측하는 것도 그리 어려운 일이 아니다. 그런데 어찌 눈앞의 화복을 곧바로 직시하지 못하겠는가? 그러므로 "밖으로 알아보려고 멀리 나가면 나갈수록 참 지식은 점점 줄어들게 마련이다."《도덕경》 47장)라고 한 것이다. 이것은 정신이 밖으로 넘쳐흐르지 않게 하라는 말이다.

✤ 인간의 몸에는 귀와 눈, 코에 2개씩 6개, 그리고 입과 요도, 항문까지 합쳐 모두 9개 구멍이 있는데, 그것을 구규(九竅) 또는 구혈(九穴)이라고 한다. 《회남자》에서는 이 구멍을 통해 정신이 드나든다고 주장한다. 그래서 소리나 빛에 현혹되면 아홉 구멍 가운데 이목을 어지럽게 만들어 결국은 정신을 산만하게 만든다는 것이다. 이렇게 이목을 유혹하는 모든 대상들을 일러 외물이라고 한다. 즉, 바깥에 존재하는 모든 것들은 감각 기관과 접촉하면서 내면을 어지럽히는 요인이 될 수 있으므로 항상 경계하고 조심해야 한다는 뜻이다. 인간이 육체를 가진 이상 욕망으로부터 벗어날 수 없지만 가장 중요한 것은 마음을 안정시키고 정신을 고요하게 만드는 일이다.

예를 들자면 공부를 할 때 정신이 산만해서 집중을 하지 못하는 경우가 있다. 마음도 안정되지 않고 무엇을 읽었는지 기억도 나지 않는 경우다. 그 원인은 무엇인가? 그것은 바로 정신이 분산되어 있기 때문이다. 지난밤에 친구들과 신 나게 놀았던 기억이 아른거리거나, 빨리 공부를 끝내고 게임을 해야겠다는 생각처럼 자신의 내면에 집중하지 못하고 이목을 어지럽히는 무엇인가에 마음이 쏠려 있어서 안정되지 못하는 것이다. 그렇기 때문에 내면을 안정시키고 정신의 집중력을 키우는 공부보다 좋은 공부는 없다.

3. 진인은 정신을 보존하는 사람이다

숨을 쉬며 호흡을 할 때는 낡은 것을 토하고 새것을 들이마시며, 곰처럼 웅크리고 새처럼 몸을 펴며, 오리처럼 목욕하고 원숭이처럼 도약하며, 올빼미처럼 보고 호랑이처럼 응시하는 것은 형체인 몸을 보양하는 사람들이 하는 일이니 진인(眞人)은 이런 것에 마음을 두지 않는다. 진인은 정신을 크게 해서 충만함을 잃지 않게 하고, 밤낮으로 정신을 상하지 않게 하며, 만물과 더불어 봄처럼 되게 하니, 이렇게 해야 도에 합치되고 마음에서 사계절의 운행과 변화를 받아들이게 된다. 또한 이런 사람은 형체가 변하는 경우는 있어도 마음이 손상되지 않으며, 몸이 무너지는 경우는 있어도 정신이 사라지지는 않는다. 나병환자는 비록 몸은 훼손되었으나 정신은 온전하며, 미치광이는 몸이 망가지지 않았는데도 정신이 멀리 나갔으니 누가 그의 행위를 예측하겠는가? 그러므로 몸이 닳아 없어져도 정신이 변하지 않은 사람은 변하지 않은 상태로 변화에 대응하니 천만 가지 변화에도 끝이 없는 것이다. 변화하는 것은 무형으로 복귀하지만, 변화하지 않는 것은 천지와 더불어 영원히 존재한다.

✤ 불로장생을 꿈꾸던 진시황도 결국은 한 줌 흙으로 돌아가고 말았듯이 양생술을 통해 몸을 보존하려고 하는 것은 헛된 꿈에 불과하다. 흔히 도교를 불로장생술과 연관 짓지만 이 구절만 보면 도교에서 최고의 경지에 이른 사람인 진인은 이런 양생술을 연마하는 사람이 아니다. 도가에서 말하는 진인의 경지는 육체가 아니라 참된 정신세계를 깨닫고 그 속에서 노닐 줄 아는 사람이다. 그러므로 유형의 육체는 변화하고 사라질 수 있지만 무형의 정신은 변하지 않고 영원할 수 있다는 것이다.

사실 인간의 육체와 같은 형체는 변할 수 있다. 사지가 멀쩡한 사람이 어느 날 교통사고로 장애인이 되었다고 해서 그의 정신마저 장애가 생기는 것은 아니다. 간혹 충격에서 벗어나지 못하는 경우도 있지만 대부분은 육체와 달리 온전한 정신을 유지하게 된다. 따라서 육체가 변했다고 정신도 변하는 것은 아니며, 인간에게 중요한 것은 정신과 마음이지 육체가 아니다. 이 점에 유의한다면 무위자연의 도 역시 정신적인 차원에서 자연의 이치와 일치하는 것이었음을 확인할 수 있다.

4. 유학을 비판하다

 쇠퇴한 세상이 되면서 학문에 빠지게 되자 사람들은 본래의 마음을 찾아 근본으로 돌아갈 줄을 모르게 되었다. 단지 자신의 본성을 꾸미고 자신의 감정을 아름답게 만들어 세상과 어울리고자 할 따름이다. 그리하니 눈이 비록 보려고 해도 이를 법도로 금지하고, 마음이 즐기고자 해도 이를 예(禮)로 절제한다. 이런저런 행동을 할 때에는 절개를 굽혀 천박하게 절하고, 고기가 굳으면 먹지 않고 술이 가라앉아도 마시지 않는다. 겉으로는 형식에 속박되고 안으로는 덕을 묶어 두며, 음양의 조화를 단절시키고, 타고난 본성의 감정을 핍박하므로 종신토록 슬픔에 빠진 사람이 되고 만다.

그러나 지극한 도에 통달한 사람은 그렇게 하지 않는다. 성정(性情, 본성과 감정)을 다스리고 마음을 다스리되 조화로움으로 기르고, 그것을 사리에 맞게 유지하며, 도를 즐기면서 천박함을 잊고, 덕을 편안하게 여기며 가난을 잊는다. 본성에 욕심이 없기 때문에 하고자 해서 얻지 못하는 것이 없고, 마음에 쾌락을 추구하고자 함이 없기 때문에 즐기고자 해서 되지 않는 것이 없다. 타고난 정(情)에 도움이 되지도 않으면서 덕을 얽매지 않고, 본성에 불편한 것으로 몸과 마음의 조화를 해치지 않는다. 그러므로 몸과 마음을 자기 마음대로 해도 법도는 세상의 모범이 된다.

　오늘날의 유학자(儒者)는 욕망의 원천을 찾으려 하지 않고 욕망을 금지시키고, 즐기는 근원을 캐지 않고 즐기는 것을 막는다. 이것은 강물의 근원을 터놓고 손으로 막는 것과 같다. 백성을 다스리는 일은 마치 짐승을 기르는 것과 같다. 짐승의 우리를 걷지 않고 야성을 기르고자 하고 밧줄로 다리를 묶고 움직이지 못하게 하면서 오래 살기를 바란다면 어찌 가능하겠는가? 안회와 계로, 자하, 염백우는 공자의 제자 가운데 학문에 통달한 자들이다. 그런데 안연은 일찍 죽고, 계로는 위나라에서 죽어 젓갈로 담아졌으며, 자하는 실명했고, 염백우는 나쁜 질병에 걸렸다. 이것은 모두 본성과 감정을 억압하여 조화를 터득하지 못했기 때문이다.

　✦ 여기서는 도가의 입장에서 유가를 비판하고 있다. 유가는 인의를 내세워 세상을 다스리고 효와 예를 실천하며 수기치인(修己治人)의 도를 지향한다. 그러나 도가의 입장에서 보면 이런 것은 모두 근원적인 것을 놓치고 지엽말단에 치우친 것에 불과하다. 인위적으로 인의와 법도를 내세워 인간이 지닌 자연스러운 감정과 본성을 억압하는

것은 마치 강물의 도도한 흐름을 손으로 막으려는 것과 같다는 주장이다. 도가의 입장에서 보면 인간이 지닌 자연스러운 본성과 감정을 최대한 자유롭게 두면서 인의예지와 같은 도덕규범이나 지켜야 할 법도를 최소로 하는 것이 가장 바람직하기 때문이다. 결국 도가와 유가는 혼탁한 세상을 해결하는 처방이 서로 달랐던 것이다.

사실 유가적 삶과 도가적 삶 가운데 어느 것이 바람직한 것인지 정확한 정답은 없다. 인간이 사회적 존재인 한 때로는 유가적이고 때로는 도가적인 삶을 지향할 수밖에 없는 것이 현실이기 때문이다. 춘추 전국 시대와 같은 야만과 폭력의 시대를 종식시키는 방안은 공자처럼 인위적인 방법으로 질서와 제도를 바로 세워 인간성을 회복하도록 만드는 것도 한 방법일 것이고, 인위적인 제도를 아예 부정하고 질서나 통일보다는 자유로움과 자연스러움을 추구하며 무위의 삶을 강조하는 것도 한 방법일 것이다. 다만 오늘날처럼 문명과 제도가 발전하고 진화할수록 인간의 삶은 복잡한 사회의 질서 속에서 마치 기계 부품처럼 소외되어 스스로의 삶을 스스로 결정하며 자유롭게 사는 것이 어려워진다. 비록 물질적으로는 풍요를 누리는 삶이지만 이것이 진정으로 행복한 삶이라고 단언하기는 어렵다. 따라서 물질문명이 고도로 발전할수록 개성에 따라 자신을 지키고 내면을 키우는 삶이란 어려운 것이다. 이런 점에서 도가 사상은 충분히 귀를 기울여야 하는 혜안과 지혜를 준다고 할 수 있다.

여기서 나오는 안회는 공자의 제가 가운데 하나를 들으면 열을 안다고 하는 문일지십(聞一知十)의 제자로 가장 총명한 제자였지만 젊은 나이에 세상을 떠나고 말았고, 계로는 자로(子路)라고도 하는데 맨손으로 호랑이를 잡을 정도로 용감한 제자였으나 관직에 진출한 다음 하극상과 연루되어 비참하게 죽었다. 자하는 문학에 뛰어난 제자였으나 말년에 실명했고, 염백우는 덕행으로 뛰어났지만 불치병에 걸려 세상을 떠나고 말았다. 이들은 모두 공자의 10대 제자에 속하는 훌륭한 인물들이었는데, 《회남자》에서는 이들이 불행해진 이유를 본성과 감정을 억제해서 그리되었다고 주장한다. 하지만 이런 주장은 상당히 억지스럽다고 볼 수 있다. 인간의 길흉화복이 어찌 그 사람의 본성과 감정에 의해서만 결정될 수 있겠는가? 본성과 감정이 사람과 상황에 따라 다소의 영향을 미칠 수는 있겠지만 그것만이 사람의 운명을 결정할 수 없다는 사실은 이 책에서도 수없이 입증되기 때문이다.

5. 외물에 어두우면 망한다

 월나라 사람은 뱀을 잡아 좋은 안주로 만드는데 중국에서는 뱀을 잡아도 버리고 사용하지 않는다. 그러므로 쓸모가 없는 것을 알면 탐욕스러운 사람도 사양하고, 쓸모가 없다는 것을 모르면 청렴한 사람도 양보하지 않는다. 군주가 국가를 멸망시키고 사직을 훼손시키며, 자신은 남의 손에 죽임을 당하고 천하의 비웃음을 받는 것은 일찍이 욕심내지 않아야 할 것을 욕심냈기 때문이다. 구유(仇由)는 대종의 뇌물을 탐하다가 나라를 잃었고, 우군(虞君)은 수극의 옥을 이롭게 여기다가 포로로 잡혔으며, 헌공(獻公)은 여희의 아름다움에 빠져 4대가 혼란해졌고, 환공(桓公)은 역아의 맛있는 음식을 먹다가 제때에 장사를 치르지 못했고, 호왕(胡王)은 미녀의 음악에 빠져 즐기다가 좋은 땅을 잃었다. 이 다섯 명의 군주가 자신의 진실한 마음에 따라 즐기는 일을 사양하고 자신을 기준으로 삼아 외물의 유혹에 동요되지 않았다면 어찌 이러한 환난을 당했겠는가?

✤ 구유는 춘추 시대 구유국의 제후로 진(晉)나라의 대부이던 대종이 주는 뇌물에 눈이 멀어 국경 방비를 소홀히 하는 바람에 진나라의 지백(智白)에게 멸망당했다. 우군 역시 춘추 시대 작은 국가의 제후로 진나라가 우나라와 가깝던 괵나라를 정벌하려고 수극의 벽옥이라는 보물을 보내 길을 빌려 달라고 하자 보물을 욕심내서 들어 주었다. 하지만 입술이 없어지면 이가 시리다는 속담처럼 진나라는 괵나라를 정벌하고 돌아오는 길에 우나라도 정벌하고 말았다. 진 헌공은 여희라는 첩에게 빠져 정실 태생인 태자 신생을 죽게 만들고 신생의 형제

들을 쫓아내는 바람에 진나라는 이후 4명의 군주가 바뀔 때까지 혼란에 빠졌다. 제(齊)나라 환공은 미식가였는데 인육(人肉)을 먹어 보지 못했다고 말하자 궁중 요리사였던 역아가 세 살 된 자기 아들을 죽여 환공에게 바쳤다. 당시 재상이던 관중이 환공에게 이런 역아를 멀리하라고 충고했음에도 관중이 죽고 난 후, 추방했던 역아를 다시 불러들여 좋은 음식을 즐기며 정사를 제대로 하지 않았다. 환공이 갑자기 죽자 왕자들이 서로 왕위를 차지하려고 다투면서 역아는 반란을 일으켰고, 이 사건으로 조정이 혼란해지자 환공의 시신은 67일이나 염습을 못하고 9개월이나 장사를 지내지 못했다. 서융의 임금이던 호왕도 진(秦)나라 목공이 보낸 미녀들의 춤과 음악에 빠져 방비를 하지 않아서 진나라가 쳐들어와 비옥한 영토를 차지하게 만들었다.

이런 예에서도 보듯이 개인적인 기호나 즐거움에 빠지게 되면 사리 분별조차 하지 못해서 패가망신할 수 있다. 그러므로 욕망의 근원인 외물을 다스릴 줄 아는 절제의 자세가 필요하다는 교훈을 마음에 새겨 두어야 한다.

8편

본경훈 本經訓

불변하는 진리에 대한 가르침

8편

본경훈本經訓
불변하는 진리에 대한 가르침

'본'은 시작의 의미를 담고 있으며 '경'은 불변하는 진리를 뜻한다. 이 편의
요지는 세상의 다스려짐과 혼란스러움, 얻음과 잃음의 원인을 밝혀서 진정
한 도를 깨달아야 한다는 것이다. 그러므로 위대한 성인들의 덕을 밝히고 태
초의 도에 통달하며, 쇠퇴한 세상과 고금의 변화를 개괄하고, 앞선 성인들의
융성함을 기리고 말세의 나쁜 정치를 비판하는 내용을 담고 있다. 특히 사
람들로 하여금 이목의 총명함으로 생겨난 감각적인 욕망과 그로 인해 일어
나는 정신의 동요를 물리치고 본성의 조화로움을 잘 기르도록 해서, 황제와
왕의 정치를 구분하고 덕의 대소(大小)에 따른 차이를 분별해야 한다고 강조
한다.

1. 태초의 인간 모습

태청(太淸)의 시대에는 사람들이 부드럽고 적막하며, 바탕이 진실하고 소박하고, 고요하고 시끄럽지 않으며, 변화하면서도 억지로 하는 것이 없었다. 그렇지만 안에 머물면 도와 합치되고, 밖으로 나가면 의로움과 어울리며, 움직이면 적절하게 대처하고, 일을 결행하면서도 사물과 편안하게 들어맞았다. 말은 간략하지만 이치를 따르고, 행동은 자유로우면서도 인정에 부합되며, 마음은 부드러우면서도 거짓되지 않고, 일은 소박하여 꾸밈이 없었다.

✤ 태청이란 아마도 지극히 맑고 무위로 다스리던 상고 세상을 말하는 것 같다. 이러한 세상에서는 인위적인 것보다 지극히 자연스럽고 소박하며 순수한 감정에 따라서 사람들이 살아간다. 반면에 점점 후세로 오면서 자연스럽고 소박한 정신이 사라지면서 인위적인 법도나 제도가 강요되어 인간의 순수한 마음을 억제하게 되었다는 것이다.

자연은 스스로 운행되고 스스로 변화한다. 그런데 인간은 이런 자연의 이치를 어기면서 자연을 도리어 정복의 대상으로 여기며 환경 파괴를 일삼았고, 그 결과 인간 또한 자연적인 순수함을 잃고 인위적인 제도나 법도의 그물 속에 갇히게 되었다. 따라서 가장 순수한 본연의 상태, 태초의 상태로 돌아가는 것만이 문제를 해결하는 최선의 방책이다. 태초의 모습을 한마디로 말하자면 소박함이다. 있는 그대로의 모습을 간직할 수 있는 소박함, 꾸미지 않는 소박함, 거짓되지 않는 소박함. 이것이 바로 태초의 모습이고 인간이 지녀야 할 본질적인 모습이다.

2. 우주와 인간은 한 몸이다

천지가 화합하고 음양이 만물을 창조하는 것은 모두 인간의 기(氣)와 연결된 것이다. 그러므로 윗사람과 아랫사람의 마음이 분리되면 기가 위로 올라가고, 임금과 신하가 조화를 이루지 못하면 오곡이 익지 않는다. 동지가 지나고 46일째 되는 날까지 하늘은 온화한 기운을 머금고 있으면서 기가 하강하지 않고, 땅은 기를 품고 있으면서 위로 올려 보내지 않는다. 하늘과 땅 사이에 음양의 기가 돌아다니면서 음과 양의 기가 호흡을 하며 점차 깊이 침투하며, 그 안에 만물의 밑바탕과 습관을 끌어안고, 만물의 서로 다른 속성을 헤아려서 두루 사물의 마땅함에 따라 서로 기운을 불어넣고 조화롭게 하여 뭇 생명을 성장시킨다. 그러므로 (자연의 이치에 어긋나서) 봄에 만물이 쌀쌀한 기운에 말라 버리고 가을에 꽃이 피며, 겨울에 번개가 치고 여름에 서리가 내리는 것은 모두 해로운 기운이 만들어 내는 것이다.

　이로 보건대 천지와 우주는 한 사람의 몸과 같고, 육합(천지)의 내부는 한 사람의 생김새와 같다. 그런 까닭에 본성에 밝은 사람은 천지도 그를 위협할 수 없고, 만물의 징조를 훤히 아는 사람은 괴상한 일로도 현혹시킬 수 없다. 그러므로 성인은 가까운 것(천성)에서 말미암아 먼 것을 알고 만 가지 다른 것을 하나로 여긴다.

　✤ 여기서는 천지에 퍼져 있는 음양의 기에 의해 만물이 생겨났으니, 그 자연의 이치는 사람이든 사물이든 동일하다는 점을 강조하고 있다. 흔히 도는 하나이면서 둘이고 둘이면서 하나라고 한다. 즉, 만물은 하나의 근원에서 나왔기 때문에 크게 보면 하나이지만 현상계에서 볼 때는 서로 다른 모습을 하고 있으니 둘이라는 의미다. 따라서 다른 것 같으면서 다르지 않은 것이 우주 만물의 본질이라는 것이다. 인간도 자연의 한 부분이므로 자연과 호흡하고 함께 동화하며 살아가는 존재다. 자연의 법칙과 인간의 삶은 상호 밀접하게 연관되어 있기 때문에 인간이 곧 우주이며, 우주가 인간인 것이다. 그래서 하늘이 만물을 덮어 주고 땅이 만물을 실어 주는 자연의 이치에 따라 인간 또한 자신의 타고난 본성, 즉 자연스러운 본질을 잘 유지하고 자연에 순응한다면 가장 바람직한 인간인 성인에 이를 수 있다는 주장이다.

성리학에도 이일분수(理一分殊)라는 말이 있는데 "모든 사물은 하나의 이치에 근원을 두고 있지만 현상계에서는 서로 나뉘어 다른 모습을 한다."라는 뜻이다. 이 점에서 보면 만물은 하나의 근원(도)에서 출발했다는 것은 도가나 유가나 공통된 사고였다. 따라서 인간은 우주와 같고, 인간과 만물은 하나라는 생각은 비단 도가만이 아니라 고대 동양의 일반적인 인식이었음을 알 수 있다.

3. 쇠퇴한 세상으로 가는 길

옛 사람들은 천지와 같은 기운을 가지고 일생을 여유롭게 살았다. 이러한 시대에는 축하할 만한 이로움도 형벌을 받는 위태로움도 없었고, 예의와 염치도 확립되지 않았으며, 비방·명예·어짊·어리석음이 확립되지 않았어도 모든 백성이 서로 침범하거나 속이거나 난폭하게 대하지 않아 마치 뒤섞여 있는 것과 같았다. 쇠퇴한 세상이 되면서 인구는 많아지고 재물은 부족해서 아무리 힘껏 일해도 삶을 유지하기가 어렵게 되었다. 이로 인해 분쟁이 생겨나고 인(仁)을 귀하게 여기게 되었다. 그런데 어짊과 어리석음을 구별하는 기준이 달라 서로 붕당을 만들어 속임수를 쓰고 인위적이고 교묘한 마음을 품어 본성을 잃게 되었다. 이로 인해 의(義)를 귀하게 여기게 되었다. 음양의 감정은 육체적인 혈기의 교감이 있기 때문에 남녀가 함께 뒤섞여 거처하면 분별이 없어진다. 그러므로 예(禮)를 귀하게 여기게 되었다. 본성과 감정은 도를 넘치면 서로 위협적인 존재가 되므로 조화를 이룰 수 없다. 그러므로 악(樂)을 귀하게 여기게 되었다. 이런 까닭에 인·의·예·악이 잘못된 상황을 구제할 수는 있다. 하지만 이것이 통치의 극치에 이르는 것은 아니다. 인은 다툼을 구제하는 방법이고, 의는 잃어버린 본성을 구제하는 방법이요, 예는 음란한 것을 구제하는 방법이고, 악은 근심을 구제하는 방법이다.

덕이 쇠퇴한 뒤에 인(仁)이 생겨나고, 순조로운 행동이 막힌 뒤에 의(義)가 확립되며, 조화를 잃은 다음에 소리가 고르게 되고, 예가 어지럽게 된 뒤에 용모를 꾸미게 되는 것이다. 그러므로 신명(神明)을 알게 된 뒤에야 도덕이 행할 만한 것이 아니라는 사실을 알고, 도덕을 안 다음에야 인의가 행할 만한 것이 아니라는 사실을 알며, 인의를 안 다음에야 예악이 닦을 만한 것이 아니라는 사실을 알게 된다. 그렇기 때문에 근본을 버리고 말단을 추구하며, 요체를 내버리고 세세한 가지만을 찾는 사람과는 더불어 지극한 도를 말할 수 없다.

✤ 여기서는 고대의 자연스럽고 조화롭던 순박한 삶에서 밀세로 가면서 인의예지와 같은 인위적인 규범이 강조된 이유를 설명하고

있다. 인구가 많아지고 재화가 부족하게 되면서 서로 다투는 혼탁한 세상이 되었고, 이러한 혼탁한 세상을 구제하고자 유가에서 말하는 인의예악과 같은 방법이 동원됐지만 이것 역시 궁극적인 해결책은 아니라는 것이다. 인의예악과 같은 인위적인 규범은 도덕이 땅에 떨어진 사회를 어느 정도 회복할 수는 있지만 그보다 중요한 것은 근본적인 해결책을 강구해야 한다는 것이다. 그것은 바로 인위적인 규범과 제도를 버리고 무위자연과 같은 본래 자연과의 조화를 꾀하는 것이다.

본래 자연과 동화하면서 사는 세상은 순수하고 고요한 것이기 때문에 인이나 의와 같은 도덕적 가치가 필요 없었다. 그런데 갈수록 세상이 혼탁해지자 인과 예와 같은 덕목이 필요하게 된 것이다. 그러니 자연의 도로 돌아가는 것이야말로 근본적인 해결책이다. 자연의 도란 소박한 도, 인위적이지 않은 도, 절대적 자유의 도를 말한다.

옛날에는 윗사람의 요구가 적어 백성의 쓰임이 넉넉했다. 군주는 덕을 베풀고 신하는 충성을 다했으며, 부모는 자애로움을 행하고 자식은 효도를 다했다. 각자 사랑을 다하여 그 사이에 유감이 없었다. 삼년상도 억지로 시키지 않았지만 음악을 들어도 즐겁지 않았고, 맛있는 음식을 먹어도 달지 않았으며 죽은 사람을 사모하는 마음이 끊이지 않았다. 말세에는 풍속이 쇠퇴하고 욕망이 많아지며 예의가 사라지고 군신이 서로 속이며 부자가 서로 의심하여 원한이 가슴에 가득 차 서로 사모하는 마음이 모두 없어졌다. 상복을 입고 수질(首絰)을 하고서도 그 가운데서 즐겁게 웃는다. 이것은 비록 삼년상을 치르더라도 상례의 근본을 잃은 것이다.

✤ 수질은 상복(喪服)을 입을 때 머리에 두르는 둥근 테를 말하는데, 새끼줄에 삼 껍질을 감아 만든 것이다. 부모가 세상을 떠나면 3년 동안 상복을 입는 것이 고대의 제도였다. 부모에 대한 효심의 발로였기 때문이다. 그런데 이것은 자연스러운 감정에 의한 것이지 누가 시키거나 강제로 행하는 것이 아니다. 하지만 세상이 쇠퇴하면서 형식만 남고 마음은 없어지고 말았다.

상례는 유가의 예법 가운데 매우 중요하게 여기는 것인데, 공자도 슬퍼하는 마음을 갖는 것이 형식을 잘 갖추는 것보다 더 중요하다고 말한 바 있다. 부모의 죽음 앞에서 형식을 따지는 사람이라면 본질을 잃어버린 사람이다. 부모의 자애로움이나 자녀의 효도를 마땅하고 자연스러운 것이라고 말하는 것은 유가나 도가 모두 동일한 것처럼 보인다. 사실 도가의 입장에서는 자애로움이나 효도라는 개념이 존재하는 것도 바람직한 모습은 아니다. 자애로움이 없기 때문에 자애로움이라는 말이 생겨났고 효도하지 않기 때문에 효도라는 말이 생겨난 것이라고 보기 때문이다. 오히려 도가적인 입장에서 본다면 자애로움도 효도도 느끼지 않게 자연스러운 마음 그대로 행하는 것이 옳은 것이다.

말세에는 영토를 넓히고 남의 국경을 침략하는 데 힘써서 합병을 멈추지 않았다. 의롭지 못한 전쟁을 일으켜 죄가 없는 나라를 정벌하고, 허물도 없는 백성을 죽이며, 선성(先聖, 앞선 시대의 성인)의 후계자를 끊어 버렸다. 큰 나라는 밖으로 나가 작은 나라를 공격하고 작은 나라는 앉아서 성을 지키며, 남의 소와 말을 쫓아 버리고 남의 자녀를 묶으며, 남의 종묘를 헐어 버리고 남의 귀중한 보물을 옮겨 가며, 피가 천리나 흐르고 해골이 들에 가득 차게 했다. 이것은 탐욕스러운 군주의 욕심을 도운 것이지 살아 있는 사람을 위한 전쟁이 아니다. 전쟁은 포악함을 토벌하기 위한 것이지 포악한 짓을 하기 위한 것이 아니며, 음악은 조화를 이루기 위한 것이지 음란한 짓을 하기 위한 것이 아니다. 상례는 슬픔을 극진하게 하고자 하는 것이지 거짓 슬픔을 보이기 위한 것이 아니다. 그러므로 부모를 섬기는 데에도 도리가 있는데 바로 사랑에 힘을 쓰는 것이며, 조정에서는 몸가짐이 있어야 하는데 공경함이 최상이고, 상을 당해서는 예가 있어야 하는데 애도함이 주가 된다. 군대를 쓰는 데에도 술책이 있어야 하는데 의리가 근본이 된다. 근본이 확립되면 도가 행해지고, 근본이 상하면 도가 없어진다.

✢ 전쟁은 행복한 세상을 만들기 위한 수단으로 행해지지만 그 결과는 항상 참혹하다. 대부분의 전쟁은 집권자들의 야욕을 채우기 위한 것일 뿐 백성을 위한 것은 아니며 의로운 전쟁이란 있을 수 없다. 폭정을 행하는 군주를 정벌하기 위한 전쟁도 결국은 많은 피를 흘리고 수많은 생명을 빼앗는 결과만 남는다. 그렇기 때문에 정의롭다고 하는 전쟁도 백성을 평안하게 한다는 근본 목적과는 어긋나는 것이다.

여기서 음악의 조화, 상례의 슬픔, 부모에 대한 사랑 등이 근본이라고 했는데, 《논어》에서도 "군자는 근본에 힘써야 한다. 근본이 확립되면 도가 생겨난다."라고 말한다. 이 글과 유사한 내용이다. 즉, 유가와 도가가 모두 근본의 확립을 중시했고 방법은 다르지만 궁극에 이르는 것은 비슷함을 알 수 있다.

4. 혼란한 세상에 성인이 나타난다

순 임금 때 치수를 맡은 관리 공공(共工)이 세차게 흐르는 홍수를 노나라의 공상(空桑) 지역으로 이르게 했지만 용문산과 여양산이 열리지 않아 양자강과 회수의 물이 두루 흘러 사해가 이듭게 되었고, 백성들은 모두 구릉과 나무로 올라갔다. 그러자 순 임금은 우(禹)

에게 삼강(三江)과 오호(五湖)를 소통하게 만들고, 이궐산을 열고 전수와 간수를 통제하여 도랑과 육지를 평평하게 만들어 물을 동해로 흐르게 했다. 그러자 큰물이 여기저기로 스며들고 구주(九州)가 마르게 되었고 모든 백성이 목숨을 편안하게 지켰다. 이 때문에 요·순을 성인이라 칭하는 것이다. 말세에 이르자 걸·주라는 황제가 나왔다. 걸은 보석으로 집과 누각을 짓고 상아로 행랑채를 꾸미고 옥으로 침상을 만들었고, 주는 주지육림을 만들고 천하의 재물을 불태우며 백성의 힘을 괴롭게 했고, 간언하는 자와 임산부를 죽이며 천하를 어지럽히고 백성을 학대했다. 이에 탕왕이 병거 삼백 대를 거느리고 남소에서 걸을 정벌하여 하대로 추방했고, 무왕이 삼천 명의 군사를 이끌고 목야에서 주를 토벌하고 선실에서 죽이자 천하가 안정되고 백성들이 화목하게 모여들었다. 이 때문에 탕·무를 현자라고 칭하는 것이다. 이로 보건대, 현자나 성인이라는 명예가 있는 사람은 반드시 혼란한 세상의 근심을 만나는 것이다.

✢ 삼백승은 전차 삼백 대를 말하며, 승(乘)은 말 네 마리가 끄는 전차를 말한다. 전차에는 기본적으로 세 명이 타고, 그 뒤에 일곱 명의 장교와 병사 스무 명이 따랐다고 한다. 이 전차의 단위를 가지고 국가의 크기를 표현하기도 하는데, 만승지국(萬乘之國)은 천자의 나라를 가리키고 천승지국(千乘之國)은 제후의 나라를 가리키는 말로 사용된다.

이 글에 따르면 치수를 잘했던 순과 우는 성인이라 칭하고, 폭군을 제압한 탕과 무는 현자라 칭해진다. 이들은 모두 유가에서는 성인이라 칭송하는 인물들이지만 다른 사람보다 훨씬 많은 노력을 하고 어려움을 겪었다. 세상이 평온하고 모두가 살기 좋게 된다면 영웅도 성인도 드러나지 않는다. 즉, 평온한 세상에서는 영웅도 나올 수 없고 성인도 나오지 않는다. 혼탁한 세상이 되거나 전쟁이 난무한 곳에서 영웅이 나오고 성인이 나타나는 것이다.

도가의 시각으로 본다면 세상이 혼란한 것 자체가 잘못된 일이다. 인위적으로 무엇인가를 하려고 노력하거나 욕심을 부리는 행위가 부조화를 만들고 혼란을 만든다고 생각하기 때문이다. 따라서 인간의 욕망을 절제하고 자연의 법칙에 순응하도록 근본적인 방법이 강구되어야 사회가 안정된다고 주장한다.

도가에서는 요·순과 같은 성인마저도 도가에서 말하는 성인이나 진인과 다르다고 생각한다. 도가의 성인은 무위로 다스리지만 유가의 성인은 인위로 통치하기 때문이다. 이 글에서는 요와 순을 성인이라고 말하는데, 사회가 그만큼 혼탁하기 때문에 그렇게 부를 뿐 도가 본래의 성인은 아닌 셈이다.

이 편에서는 군주의 통치술에 대해 언급하고 있다. 백성들이 각자 자신이 맡은 바 임무를 다하게 만들고, 여러 신하들로 하여금 각자 자신의 재능을 다하게 하는 것이 군주의 통치술이다. 즉 최상의 정치는 모든 일을 신하에게 맡기고 군주는 무위로 임해야 하는 것이다. 그런데 군주가 사악한 것을 바로잡으려면 형벌을 공정하게 하고, 사적인 것을 버리고 공적인 것을 확립하여 모든 관리로 하여금 각자가 맡은 업무를 충실하게 하며, 상벌의 두 권한을 적절하게 사용해 신하들을 독려해야 한다는 등 법가에서 주장하는 군주의 통치술과 유사한 부분이 많이 나온다. 또한 후반부에서는 백성에게 어진 정치를 하도록 요구하는 유가적 이념도 반영하고 있다.

1. 군주는 무위의 정치를 해야 한다

군주가 백성을 다스리는 방법은 무위로 일을 처리하고 말 없는 교화를 행하는 것이다. 마음을 맑고 고요하게 유지하면서 흔들리지 않고, 법도를 일관되게 지키면서 동요하지 않으며, 일은 순리에 따라서 하되 신하에게 모두 맡기고, 성공 여부에 따라 책임을 묻되 스스로 힘쓰지 않는다. 이런 까닭에 마음속으로 법규를 알고 있지만 태사와 태부가 이끌어 가게 하고, 입으로 말을 할 수 있지만 응접하는 신하가 말하게 하며, 발로 걸을 수 있지만 예절을 담당하는 신하가 앞에서 인도하게 하고, 귀로 들을 수 있지만 간언을 담당하는 관원을 통해 듣는다. 그러므로 생각함에 실수가 없고, 일을 할 때는 잘못하는 일이 없으며, 말은 아름다운 문장이 되고, 행위는 온 세상의 본보기가 된다. 진퇴는 시기에 알맞고, 동정(動靜)은 이치에 순응하며, 추하고 아름다운 것 때문에 좋아하고 미워하지 않으며, 상벌 때문에 기뻐하거나 노여워하지 않는다.

✤ 태사와 태부는 태보와 함께 삼공이라 불리는데, 모두 오랜 기간 관직을 역임하면서 연륜과 경험을 가진 군주의 보좌역을 말한다. 고대 전제 군주 국가에서는 군주의 인품이나 통치술에 따라 국가의 흥망이 결정되는 경우가 많았다. 그렇지만 정치는 군주 혼자서 할 수 있는 것이 아니다. 인재를 적재적소에 등용하고 백성의 마음을 두루

살펴야 하고 신하의 직언을 수용할 줄 알아야 한다. 아첨하는 신하를 등용하거나 미녀에게 빠져 망국의 길로 접어든 군주조차도 현명한 신하가 많다면 그 나라는 쉽게 망하지 않는다.

　도가의 정치관은 군주가 앞장서 너무 잘하려고 하면 오히려 망칠 수 있으니 무위를 근본으로 삼아야 한다는 것이다. 그래서 노자는 정치를 생선 굽는 일에 비유했다. 생선을 굽다가 자주 뒤집으면 생선의 살이 모두 부서지는 것처럼 정치도 인위적으로 행하면 도리어 망치게 된다는 것이다. 그런데 이 구절만 보면 도가의 정치관과 유가의 정치관이 미묘하게 결합된 느낌을 준다. 여기서는 군주가 무위와 무언(無言)으로 신하를 대하고 신하에게 모든 국정을 맡긴 다음 그 성공 여부에 따라 책임을 물으라고 말한다. 그런데 이 말은 군주만이 아니라 신하들도 법도와 제도를 최소화하고 자연스럽게 다스려야 한다는 도가의 정치관과는 다소 다르다. 스스로를 닦고 솔선수범하는 군주와 현명한 신하가 함께 다스려야 한다는 주장은 사실 유가의 정치관이다. 결국 이 내용은 군주는 무위로써 정치를 하라는 도가의 입장과 현명한 신하를 내세워 바른 정치를 해야 한다는 유가의 입장이 교묘하게 결합되어 있다고 하겠다. 아마도 한 무제 시대에 이르면서 유가의 정치관이 보다 일반화되어서 그런 것으로 보인다.

법이라고 하는 것은 온 세상의 일을 헤아리는 기준이며 군주의 준칙이다. 법을 널리 알리는 것은 불법을 행하는 사람에게 법의 심판을 집행하기 위해서요, 포상 제도를 만든 것은 마땅히 상을 줄 만한 사람에게 상을 주기 위한 것이다. 법이 제정된 뒤에는 규정에 맞는 자는 상을 주고 규정을 어긴 자는 죽인다. 존귀한 자라고 해서 벌을 가볍게 하지 않고, 비천한 자라고 해서 형벌을 무겁게 해서는 안 된다. 범법자는 비록 어진 사람이라도 반드시 죽이고, 법도에 맞는 자는 비록 불초(못나고 어리석은 것)한 자라고 해도 반드시 벌을 주어서는 안 된다. 이렇게 해야만 공평한 도리가 통해서 사적인 도리가 막히게 될 것이다.

옛날에 벼슬아치를 둔 것은 백성들이 제멋대로 하지 못하도록 금지하기 위한 것이었다. 군주를 세우는 것은 벼슬아치를 통제하여 전횡하지 못하도록 하기 위한 것이었다. 법전이나 예의를 둔 것은 군주가 멋대로 독단하지 못하게 하기 위한 것이었다. 사람들이 자기 마음대로 하지 않는다면 도가 이기게 되고, 도가 이기면 이치가 통하기 때문에 무위로 돌아가게 된다. 무위는 단단하게 굳거나 꽉 막혀 움직이지 않는 것을 말하는 것이 아니라 자기 멋대로 함부로 하지 않는 것을 말한다.

✤ 고대 중국에서 법을 중시했던 학파는 법가였다. 법가는 인간이 본래 이기적이고 앞을 내다볼 줄 모르는 존재라고 생각했기 때문에 오직 강력한 법을 세우고 법의 공정한 집행을 통한 통제와 국가의 권

위에 대한 절대 복종을 통해서만 사회적 통합을 이룰 수 있다고 생각했다. 법가는 특히 백성들의 행동 하나하나에 대해 엄격하게 상벌을 내리는 법률 체계를 적용해야 한다고 주장했다. 그래서 통치자는 자신의 권력을 강화하는 한편 엄중한 법 집행을 강조했다. 그런데 도가적 성향을 띠고 있다고 생각되는《회남자》에서 엄하게 법을 집행해야 한다는 법가적 내용이 나온 것은 아마도《회남자》를 만드는 과정에서 법가 성향의 학자도 참여해서 그런 것이거나 이 책을 쓸 당시에는 지나치게 법질서가 무너져 혼란한 상태가 지속되니 먼저 엄격한 법 집행을 행해야만 공정한 상태로 돌아갈 수 있다고 생각해서일 것이다. 그래야만 결국 법에 의한 통치에서 무위의 통치로 돌아갈 터이기 때문이다.

사실 법이란 강제적 수단인 국가의 공권력으로 인간의 행동을 규제하는 통치술이다. 그래서 유가에서도 법보다는 도덕과 예(禮)를 통해 교화하고 통치할 것을 주장한다. 더구나 도가는 이러한 인위적 도덕이나 예마저도 인정하지 않고 모든 사람이 각자의 주어진 역할을 충실하게 실천하는 무위의 통치를 강조한다. 법은 '법망'이라는 말처럼 사람의 행동을 규제하는 그물과 같은 것이다. 그러니 그물이 많으면 많을수록 규제는 더욱 복잡해지고 인간의 수족마저 조이는 것이 될 소지가 있다. 따라서 법은 최소한으로 간소하게 만드는 것이 바람직하다고 보는 것이 유가나 도가의 입장이었다.

2. 가혹한 정치가 반란을 만든다

 물이 흐리면 물고기가 입을 벌름거리고, 정치가 가혹하면 백성들이 반란을 일으키게 된다. 호랑이·표범·물소·코끼리를 기르는 사람은 이러한 동물들을 우리에 가두고 그들이 좋아하는 것을 제공한다. 굶주리고 배부름을 적절하게 해 주고 노여움이 없게 하지만 그들이 타고난 수명을 다하지 못하고 죽는 것은 몸을 위협하는 것이 있기 때문이다. 이와 마찬가지로 윗사람이 꾀를 많이 쓰게 되면 아랫사람도 속이는 일이 많아지고, 윗사람이 일을 많이 하면 아랫사람은 꾸밈이 많아지며, 윗사람이 고민에 빠져 있으면 아랫사람은 안정되지 못하고, 윗사람이 요구하는 바가 많으면 아랫사람은 서로 다투게 된다. 근본을 바로 잡지 않고 말단에 매달리는 것은 비유하자면 마치 먼지를 날리면서 먼지가 멈추기를 바라는 것과 같고, 장작을 끌어안고서 불을 끄려는 것과 같다.

✤ 유가의 경전인 《대학》에는 "사물에는 근본과 말단이 있고, 일에는 시작과 끝이 있으니 먼저 해야 할 것과 뒤에 해야 할 것을 안다면 도에 가까울 것이다."라는 말이 있다. 여기서 말하는 근본은 자신의 본성을 맑게 유지하는 것이고, 말단은 백성들의 도덕심을 새롭게 진작시키는 것을 말한다. 자신은 도덕적이지 못하면서 백성들에게 도

덕적인 것을 요구하는 것은 본말이 전도된 것이라는 뜻이다.

이 글에서도 본말이 전도된 것을 비판하고 있는데, 여기서 말하는 근본은 무위이고 말단은 인위이다. 인위적인 행위가 증가할수록 무위의 영역이 줄어들어 혼란이 거듭될 것이고, 통치자의 인위적 행위는 백성을 억압하게 되어 결국 가혹한 정치로 이어질 터이니, 백성들이 반란을 일으킨다는 것이다. 따라서 윗사람의 언행에 따라 아랫사람들의 태도 역시 달라지게 마련이다. 군주가 바르지 못하면 신하들도 바르게 될 수 없고, 군주가 인위적 행위를 많이 하면 신하들은 그에 따라 적절하게 대응한다. 따라서 군주는 무위로써 근본을 바로 세우는 일에 치중하면 되는 것이다. 그렇게 되면 신하들도 군주의 눈치를 보지 않고 자신의 직분을 다하게 될 것이다.

공로가 없는데 후하게 상을 내리고, 노력하지 않았는데 벼슬을 높여 주면 관직이 있는 자는 임무를 게을리 하고, 놀며 지내는 자가 오히려 빠르게 승진할 것이다. 포악한 자는 망령되게 죽여야 하는데 오히려 죄 없는 자를 죽게 하고, 정직한 행동을 하는 자에게 형벌을 내리면 수양을 하는 사람도 선을 좋아하지 않고, 사악한 자는 윗사람을 가볍게 넘볼 것이다. 그러므로 시혜를 베푸는 윗사람은 간사함이 생기고 포악한 자는 난을 일으킨다. 간사함과 반란의 습관은 나라를 망하게 하는 풍속이다. 그러므로 현명한 군주의 정치는 나라에 죽일 사람이 있어도 노여워하지 않고 조정에 상 줄 사람이 있어도 관여하지 않는다. 죽을 사람이 군주를 원망하지 않는 것은 죄가 마땅하기 때문이고, 상 받을 자가 (그 상을) 군주의 덕으로 여기지 않는 것은 공을 쌓은 결과이기 때문이다. 백성은 죽거나 상을 받는 일이 모두 자신에게 있다는 것을 알기 때문에 공을 세우려 애쓰거나 업무에 힘쓸 뿐 군주에게서 상벌을 구하지 않는다. 이렇게 되면 조정은 풀이 무성하게 자라고 그 자취도 찾을 수 없게 되나, 백성들의 논밭은 잘 관리되어 풀이 없게 된다. 그러므로 최상의 군주는 아랫사람이 그가 있다는 사실만 알게 한다.

✤ 마지막 구절에서 '군주가 있어도 있는 듯 없는 듯하게 정치를 하는 것이 최상의 정치'라고 말한 것은 도가의 정치관을 그대로 드러낸 것이다. 백성들이 상을 받거나 벌을 받아도 원망하거나 기뻐하지 않고 자신이 한 행위에 대한 정당한 대가라고 생각하도록 만든다면 모든 일이 자연스럽게 돌아갈 것이다. 그런데 상을 받아야 할 사람이 받지 못하고 엉뚱한 사람이 상을 받거나 벌을 받아야 할 사람이 벌을 받지 않는다면 본말이 전도된 것이다. 이러한 경우 백성들은 군주는 물론 정치를 믿지 않을 것이다.

공자 역시 정치의 세 가지 요체 가운데 백성의 신뢰를 가장 중요하다고 말한다. 공자가 지적한 정치의 세 가지 요체란 경제력, 군사력, 신뢰인데, 이 가운데 백성에게 신뢰를 받지 못하면 결국 나라도

망하게 된다는 것이다. 맹자는 백성이 가장 존귀한 존재이고, 국가의 유지가 그다음이며, 군주는 가장 가벼운 존재라고 말한다. 이렇게 공자나 맹자와 같은 유가 사상가들은 백성을 군주보다 소중하게 여겼는데, 이러한 주장을 민본 사상이라고 한다. 그래서 유가에서는 군주 자신부터 모범적이고 도덕적인 삶을 살아야 백성들 또한 이를 본받는다고 말한다.

따라서 유가와 도가의 정치론은 인위와 무위의 차이로 갈린다고 할 수 있다. 하지만 궁극에 이르면 유가나 도가 모두 무위의 경지에서 만나게 된다. 즉, 백성을 편안하게 만들기 위해서 군주가 정성을 다하면 국가는 차츰 안정되고 군주의 역할은 갈수록 줄어들게 된다. 군주가 관리들을 능력과 역량에 맞게 배치하며 공사(公私)를 분명하게 한다면 스스로 앞서지 않아도 다스려지게 된다. 유가의 정치론도 궁극에는 상고 시대와 같은 무위의 통치와 맞닿아 있다고 하겠다.

3. 군주가 반듯해야 백성이 바르게 된다

정치에서 군주가 성공하고 실패하는 도리는 권력의 요체인 군주에게 있다. 그러므로 먹줄이 위에서 반듯하면 아래에서는 나무가 곧게 된다. 이것은 먹줄이 인위로 그렇게 하고자 해서 그런 것이 아니라 나무가 자연스럽게 먹줄에 맞추고자 해서 그런 것이다. 그러므로 군주가 진실로 바르면 정직한 선비들이 일을 담당하게 되고, 간사한 사람은 납작 엎드려 숨어 버릴 것이다. 군주가 바르지 않으면 사악한 사람이 뜻을 얻고 충직한 사람은 숨어 버릴 것이다. 사람이 옥석을 쪼개지 않고 조롱박을 쪼개는 것은 무엇 때문인가? 옥석을 쪼개서 얻을 것이 없기 때문에 손대지 않은 것이다. 먹줄에 따라 높고 낮게 하듯이 뭇 신하에게 공명정대하게 대한다면 사악한 신하들이 다가오더라도 마치 달걀에 돌을 던지고 불에 물을 던지는 것과 같은 처지가 될 것이다. 그러므로 초나라의 영왕(靈王)이 허리가 가는 사람을 좋아하자 백성들 가운데는 스스로 밥을 줄이거나 굶는 자가 생겨났다. 월왕 구천이 용맹을 좋아하자 백성들은 모두 위험한 곳으로 가서 죽기를 무릅쓰고 싸웠다. 이러한 것으로 본다면 권력의 칼자루는 백성들의 풍속도 쉽게 변화시킬 수 있다.

❖ 윗물이 맑아야 아랫물이 맑다는 속담처럼 군주가 바른 선비를 등용하면 아첨하는 신하가 멀어지게 될 것이고, 아첨하는 신하를 가까이하면 곧은 신하가 멀어지고 말 것이다. 따라서 군주의 언행은 신하는 물론 백성들에게 막대한 영향을 미친다.

전국 시대에 초나라의 영왕은 허리가 가는 여자와 관리들을 좋아했다. 그래서 많은 백성들이 굶으면서 허리를 가늘게 만들어 관리가 되고자 했고 후궁들도 영왕의 눈에 들기 위해 굶다가 죽는 경우도 많았다고 한다. 월왕 구천은 군사의 사기를 북돋우기 위해 술 한 동이를 얻자 혼자 먹으려 하지 않고 강의 상류에서 술을 부어 하류에 있는 군사들도 먹게 했다고 한다. 비록 술맛을 느끼지는 못하겠지만 구천의 마음을 안 군사들은 사기가 충천하여 전쟁에서 사력을 다했다고 한다. 이 고사를 구천투료(句踐投醪)라고 한다.

고대 시대에는 군주가 어떠한 마음으로 통치하고 있는지 백성들은 쉽게 알기 때문에 군주 한 사람의 영향력은 막대한 것이었다. 공자가 직접 정치를 하고자 했던 이유도 바로 여기에 있었다. 평범한 사람은 작은 변화밖에 줄 수 없지만 군주는 나라 전체를 바꾸고 고칠 수 있기 때문이다. 이 구절 또한 유교의 정치관에서 상당하게 영향을 받은 부분이라고 할 수 있다.

옛날에 예양(豫讓)은 중행문자(中行文子)의 신하였다. 지백(智伯)이 중행씨를 정벌하고 영토를 병탄하자 예양은 자기 군주를 배반하고 지백의 신하가 되었다. 지백이 조양자(趙襄子)와 진양 땅 아래서 전쟁을 하다 죽고 나라는 셋으로 나뉘어졌다. 예양은 조양자에게 보복하기 위해서 몸에 옻칠을 한 채 문둥병자로 변신하고, 숯을 삼켜 목소리를 변화시켰으며, 이를 뽑아 외모를 바꾸었다. 똑같이 한 사람의 마음인데, 두 군주를 섬기면서 혹 배신하여 떠나기도 하고 혹은 몸을 바쳐 기꺼이 죽으려고도 했다. 왜 따르고 버리며 두텁고 엷게 대하는 형세가 달랐는가? 사람의 은혜가 그렇게 만든 것이다.

　은나라 주왕이 천하를 통일한 후 제후들에게 조회를 받고 인적이 미치는 곳이나 배가 소통하는 곳은 모두 복종하게 만들었다. 그러나 무왕은 삼천 명의 군사로 목야에서 그를 사로잡았다. 이것이 어찌 주나라 백성은 죽음으로 절개를 지킨 것이고, 은나라 백성은 배반해서 그런 것이겠는가? 그 군주의 덕과 의리가 두터워서 명령이 그에 따라 행해진 것이다.

　✤ 예양의 이야기는 사마천의 《사기》에도 나온다. 예양은 진(晉)나라 사람으로 당시 진나라의 실질적 권력자였던 여섯 가문 중 하나인 중행씨를 섬겼지만 그에게 대접을 받지 못하자 또 다른 가문인 지씨, 즉 지백의 신하가 되었다. 지백은 예양을 귀한 선비로 대우했다. 지백이 또 다른 실권자이던 조씨 가문의 조양자와 전투에서 패해 죽자 예양은 지백의 원수를 갚기 위해 힘들게 변신을 하면서까지 조양자를 암살하려고 한다. 예양이 죽기 전에 한 유명한 말이 있는데, "무릇 선비란 진실로 자신을 알아주는 사람을 위해 목숨을 던지고, 여자는 자신을 사랑해 준 사람을 위해 화장을 한다."라는 말이다.

　은나라의 마지막 폭군 주왕도 무왕과의 전쟁에게 패해 죽임을 당했는데, 이 선쟁에서 은나라 백성들은 창을 거꾸로 들고 무왕과 싸웠다고 한다. 창을 거꾸로 든 것은 싸울 의지가 없다는 뜻인데, 이미 백성들의 마음이 주왕을 떠났음을 말해 준다. 군주의 덕과 의리가 나라의 운명을 좌우할 수 있음을 말해 주는 이야기다.

백성이 없다면 군주가 아무리 훌륭해도 나라는 존재할 수 없다. 즉, 백성에게 신뢰를 받지 못하는 군주는 존립할 수 없기 때문에 백성의 신뢰를 받기 위한 정치를 해야 한다. 군주에 대한 신뢰가 두터우면 백성들은 전쟁에 임해서도 서슴없이 목숨을 바치며 싸울 것이다. 하지만 신뢰가 없다면 아무리 강한 군대라도 스스로 무너지게 마련이다. 따라서 군주의 덕망과 의리는 그 나라의 발전과 성장에서 매우 중요한 역할을 차지하는 것이다.

4. 능력에 맞게 임무를 맡겨야 한다

큰 계략을 가진 사람에게 자잘한 기교를 문제 삼아 책망할 수 없고, 작은 지혜를 가진 자에게 큰 직무를 맡길 수 없다. 사람에게는 서로 다른 재능이 있고 사물에는 서로 다른 형태가 있기 때문에 하나를 맡겨도 너무 무겁게 여기는 경우가 있고, 백 가지를 맡겨도 오히려 가볍게 여기는 경우가 있다. 그러므로 작은 계획을 잘 아는 자는 반드시 천하의 대수(大數, 천지의 운행 원리를 말함)를 잃고, 작은 물건만을 가려 뽑는 자는 큰일을 거행하기에 부족하다. 비유하자면 살쾡이에게 소를 잡도록 할 수 없고, 호랑이에게 쥐를 잡도록 할 수 없는 것과 같다. 지금 어떤 사람의 재능이 구주를 평정하고 사방을 합병하며, 위태로운 나라를 보존시키고 끊어진 대를 이어 주고, 도를 바로잡고 사악한 것을 바르게 하며, 번거로운 일을 처리하고 혼란한 것을 다스릴 수 있는데, 그 사람에게 규방의 예법이나 자질구레한 일을 맡겨 책망하는 경우가 있다. 혹은 아첨과 기교로 작은 꾀를 갖추고, 감언이설을 하며 마을의 풍속이나 천박한 대중의 이목만을 따르는 자에게 천하의 권세와 치란의 기회를 맡기는 경우가 있다. 그렇다면 이것은 마치 도끼로 털을 깎고 칼로 나무를 베는 것과 같은 일이다. 이 두 가지는 모두 마땅함을 잃은 것이다.

✤ 천리마는 하루에 천리를 달릴 수 있는 아주 빠르고 좋은 말이다. 그런데 그 말이 천리마인지 아닌지를 한눈에 알아보는 것은 매우 어려운 일이다. 춘추 시대 때 백락(伯樂)이라는 사람은 명마를 잘 고르는 안목이 있었다. 평범한 말과 명마를 구분하는 것은 쉬운 일도 아니고 말의 잠재 가능성을 읽어 내는 것도 쉬운 일이 아니다. 그런데 백락은 이러한 일을 잘하는 재능을 가지고 있었다. 사실 천리마와 같은 훌륭한 말은 훈육한다고 되는 것은 아니다. 만약 천리마를 알아보지 못한다면 천리마도 다른 평범한 말과 마찬가지로 짐이나 나르는 평범한 말이 되고 말 것이다. 만약 전리마를 부엌에 묶어 두년 몸노 움직일 수 없을 것이다. 따라서 천리마를 구별할 줄 아는 백락과 같은

인물이 있어야 천리마의 능력이 드러나게 된다.

　사람도 마찬가지다. 나라를 이끄는 군주에게 사람의 능력과 타고난 재능을 읽어 내는 것은 매우 중요한 일이다. 타고난 재능이 서로 다르고 장단점이 있기 때문에 그에 적절한 일을 맡겨야 일이 원활하게 처리되기 때문이다. 그래서 군주의 일 가운데 가장 중요한 것이 용인술(用人術)이다. 인재를 발탁해서 적재적소에 배치하는 것이야말로 국가의 백년대계라 할 만큼 중요한 일이다. 이 구절은 바로 이런 점을 지적하는 내용이다.

5. 성군의 통치술

　성군의 통치술은 마치 조보(造父)가 말을 모는 것과 같다. 고삐와 재갈을 가지런하게 조정하고, 말의 입과 재갈을 조화롭게 하여 완급을 조절하면서 빨리 몰기도 하고 천천히 몰기도 한다. 마음속으로는 말의 속도를 가늠하면서 손가락 사이에서 채찍을 잡으며 안으로는 자신의 마음 한가운데에서 체득하고 밖으로는 말의 뜻과 합치한다. 그러므로 나가고 물러날 때에는 먹줄을 밟는 것처럼 하고, 둥글게 돌 때에는 원을 그리는 그림쇠에 맞추듯이 한다. 이렇게 하면 길을 달려 먼 곳에 이르러도 기력은 남게 된다. 이것은 진실로 기술을 터득했기 때문이다. 그러므로 권세는 군주의 수레요, 대신은 군주의 사마(駟馬, 수레를 끄는 4필의 말)이다. 몸이 수레의 안락함에서 이탈하고, 손이 사마의 마음을 잃고서도 위험하지 않는 자는 고금에 없었다. 그러므로 수레와 말이 조화를 이루지 못하면 왕량(王良)도 길을 달릴 수 없고, 군신이 화합하지 못하면 요·순이라도 통치를 할 수 없을 것이다. 술수를 써서 다스리면 관중과 안자의 지혜도 다하게 되고, 명분을 갖춰 지시하면 도척이나 장교의 간사함도 막을 수 있다.

  ✛ 조보는 주나라 목왕의 수레를 몰던 마차의 장인으로 조보가 말을 몰아 하루에 천 리를 달려가는 바람에 목왕이 반란군을 진압하게 되었다고 한다. 왕량 또한 춘추 시대에 말을 잘 몰기로 유명한 사람으로 조보와 비슷한 인물이다. 관중은 춘추 시대 제나라 환공을 도운 명재상으로 소문난 정치가요, 안자는 이름이 안영인데 역시 제나라의 명재상이다. 도척은 춘추 시대의 큰 도적, 장교는 초나라 위왕 시대의 장군으로 나중에 반란을 일으킨 인물이다.

  이 글은 성군의 통치술을 마차 모는 기술에 빗대어 설명하고 있다. 말을 잘 모는 사람은 천 리를 달려도 말이 힘들지 않게 한다. 그것은 말의 힘을 잘 이용하고 재갈과 채찍 사이를 조화롭게 하기 때문이다. 수레를 몰 때도 말과 수레가 조화를 이루도록 하는 것이 관건이다. 이와 마찬가지로 군주는 자신이 가진 권세를 수레처럼 여기고, 신하를 마차를 끄는 말처럼 여겨서 그 둘을 적절하게 조화시키면서 부릴 수 있는 능력을 갖춰야 한다. 이 역시도 조화로움과 자연스러움으로 관리와 백성을 다스리고 통치를 하라는 말로 도가적 정치론을 말한 것이다.

10편

무칭훈 繆稱訓

도덕에 대한 논의

'무'는 묶는다는 뜻이고 '칭'은 적절하게 한다는 의미다. 그래서 이 편에서는 도덕에 대한 논의를 세밀하게 말하고, 인의에 대한 분별을 차례대로 언급하며, 인간의 일을 개괄해 그것이 신명의 덕과 동일하게 하는 등의 내용을 적절하게 묶어 정리한다. 유사한 것을 취하여 서로 비유하고, 짧은 것을 잘라 마디를 만들어 작은 일에 대응하고, 왜곡된 말을 논리적으로 공박하는 내용으로 구성되어 있다.

1. 도의 모습을 말하다

도는 너무 높아 위가 없고 너무 깊어 아래가 없으며, 수준기(수평을 재는 도구)보다 평평하고 먹줄보다 곧으며 컴퍼스보다 둥글고 자보다 반듯하다. 우주를 감싸고 있으면서도 표리가 없고, 모두 담고 있으면서도 막히는 것이 없다. 그러므로 도를 체득한 사람은 슬퍼하지도 즐거워하지도 않고, 기뻐하지도 노여워하지도 않는다. 앉아 있어도 생각이 없고 자면서도 꿈을 꾸지 않으며, 사물이 다가오면 드러나고, 일이 다가오면 응한다.

✤ 여기서도 첫 부분에 도의 모습을 표현하고 있다. 이미 앞에서 여러 차례 언급된 바 있듯이 도는 형체가 없어 어느 것에도 부합되지 않는 것이 없다. 큰 것에는 크게, 작은 것에는 작게, 둥근 것에는 둥글게, 모난 것에는 모나게 대응한다. 사물의 변화에는 자연스럽게 대응하고 인간의 일에도 무덤덤하게 작용한다. 그러나 자연과 인간의 모든 일을 이루어 내는 것이니 오묘하다고 표현한다.

기쁨과 슬픔은 인간의 자연스러운 감정이다. 그런데 감정 변화에 지나치게 반응하면 중용의 도를 벗어나게 된다. 기쁨이 지나치면 감정이 크게 동요되고 슬픔이 지니치면 몸을 상하게 된다. 그런데 기쁘고 슬픈 일에 대한 감정을 거시적이거나 객관적 관점에서 접근한다면 그렇게 동요될 것도 없다. 예를 들어 장자는 자기 부인이 죽었을 때 시체를 깔고 앉아 항아리를 두들기며 노래를 불렀다고 한다. 친구인 혜시가 조문을 와서 이유를 묻자 "나도 부인이 세상을 떠났을 때 처음에는 슬펐다네. 그런데 가만히 살펴보니 슬퍼할 까닭이 없더군. 자연에서 왔다가 자연으로 돌아간 것뿐인데 슬퍼할 이유가 없지 않는가."라고 대답했다. 일반적인 관점에서 본다면 매우 슬픈 일이지만 장자는 한 걸음 떨어져서 삶과 죽음의 본질을 생각해 보고 슬픔과 기쁨의 감정을 넘어선다. 이것이 도를 터득한 사람의 모습인 것이다.

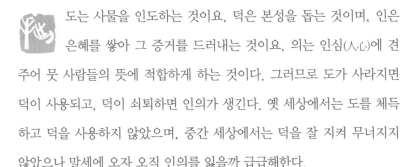 도는 사물을 인도하는 것이요, 덕은 본성을 돕는 것이며, 인은 은혜를 쌓아 그 증거를 드러내는 것이요, 의는 인심(人心)에 견주어 뭇 사람들의 뜻에 적합하게 하는 것이다. 그러므로 도가 사라지면 덕이 사용되고, 덕이 쇠퇴하면 인의가 생긴다. 옛 세상에서는 도를 체득하고 덕을 사용하지 않았으며, 중간 세상에서는 덕을 잘 지켜 무너지지 않았으나 말세에 오자 오직 인의를 잃을까 급급해한다.

✤ 이 구절 역시 앞 장들에서 나온 내용과 비슷하게 도와 덕, 인과 의에 대한 도가적 설명을 하고 있다. 도가 가장 높은 단계이고 그다음이 덕이며, 그리고 그 뒤에 인의가 자리 잡는다. 모든 사물은 도에 의해 자연스럽게 움직이고, 덕을 통해 타고난 본성대로 행동한다. 그

런데 점차 후대로 내려올수록 도와 덕이 사라지고 인과 의 같은 인위
적인 행위를 통해 규범을 만들고 그것을 실천한다. 따라서 혼란한 세
상인 말세에 오자 인의를 행하고자 애쓰고 그것마저 사라질까 급급
해한다고 말한다. 제자백가 가운데 도가만이 도와 덕을 바르게 밝히
고 있다는 점을 거듭 강조한 것이다.

2. 도를 터득한 사람의 모습

군자는 잘못된 것을 볼 뿐 벌 받을 것은 생각하지 않기 때문에
간언을 할 수 있고, 어진 사람을 볼 뿐 그의 미천한 신분을 생각
하지 않기 때문에 겸양할 수 있으며, 부족한 것을 볼 뿐 가난을 생각하지
않기 때문에 남에게 베풀 수 있다. 진실한 마음이 가슴속에 있으므로 행동
이 겉으로 나타나는 것이다. 행동이 진실함을 담고 있기 때문에 비록 허물
이 있어도 원망을 받지 않는다. 그러나 행동이 진실함을 담고 있지 않으면
비록 충성해도 나쁜 일만 다가온다. 후직(后稷)은 천하를 널리 이롭게 하면
서도 오히려 스스로 자랑하는 일이 없었고, 우 임금은 공적이 없거나 재물
을 낭비한 일도 없는데 스스로는 오히려 항상 부족하다고 여겼다. 가득 차
있으면서도 부족한 것처럼 여기고, 충실하면서도 비어 있는 것처럼 여기
는 사람이 바로 자신의 모든 것을 다해서 도를 터득한 사람이다.

✤ 후직은 농사의 신으로 어머니가 신의 발자국을 따라 걷다가 잉태했다고 하는 전설상의 인물이다. 태어난 후 숲에서 동물들의 보호를 받고 자랐으며 요 임금 시절에 농업을 관장하는 관리로 활동했는데 주나라의 시조다. 우 임금은 하나라를 세운 인물로 순 임금 밑에서 홍수를 다스리는 치수에 공이 컸던 인물이다. 또 그는 탁월한 정치 능력을 가지고 있었지만 스스로를 자랑하지 않았다고 한다. 《열자》의 기록으로 보면 이때 치수에 온 힘을 다하느라고 가정이나 자식도 돌볼 겨를이 없었으며, 신체는 반신불수가 되었고 손발의 살갗이 틀 때까지 최선을 다했다고 한다.

유가의 철학 사상을 기록한 《중용》에 보면 "마음속에 진실함이 있으면 겉으로 드러난다."라는 말이 있고 《논어》에는 "남의 허물을 보지 말고 자신을 돌아보라."는 구절이 나온다. 이런 점에서 보면 유가에서 말하는 군자와 도가에서 말하는 군자는 진실한 마음을 갖고 스스로를 겸양한다는 점에서 동일한 덕목을 갖추었다고 볼 수 있다. 진실한 마음을 가진 사람은 어떤 경우에도 솔직하고 참된 마음으로 임한다. 따라서 다른 사람을 속이거나 이용해서 이익을 챙기려는 마음이 없다. 하지만 겉으로 남에게 잘 보이려고 하는 사람은 외형만 꾸밀 뿐 진실한 마음을 담고 있지 않기 때문에 결과에 상관없이 모든 일이 어긋나는 것이다. 외형을 꾸미는 것보다 내면을 충실하게 하는 지혜를 지닌 사람이 바로 성인인 것이다.

성인이 착한 일을 행하는 것은 명예를 구하기 위한 일이 아니지만 명예가 저절로 따른다. 또한 명예는 이익을 기약하는 것이 아닌데 이익이 그에게로 돌아온다. 그러므로 사람의 근심과 기쁨은 인위적으로 구해지는 것이 아니라 실천하다 보면 저절로 생겨난다. 그러므로 지인(至人, 도의 지극한 경지에 이른 사람)은 꾸미지 않는다. 마치 티끌이 눈에 들어가면 눈을 비비고, 넘어지면 다른 물체를 잡는 것과 같이 자연스럽게 행한다. 성인이 정치를 하는 것은 막연해서 그의 지혜로움이 드러나지 않지만 그가 세상을 떠난 후에야 그 위대함을 알게 된다. 이것은 마치 태양이 운행하는 것과 같아서 천리마라도 그와 경쟁할 수 없는 것이다.

✤ 성인은 각 학파에 따라 다양한 모습으로 존재한다. 유가의 성인은 인간으로서 가장 완벽한 도덕심을 갖고 도덕 정치를 실행하는 사람이라서 백성들을 편안하게 해 주는 인물이다. 도가의 성인은 아무 행위도 하지 않지만 저절로 이루어지게 하는 인물로 왕위에 있어도 백성들은 왕이 있는지조차 모르게 정치를 한다. 그런데 궁극적으로 본다면 유가의 성인이나 도가의 성인은 모두 비슷한 측면을 가지고 있다. 유가에서도 최고의 경지는 아무 행위도 하지 않아도 저절로 다스려지는 것이라고 말하기 때문이다. 결국 진리는 하나로 통하는 것임을 알 수 있다.

3. 군자와 소인의 차이

군자의 도는 가깝지만 도달할 수 없고 낮지만 오를 수 없는데, 어떤 것을 담아도 이겨 내지 못하는 것이 없다. 오래가면서 빛나고 고원하면서 풍성한 것이다. 이것을 아는 방법은 남에게서 구하는 것이 아니고 자신에게서 얻어야 한다. 자신을 버리고 남에게서 구한다면 도와는 거리가 멀어질 것이다. 군자는 즐거움에서는 여유가 있지만 명예에서는 부족함이 있다. 반면 소인은 즐거움에서는 부족하지만 명예에서는 여유가 있다. 여유와 부족함의 거리를 보면 군자와 소인의 거리가 먼 것은 매우 분명하다.

입에 머금고 있으면서 토해 내지 못하고, 마음속에 감정이 있으면서 그 싹을 드러내지 않는 경우는 아직 들어 보지 못했다. 군자는 정의로움을 생각하고 이익을 생각하지 않으며, 소인은 이익만을 탐내고 정의로움을 돌아보지 않는다. 공자가 말하기를 "다 같이 곡을 할 때, 어떤 사람은 '그대를 내가 어찌하리오!'라고 하고, 또 어떤 사람은 '어찌 나를 버리는가!'라고 말한다. 슬픔은 같지만 슬퍼하는 이유는 다르다."라고 했다. 그러므로 슬픔과 즐거움이 사람의 감정에 미치는 영향은 깊은 것이다.

✤ 군자와 소인은 본래 지배 계급과 피지배 계급의 명칭이었지만 춘추 시대, 특히 공자가 군자를 덕을 소유한 사람, 소인은 덕이 없

는 사람이라고 강조하면서 그 의미가 바뀌었다. 유가에서 군자는 성인이나 인자를 포함하는 개념이지만, 보통 사람도 도달 가능한 인격적 완성자를 의미한다. 성인은 쉽게 도달하기 어렵고 타고난 능력이 있어야 한다고 생각하지만 군자는 누구나 노력하면 가능하다고 보는 것이다. 《회남자》에서 말하는 군자 역시 유가의 개념과 매우 유사한 것으로 보인다. 다만《논어》에서는 군자와 소인의 차이를 정의로움을 구하는가 아니면 이익을 구하는가의 차이에 있다고 보았지만 여기서는 즐거움과 명예에 대한 추구로 보고 있다. 이 내용 역시 유가의 사상이 영향을 미친 것이 아닌가 판단된다.

정의로운 사람은 이익을 가지고 그를 속일 수 없고, 용감한 사람은 두려움을 가지고 그를 겁나게 할 수 없다. 마치 굶주리고 목마른 사람을 빈 그릇으로 속일 수 없는 것과 같다. 사람에게 욕심이 많아지면 정의를 훼손하게 되고, 근심이 많아지면 지혜를 해치게 되며, 두려움이 많아지면 용기를 해치게 된다. 오만함은 소인에게서 생기는데 오랑캐가 모두 이런 것을 잘하고, 선(善)은 군자에게서 생기는데 일월과 빛을 다툴 만큼 아름다워 천하가 막을 수도 빼앗을 수도 없다. 그러므로 잘 다스려지는 나라에서는 나라가 보존되는 이유를 즐기고, 망하는 나라에서는 망하는 이유를 즐긴다.

✢ 정의로운 사람은 이익과 거리가 멀고 사적인 이익을 배척하기 때문에 이익으로 그를 유혹할 수도 없고 속일 수도 없다. 정당한 이익이 아니면 취하지 않는 것이 옳다는 것을 알기 때문이다. 인간들이 죄를 범하는 것은 대부분 자신이 취하지 않아야 할 이익을 탐내거나 필요 이상의 이익을 추구하기 때문이다. 결국 사적인 이익을 도모하면 반드시 손해를 보는 사람이 생긴다는 것을 알지 못하기 때문이다.

용감한 사람은 두려움이 없기 때문에 어떠한 위협으로도 그를 위축시킬 수 없다. 가장 용감한 사람은 도덕적으로 흠이 없는 사람이며 정당한 길을 걷는 사람이다. 따라서 이러한 사람에게는 힘이나 권력으로 억압할 수 없어서 천만 대군으로 위협해도 눈 하나 꿈쩍하지 않을 것이다. 간혹 만용과 진정한 용기를 착각하는 경우가 많다. 힘이 세고 싸움을 잘하기 때문에 다른 사람을 제압할 수 있다고 생각하는 것은 못난 사람의 용기, 만용에 지나지 않는다. 진정으로 용감한 사람은 마음에 거리낌이 없이 도덕적인 사람이다.

인간의 욕심이 증대하고 세상이 혼탁해지면서 정의로운 사람도 사라지고 용기 있는 사람도 없어지게 되었다. 진정으로 참된 삶의 의미가 무엇인지 생각하지도 않고 생각하려고도 하지 않는 풍토가 세상을 더욱 암울하게 만드는 것이다. 모든 욕망은 이익과 물질로부터 주어진다. 즉, 물질적 욕망은 끝이 없기 때문에 항상 경계하고 조심하지 않으면 안 된다. 그래서 욕망을 극복하지 못하면 군자가 될 수 없는 것이다.

4. 지극한 경지에 이르기 위해 지혜를 넓혀라

큰 방울은 소리를 내기 때문에 스스로 훼손되고, 촛불은 빛 때문에 스스로 녹으며, 호랑이와 표범은 가죽의 무늬 때문에 화살을 맞고, 원숭이는 민첩함 때문에 잡힌다. 그러므로 자로는 용맹 때문에 죽고, 장홍(萇弘)은 지혜 때문에 곤경에 빠졌다. 지혜 때문에 알 수 있는 것이지 지혜 때문에 알지 못하는 경우는 없다. 그러므로 험난한 길을 가는 사람은 먹줄처럼 반듯하게 밟고 갈 수 없으며, 숲 속을 빠져나가는 사람은 곧게 뻗은 길을 갈 수 없고, 밤길을 걸을 때 앞이 어두우면 손으로 더듬으며 가는 것이다. 모든 일에는 마땅한 바가 있어서 총명함이 쓸모없게 되는 경우가 있다. 사람이 어둠을 뚫고 밝은 데로 들어간다면 더불어 지극함을 말할 수 있을 것이다.

✠ 장홍은 주나라 대부로 현명한 사람이었는데 간신의 모함을 받아 촉나라로 축출되자 스스로 배를 갈라 자살하고 말았다. 촉나라 사람들이 그의 충절을 알고 그의 피를 거두어 상자에 담아 3년 만에 열어 보니 피가 엉겨 빛나는 보석이 되어 있었다고 한다. 《공자가어(孔子家語)》에는 공자가 장홍에게 음악에 대해 질문했다는 기록이 나온다. 이로 본다면 장홍은 음악에 대해서도 매우 전문적인 지식을 가지고 있었던 인물로 보인다.

자로는 앞에서도 나왔지만 공자의 중요 제자 중의 한 사람으로 용맹이 뛰어났는데, 공자와 함께 천하를 주유하다가 위나라에 남아서 공씨 가문의 가신이 되었다. 그러나 왕실 계승 분쟁에 휘말려 반란이 일어나자 전사하고 말았다. 그의 유해는 발효되어 젓으로 담가지는 수모를 당했다고 한다. 맹자에 의하면 자로는 용맹스러웠고 성급한 성격 때문에 직설적이고 우직해 보이지만 다른 사람이 자기의 결점을 지적하면 기뻐할 정도로 인품이 있는 사람이라고 한다.

이 글대로 보자면 방울이나 촛불, 호랑이나 원숭이가 모두 자신의 장점 때문에 곤경에 빠지듯이, 자로나 장홍도 자신들이 가진 장점 때문에 결국 죽음을 맞이한다. 그러니 용기나 지혜가 뛰어나다고 해서 항상 좋아할 만한 것이 아니다. 사실 사람들이 말하는 장점이란 '쓸모 있음(有用)'을 말한다. 그러나 그 기준은 항상 사람일 뿐이다. 그러니 도리어 인간 세상에서 자유롭게 살아가려면 '쓸모없음(無用)'을 추구하는 것이 바람직하다는 것이 도가의 입장이다. 곧게 뻗은 나무는 재목으로 사용하기 좋기 때문에 쉽게 베어지지만 구불구불하게 생긴 나무는 아무도 베어 가려고 하지 않아서 오랫동안 생명을 보존할 수 있는 것과 같다. 인간이 아무리 지혜롭다 해도 그것을 지극한 경지까지 이르게 하지 못하면 결국 지혜를 가지고도 대처하지 못하는 상황을 맞을 수 있다. 그러니 어설픈 지혜에 만족하지 말고 어떠한 경우에도 발휘될 수 있는 지극한 지혜를 갖추어야 한다는 것이 이 글의 교훈이다.

5. 화복은 모두 자기로부터 생긴다

교만이 가득 찬 군주에게는 충성스러운 신하가 없고, 말을 잘하는 사람에게는 반드시 신용이 없으며, 한 아름이나 되는 나무는 한 줌밖에 안 되는 작은 가지가 없고, 작은 도랑에는 배를 삼킬 만한 고기가 없다. 나무의 뿌리가 얕으면 끝이 짧고 뿌리가 상하면 가지가 마른다. 복(福)은 무위에서 생기고 근심은 다욕(多慾)에서 생기며, 해로움은 대비하지 않은 데에서 생기고, 잡초는 김매지 않은 데에서 생긴다. 성인이 선을 행할 때는 마치 거기에 미치지 못하는 것처럼 하고, 재앙에 대비할 때는 마치 벗어나지 못할까 두려운 것처럼 한다. 먼지를 뒤집어쓰고 먼지가 눈에 들어가지 않기를 바라며, 물을 건너면서도 젖지 않기를 바라는 것은 불가능한 일이다. 그러므로 자기를 아는 사람은 남을 원망하지 않고, 천명을 아는 사람은 하늘을 원망하지 않는다. 복은 자기로 말미암아 생기고, 재앙도 자기로 말미암아 생긴다.

✤ 세상의 모든 화복은 스스로 만드는 것이다. 스스로의 문제점을 고치려 하지 않고 타인을 탓하거나 세상만 탓한다면 어떠한 것도 이룰 수 없다. 《명심보감》에 보면 "선(善)을 보거든 미치지 못하는 것 같이 하고, 악(惡)을 보거든 끓는 물을 만시는 것 같이 하라."는 공사의 말이 있다. 위 문장에서 말하는 것도 공자의 말과 다르지 않다는 것

을 알 수 있다.

스스로 선한 일을 하면 복이 오고 악한 일을 하면 재앙이 오는 것이 세상의 진리다. 하지만 살다 보면 선을 행하고도 복이 오지 않거나 악을 행하고도 재앙이 오지 않는 경우가 많다. 그래서 대부분의 사람은 선을 행할 필요가 없다고 생각하거나 자신도 남들처럼 악을 행해도 괜찮을 것이라는 생각을 갖는다. 하지만 자신이 한 행위는 반드시 그에 따른 보상이 주어지는 법이다. 악을 행하고 양심이 편하지 않다면 그 자체도 재앙이라고 할 수 있다. 따라서 선과 악이라는 상대적 개념에 매어서 남을 탓하기보다는 스스로를 되돌아보며 인간답게 살고자 하는 마음이 더욱 중요한 것이다.

II편

제 속 훈 齊俗訓

절대적 진리에 대한 가르침

11편

제속齊俗訓
절대적 진리에 대한 가르침

'제속'이란 세상의 풍속을 가지런하게 한다는 의미다. 이 편에서는 많은 생물들의 장점과 단점을 아우르고, 구이(九夷, 9개의 이민족)의 풍속을 두루 인정하며, 고금의 여러 논의에 통달하게 하고, 만물의 이치를 관통하고, 예의의 마땅함을 만들고, 인사의 시작과 끝을 분석하는 내용을 담고 있다. 세상에는 절대적인 존귀함이란 없기 때문에 때와 장소에 따라 항상 변화하는 것이다. 따라서 변화에 부딪치더라도 본바탕의 존귀함을 잃지 않아야 한다고 말하고 있다.

1. 쇠퇴한 세상에 나타나는 징조

본성에 따라 행하는 것을 도(道)라 하고, 천성을 터득하는 것을 덕(德)이라고 한다. 본성을 잃은 뒤에 인(仁)을 귀하게 여기고, 도를 잃은 뒤에 의(義)를 귀하게 여긴다. 그러므로 인의가 확립되자 도덕이 물러나고, 예악으로 꾸미게 되자 순박함이 사라졌으며, 시비가 나타나자 백성들이 현혹되었고, 주옥(珠玉)을 귀중하게 여기자 천하가 다투게 되었다. 이 네 가지는 쇠퇴한 세상이 만들어 내는 것이며 말세에 사용되는 것들이다.

✢ 《중용》 첫머리에 "본성에 따르는 것을 도라고 한다."는 말이 있다. 유가에서 말하는 도는 인도(人道) 즉, 인간의 도리를 말하기 때문에 인간이 타고난 본성을 따라 행하면 그것이 바로 도가 된다. 하지만 도가에서 말하는 도는 천지 만물의 근원이며 영원불변하는 존재로 무위의 도를 말한다. 물론 노자와 장자 같은 경우에도 유가적 의미의 도를 사용하는 경우가 있다. 그러나 그런 경우에도 궁극적으로는 자연의 도로 귀결된다. 또한 유가에서는 덕의 의미를 도덕적, 윤리적 이상 실현을 위한 사려 깊고 인간적인 성품이라는 의미로 사용하는 반면 도가에서는 도의 작용이라는 의미로 사용된다. 따라서 노자는 "도는 만물을 낳고 덕은 만물을 기른다."라고 설명한다. 이러

한 설명으로 본다면 유가에서 말하는 도덕보다 더 근원적이고 원천적인 것이 바로 도가에서 말하는 도덕이다.

그렇기 때문에 인의 · 예악 · 시비 · 주옥을 귀중하게 여기게 되면서 도덕과 순박함이 사라지고 백성들은 현혹되거나 다툼이 발생한다고 주장한 것이다. 도와 덕이 중심인 세상에서는 인의나 예의를 사용하지 않고 보석도 귀하게 여기지 않는다. 도와 덕은 자연적 본성에 따르는 것인데, 자연에서는 어떤 사물도 모두 그 나름의 가치와 아름다움을 지닌 것이기 때문이다. 따라서 이런 자연의 본성이 손상되면서 인위적인 인의가 필요하게 되었고, 인간의 욕망이 커지면서 귀중한 보물을 좋아하게 된 것이다. 이러한 세상을 《회남자》에서는 말세라고 말하고 있다.

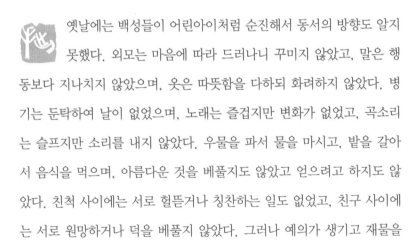

옛날에는 백성들이 어린아이처럼 순진해서 동서의 방향도 알지 못했다. 외모는 마음에 따라 드러나니 꾸미지 않았고, 말은 행동보다 지나치지 않았으며, 옷은 따뜻함을 다하되 화려하지 않았다. 병기는 둔탁하여 날이 없었으며, 노래는 즐겁지만 변화가 없었고, 곡소리는 슬프지만 소리를 내지 않았다. 우물을 파서 물을 마시고, 밭을 갈아서 음식을 먹으며, 아름다운 것을 베풀지도 않았고 얻으려고 하지도 않았다. 친척 사이에는 서로 헐뜯거나 칭찬하는 일도 없었고, 친구 사이에는 서로 원망하거나 덕을 베풀지 않았다. 그러나 예의가 생기고 재물을 귀하게 여기는 상황에 이르자 속임수나 거짓이 싹트게 되었고, 비난과 칭찬이 서로 뒤섞이며, 원망과 덕행이 함께 행해졌다. 이에 증삼과 효기 같은 미덕을 가진 사람도 생겨나고, 도척과 장교 같은 사악한 사람들도 생겨나게 되었다.

❧ 증삼과 효기는 모두 효자였다. 증삼은 공자의 제자로 혼절할 때까지 아버지가 때리는 매를 맞으며 효를 다했고, 효기는 은나라 고종(高宗)의 아들로 후궁의 말만 듣고 그를 내쫓아도 끝내 원망하지 않았다고 한다. 도척이나 장교는 모두 사악한 도적들로 앞에서 설명한 바 있다.

이 글은 고대 사회의 풍속과 《회남자》 당시의 풍속을 비교하며 고대 사회를 이상적인 것으로 규정하고 있다. 오늘의 관점에서 보더라도 시대가 흐를수록 물질적으로 풍부해지고 문명이 발달하기는 했지만 그것이 인간을 행복하게 만드는 것도 아니고 아름다운 세상을 담보하는 것도 아니다. 사실 부모와 자식 사이가 자연스러운 정으로 이어진다면 효와 불효를 구분하지도 않았을 터이니 증삼과 효기 같은 효자도 생겨나지 않았을 것이다. 마찬가지로 옳고 그름을 분별하지 않는다면 도척과 장교 같은 사람도 없었을 것이다. 소유하려는 욕심과 인위적 가치를 만들기 시작하면서 옳고 그름에 대한 개념도 생겨난 것이라 말하고 있다.

2. 다름의 가치를 존중하라

크고 넓은 집이나 문이 이어져 사방으로 통하는 큰 방은 사람이 편안하게 여기는 곳이지만 그곳에 날짐승이 들어가면 근심에 빠진다. 높은 산과 험난한 곳, 숲이 깊고 무성한 곳은 호랑이나 표범이 좋아하는 곳이지만 사람이 그곳에 들어가면 두려움을 느낀다. 냇물이나 계곡, 물이 깊고 샘이 깊은 곳은 자라와 거북이 편하게 여기는 곳이지만 그곳에 사람이 들어가면 죽게 된다. 황제의 음악인 함지(咸池)와 승운(承雲), 순임금의 음악인 구소(九韶), 전욱의 음악인 육영(六英)은 사람이 즐기는 것이지만 새와 짐승이 이 소리를 들으면 놀랄 것이다. 깊은 계곡과 가파른 언덕, 큰 나무와 긴 가지는 원숭이가 즐기는 곳이지만 사람이 그곳에 올라가면 두려움에 떨게 된다. 형체가 다르고 본성이 맞지 않으면 한쪽에서 즐겁게 여기는 것이 다른 쪽에서는 슬픔으로 여겨지며, 한쪽에서 편안하게 여기는 곳이 다른 쪽에서는 위태롭게 여겨진다. 이에 천지가 만물을 덮고 실어 주며 해와 달이 만물에게 빛을 내려 주게 되면 각자 자기 본성을 편안하게 여기고, 거처를 안락하게 여기며, 자신에게 맞는 곳에 거처하고, 자기 능력에 따라 행한다. 그러므로 어리석은 사람도 장점으로 여길 것이 있고, 지혜로운 사람도 부족한 것이 있다.

✦ 아무리 좋은 집이나 음악이라도 인간에게는 좋을지 모르지만 짐

승들에게는 의미가 없다. 마찬가지로 내가 좋아하는 것이라고 다른 사람도 반드시 그런 것은 아니다. 어리석은 사람에게도 지혜가 있고, 지혜로운 사람에게도 어리석음이 있다. 세상에 존재하는 모든 것을 인간 중심으로 본다면 그 유용함을 기준으로 비교하고 장단점을 가리게 되지만 절대적 가치를 가진 존재로 존중한다면 저마다 장단점을 모두 갖고 있는 동등한 존재로 보게 될 것이다. 하늘이 누군가를 더 좋아해서 빛을 잘 내려 주는 것도 아니고 누군가를 미워해서 빛을 보내지 않는 것도 아니다. 공평하게 만물을 덮어 주고 자양분을 공급해 주는 천지처럼 세상 만물을 있는 그대로 보라는 도가적인 입장을 밝힌 글이다.

원숭이가 무성한 나무를 얻으면 그곳을 버리지 않고 살며, 오소리가 제방을 만나면 떠나지 않고 집을 만든다. 만물은 이로운 것을 피하여 해로운 곳으로 나가지 않는다. 그러므로 이웃나라가 서로 바라다 보이고 닭이 울고 개가 짖는 소리가 서로 들려도 발자국을 다른 제후국의 경계까지 이어 가지 않으며, 수레바퀴가 천 리 밖까지 연결되지 않는다. 이것은 모두 편안한 곳을 얻었기 때문이다.

혼란한 나라는 왕성한 것 같고 다스려지는 나라는 텅 빈 것 같고, 망한 나라는 부족한 것 같고 보존되는 나라는 여유가 있는 것 같이 보인다. 텅 비었다는 것은 사람이 없는 것이 아니라 모두 직분을 지키는 것이요, 왕성하다는 것은 사람이 많은 것이 아니라 모두 말단만 추구해 분주하기 때문에 그러하다. 여유가 있다는 것은 재물이 많다는 것이 아니라 욕망이 절제되어 일이 적은 것이며, 부족하다는 것은 재물이 없는 것이 아니라 백성이 조급하여 소비가 많다는 것을 말한다.

⚜ 만물은 편안하고 안락한 방향으로 나가고자 한다. 그런데 전쟁이나 폭력은 편한 것이 아니라 서로 다투고 불편한 상황을 만드는 것이다. 따라서 이웃에서 무엇을 하든지, 다른 나라가 어떤 상황인지 관심을 가질 필요도 없고 자기 삶에만 편안하면 그만인 것이다. 아무리 많아도 서로 가지려고 다투면 항상 부족하고, 아무리 적어도 만족하게 여기면 부족함이 없다. 따라서 자기 분수에 만족하지 못하면 어떠한 것도 만족을 주지 못한다.

만족(滿足)이라는 말은 발목을 담글 정도의 깊이를 말한다. 가득 채우는 것이 만족이 아니라는 뜻이다. 해수욕장에서 바닷물에 들어갈 때 깊이 들어갈수록 몸이 균형을 잃어 서 있는 것조차 힘들게 된다. 만약 물이 목덜미를 넘어서면 스스로 견디지 못하고 파도에 휩쓸리고 말 것이다. 따라서 만족이란 물이 목에 차도록 기다리는 것이 아니라 발목 정도만을 담글 수 있는 상태에서 멈추는 것을 의미한다. 만족을 모르는 인간은 결국 생명마저 잃게 될 것이고 그만큼 인간 사회는 속임수와 다툼에 시달릴 것이다.

공서화가 부모를 섬기는 방법은 마치 친구와 더불어 거처하는 것처럼 했고, 증삼이 부모를 봉양하는 방법은 마치 엄한 군주와 강한 임금을 섬기는 것처럼 했지만 봉양하는 것은 마찬가지였다. 그러므로 호인(胡人)은 해골에 술을 부어 마시며 맹약하고, 월인(越人)은 팔뚝을 물어뜯으며 맹약하고, 중국에서는 희생의 피를 마시며 맹약한다. 방법은 각기 다르지만 신의를 맺는 것은 마찬가지다. 삼묘(三苗)는 머리에 상투를 틀고, 강인(羌人)은 옷깃을 묶으며, 중국에서는 관(冠)과 비녀를 꽂고, 월인은 귀밑털을 깎는다. 이것은 옷을 입고 장식한다는 측면에서는 마찬가지다. 황제 전욱의 법에서는 부인이 길에서 남자를 피하지 않으면 네거리에서 죄를 물었는데, 오늘날의 국도(國都)에서는 남녀가 길에서 발과 어깨를 부딪치고 다닌다. 이것은 풍속이라는 점에서는 마찬가지다. 그러므로 사방 오랑캐의 예법이 다르지만 모두 군주를 존중하고 어버이를 사랑하며 형을 공경한다. 북방에 사는 험윤(獫狁)의 풍속은 중국과 상반되지만 모두 자식을 사랑하고 윗사람을 엄격하게 섬긴다. 새들이 줄을 지어 날고 짐승이 무리를 지어 사는 것을 누가 가르쳤겠는가?

❖ 공서화와 증삼은 모두 공자의 제자로 효성이 뛰어났으며, 삼묘는 중국 남방의 부족이고 강인은 서북쪽에 사는 유목민이었고, 험윤은 흉노를 말한다.

지역마다 풍속이 다르고 예법이 다르지만 궁극적인 지향점에서는 동일한 의미를 가지고 있음을 알 수 있다. 사람이 죽고 난 뒤에 처리하는 상례 문화를 보면 쉽게 이해할 수 있다. 일반적으로는 화장을 하거나 매장을 하는데 파푸아뉴기니 포레족의 경우 죽은 사람의 시신을 나누어 먹는 풍습이 있다고 한다. 이것은 죽은 사람이 산 사람의 일부가 되어 함께 존재한다고 믿었기 때문이다. 또한 티베트에는 천장(天葬)이나 조장(鳥葬)이라는 것이 있는데 죽은 사람의 시신을 가족과 승려들이 잘게 찢어 새의 밥으로 던져 주는 장례 방식이다. 이와 같이 화장이나 매장 또는 식인이나 조장의 풍습은 모두 방법은 다르지만 궁극적인 목적은 죽은 사람에 대한 애도를 나타내는 점에서는 동일한 것이다.

문화적 상대주의를 이해한다면 어떤 행동에 담겨 있는 방법의 차이에 대해서는 서로 인정하고 존중해야 한다. 비록 서로의 방법은 다르지만 궁극에 이르는 길은 하나로 통한다. 따라서 구별과 차별을 통해 문명과 야만으로 나누는 태도를 지양하고 만물은 일체이며 인간과 자연은 하나라는 보다 넓은 시야를 갖추어야 할 것이다.

 세상의 옳고 그름은 정해져 있지 않다. 세상 사람들이 각자 (자신의 입장에서) 옳은 것을 옳다고 하고 그른 것을 그르다고 한다. 각기 다른 것은 모든 사람이 자신은 옳고 남은 그르다고 생각하기 때문이다. 이것으로 보건대 일이 자신에게 맞는다고 하여 처음부터 옳은 것은 아니고 마음에 거슬린다고 해서 처음부터 그른 것은 아니다. 그러므로 옳은 것을 추구한다는 것은 도리를 추구하는 것이 아니요 자신에게 맞는 것을 추구하는 것에 다름 아니다. 그릇된 것을 제거하는 것은 잘못되고 왜곡된 것을 배척하는 것이 아니라 마음에 거슬리는 것을 제거하는 것이다. 나에게 거슬린다고 해서 반드시 남에게 맞지 않는 것도 아니고, 나에게 맞는 것이라고 해서 반드시 세속 사람들에게 거슬리는 것도 아니다. 지극히 옳은 것 가운데 (항상) 옳은 것은 그릇됨이 없고, 지극히 그릇된 것 가운데 (항상) 그릇된 것은 옳은 것이 없다. 이것이 진실한 옳고 그름이다. 만약 여기서는 옳은데 저기서는 그르며, 여기서는 그른데 저기서는 옳은 것은 한 번 옳고 한 번 그른 것에 불과하다. 이와 같이 한 번 옳고 한 번 그른 것은 한쪽으로 치우친 생각이다. 진실로 옳고 그른 것은 우주일 뿐이다. 이제 나는 옳은 것을 택해서 거기에 머물며 그른 것을 택해서 그것을 제거하고자 하는데, 세상에서 말하는 옳고 그름을 알 수 없어서 어느 것이 옳고 어느 것이 그른지 모르겠다.

✤ 옳고 그름은 무엇인가? 조선 시대의 명재상이었던 황희의 예화는 이와 관련해서 재미있는 진실을 알려 준다. 어느 날 황희가 집에 들어오니 두 시종이 다투고 있었다. 황희는 두 사람의 말을 듣고는 두 사람에게 모두 네가 옳다고 말했다. 그리자 옆에서 듣고 있던 사람이 둘 다 옳다면 말이 되지 않다고 하자 이번에는 그의 말도 옳다

고 했다. 어떻게 들으면 모순된 이야기지만 황희의 말이 진실로 옳은 것일 수 있다. 그 이유는 세상에서 흔히 말하는 옳은 것은 각자가 판단하는 경우가 대부분이기 때문에 그들의 입장에서 본다면 모두 옳은 이야기다. 그러니 옳고 그름을 상대적으로 본다면 너도 옳고 나도 옳다는 결론이 나올 수 있다. 하지만 이 글에서는 옳은 것은 사람에 따라 달라지는 상대적 가치가 아니라 그 자체로 옳은 절대적 가치라고 주장한다. 그리고 이러한 절대적 가치를 지닌 것은 우주, 즉 자연의 이치라고 말한다. 사실 세속의 가치 기준으로 본다면 옳고 그름은 그 기준을 정하기 어렵다. 어제 옳았던 것이 오늘 그르게 될 수도 있고, 어제 그릇된 것이 오늘 옳을 수도 있다. 따라서 옳고 그름을 인간이 중심이 되어 상대적으로 규정하려고 들지 말아야 한다는 것이 이 구절의 핵심이다.

3. 본성을 지키려면 외물의 유혹을 벗어나라

무릇 사물을 가지고 사물을 다스리는 자는 사물로 하는 것이 아니라 화목함으로 다스리고, 화목함을 다스리는 자는 화목함이 아니라 사람으로 한다. 사람을 다스리는 자는 사람이 아니라 임금으로 한다. 임금을 다스리는 자는 임금이 아니라 욕망으로 한다. 욕망을 다스리는 자는 욕망이 아니라 본성으로 한다. 본성을 다스리는 자는 본성이 아니라 덕으로 한다. 덕을 다스리는 자는 덕으로 하지 않고 도로 한다. 사람의 본성이 황폐해지고 맑지 못한 것은 사물이 본성을 더럽혀서 그렇게 된 것이다.

✤ 사물, 화목함, 사람, 임금, 욕망, 본성, 덕, 도의 순서로 나아가는 과정을 살펴보면 궁극적인 문제는 외부의 사물 즉 외물에 달려 있다. 외물을 다스리지 못하면 다음 단계의 것을 자연스럽게 행할 수 없다. 외물로 인해 욕망이 생기고, 욕망은 본성을 해치는 원인이 된다. 본성이 손상되면 도와 덕은 자연히 사라지게 된다. 따라서 외물의 유혹에 흔들리지 않고 스스로의 마음을 비워 조화롭게 만들 수 있는 것이 가장 바람직한 본성을 유지하는 길이다.

슬픔을 가진 사람은 즐거운 노래를 들어도 눈물이 나고, 즐거움을 가진 사람은 슬프게 곡하는 사람을 보아도 웃음이 난다. 즐거운 일에 슬퍼하고 슬픈 일에 웃는 것은 마음속에 있는 감정이 그렇게 시키는 것이다. 그러므로 마음을 비우는 것을 귀하게 여기는 것이다. 물이 격돌하면 파도가 일어나고 기가 혼란하면 지혜가 어두워지는 것이다. 지혜기 어두워지면 정치를 할 수 없고, 물에 파도가 지면 평정을 유지할 수 없다. 그러므로 성왕은 하나를 굳게 잡아 잃지 않으니 만물의 실정을 이미 파악하게 되고, 사방 오랑캐와 온 천하가 그에게 복종하게 되었다. 이 '하나'는 지극히 귀하여 천하에 대적할 것이 없다. 성인이 대적할 수 없는 것에 자신을 맡기기 때문에 백성들도 그에게 목숨을 맡기는 것이다.

✤ 이 구절 역시 앞 구절에 이어서 외물의 유혹에서 벗어나야 지혜로워지고 백성을 제대로 다스릴 수 있음을 강조하고 있다. 따라서 마음을 비우고 외물에 의해 흔들리지 않는 사람이 바로 천하를 바르게 다스릴 수 있는 성인이다. 여기서 말하는 '하나'는 마음을 비우는 일 또는 무(無)라고 보면 된다. 무엇인가 바라는 것이 있는 사람은 그로 인해 할 말도 하지 못하고 행동도 제약이 따른다. 그러나 마음이 텅 빈 사람은 무엇을 하고자 하는 것도 바라는 것도 없기 때문에 모든 것에 대응할 수 있고 포용할 수 있다. 성인은 바로 마음을 비우고 있기 때문에 백성이 그를 따르고 정치를 맡길 수 있는 것이다.

그렇다면 마음을 비우는 것은 어떤 것일까? 그것은 바로 인위적으로 무엇을 하겠다는 생각을 갖지 않는 것을 말한다. 기쁨과 슬픔, 옳고 그름에 휩쓸리지 않고 부귀영화 등을 누리겠다는 욕심을 버리면 사람은 어떤 상황이 닥쳐도 대응할 수 있게 된다. 하지만 옳고 그름에 대한 기준을 마음에 새기고 있거나 부귀영화를 추구하고자 하는 마음이 있으면 모든 일마다 옳고 그름을 적용하려 들 것이고 더 많은 재화를 추구하기 위해 다툼을 일삼게 될 것이다. 따라서 마음을 비우는 일이란 인간이 가진 욕심을 제거하고 본래의 타고난 어린아이와 같은 마음을 갖는 것이다.

4. 식견이 넓어야 도를 말할 수 있다

질박함이 지극히 큰 것은 형체가 없고, 도가 지극히 오묘한 것은 헤아릴 수 없다. 그러므로 하늘의 둥근 모습은 원을 그리는 그림쇠로 잴 수 없고, 땅의 모난 모습은 자로 잴 수 없다. 예로부터 지금까지를 주(宙)라 하고, 사방과 상하를 우(宇)라 한다. 도는 우주 사이에 있지만 그 위치를 알 수 없다. 그러므로 멀리 내다보는 식견이 없는 사람과는 큰 것에 대해 말할 수 없고, 지혜가 좁은 사람과는 지극한 것을 논할 수 없다.

✤ 이 구절은 다시 도를 우주와 연관해서 설명하는 부분이다. 우주는 시간과 공간을 모두 내포한 개념으로 천지 만물이 존재하는 시공간이라고 할 수 있다. 도는 이런 우주에 있지만 지극히 오묘해서 어디에 있는지 알 수 없다는 것이다. 도는 인간의 인식 범위를 넘어선 존재이고 만물의 근원이므로 어느 곳에나 존재하면서 그 형체를 파

악할 수 없다. 장자는 도가 어디 있느냐는 질문에 하찮은 곤충이나 기왓장에도 있고 심지어 오줌이나 똥에도 있다고 했다. 하찮은 물건에 있다고 해서 도가 아닌 것은 아니다. 도는 세상 만물 모든 것에 존재하기 때문이다.

바다를 보지 않은 사람에게 아무리 바다를 설명해도 잘 이해할 수 없고 높은 산을 보지 못한 사람에게 히말라야를 얘기해도 잘 알 수 없다. 오늘날에야 통신이 발달해서 앉아서도 사진이나 영상을 통해 알 수 있지만《회남자》를 저술하던 과거에는 엄두도 못 낼 일이다. 그래서 도를 이해하는 것은 지혜가 큰 사람이나 식견이 많은 사람이나 가능하다는 말이 나온 것이다. 물론 이런 사람은 직간접의 경험과 지식을 축적해서 큰 지혜를 이루고 궁극에는 그것을 종합해서 얻은 무지, 무위의 경지에 들어가게 된다. 처음부터 아무것도 모르는 상태에서는 무지의 경지에 들어갈 수 없다. 그러므로 큰 지혜를 얻기 위해 마음을 비우고 외물의 유혹을 이겨 내라는 뜻이다.

12편

도응훈 道應訓

도에 대응하는 방법

이 편에서는 도에 대한 질문과 응답을 통해 도의 본질을 논하고 있다. 지나간 성인들의 자취를 수집하고 분석해 화복의 근원을 설명하면서 그 이익과 해로움의 차이가 어디에 있는지를 말해 주고 있다. 특히 이해득실의 내용이나 실상을 노자와 장자에 의해 풀고 있다.

1. 아는 것과 모르는 것의 차이

태청(太淸)이 무궁(無窮)에게 "그대는 도를 아는가?"라고 묻자, 무궁이 "나는 도를 알지 못합니다."라고 대답했다. 또 무위(無 爲)에게 "그대는 도를 아는가?"라고 묻자, 무위가 "나는 도를 압니다." 라고 대답했다. 그러자 태청이 "그대가 도를 알게 된 데는 방법이 있는 가?"라고 묻자, 무위가 "내가 도를 아는 데는 방법이 있습니다."라고 대답했다. 태청이 말하기를 "그 방법이 대체 무엇인가?"라고 하자, 무위가 "나는 도가 약해질 수도 있고 강해질 수도 있으며, 부드러워질 수도 있고 굳세질 수도 있으며, 음이 될 수도 있고 양으로 될 수도 있으며, 어두워 질 수도 있고 밝아질 수도 있으며, 천지를 포용할 수도 있고 방향조차 알수 없는 미세한 것에 응대할 수도 있다는 것을 압니다. 이것이 바로 도를 아는 방법입니다."라고 대답했다.

태청이 또 무시(無始)에게 물었다. "지난번에 내가 무궁에게 도에 대해 묻자 '나는 모릅니다.'라고 대답했고, 또 무위에게 묻자 '나는 도를 압니다.'라고 말했다. 그래서 '그대가 도를 아는 데 방법이 있는가?'라고 묻자 무위가 '내가 도를 아는 데는 방법이 있습니다.'라고 했다. '그 방법이 어떤 것이냐?'라고 묻자 무위가 말하기를 '나는 도가 약해질 수도 있고 강해질 수도 있으며, 부드러워질 수도 있고 굳세질 수도 있으며, 음이 될수도 있고 양으로 될 수도 있으며, 어두워질 수도 있고 밝아질 수도 있으며, 천지를 포용할 수도 있고 방향조차 알 수 없는 미세한 것에 응대할 수도 있다는 것을 압니다. 이것이 바로 도를 아는 방법입니다.'라고 대답했다. 이와 같다면 무위가 아는 것과 무궁이 알지 못하는 것 가운데 누가 옳고 누가 그른 것인가?"

무시가 대답했다. "모른다는 말이 깊이 있는 것이고, 안다고 말하는 것은 천박한 것입니다. 모른다는 것은 내면을 모른다고 하는 것이고, 안다는 것은 외면을 아는 것에 불과합니다. 모른다는 것은 정밀한 것을 모른다는 말이고, 안다는 것은 대강만을 아는 것입니다."

태청이 고개를 들고 탄식하며 말했다. "그렇다면 모르는 것이 곧 아는 것이고, 아는 것이 곧 모르는 것이라는 말인가? 아는 것이 모르는 것이고 모르는 것이 아는 것임을 누가 아는가?"

무시가 말했다. "도는 들을 수 없는 것이니 들을 수 있다면 도가 아닙니다. 도는 볼 수 없는 것이니 볼 수 있다면 역시 도가 아닙니다. 도는 말로 표현할 수 없는 것이니 말로 표현할 수 있다면 도가 아닙니다. 형체가 있는 것이 곧 형체가 없는 것임을 누가 알겠습니까? 그러므로 노자는 '세상 사람들이 모두 착하다고 여기는 것을 착하다고 말하지만 이는 진정한 착함을 뜻하는 것이 아니다. 그러므로 아는 사람은 말하지 않고 말하는 사람은 알지 못한다.'라고 말했습니다."

✦ 《회남자》에서 도에 대한 설명 가운데 가장 잘 표현된 곳이 바로

이 구절이다. 굳이 많은 해설이나 사족을 달지 않아도 이해하기에 충분하게 설명되어 있다. 여기서 태청이나 무궁, 무위, 무시 등의 개념어는 그것을 의인화해서 쓴 것이니 그 의미에 신경 쓸 필요는 없을 듯하다. 다만 여기서 말하는 아는 것과 모르는 것의 차이에 대해 한 번 생각해 보는 것이 좋을 것 같다.

　이 글에서는 역설적 표현을 사용해서 도에 대해 안다고 말하는 것은 도의 외면일 뿐 도의 본질을 아는 것이 아니라고 말한다. 그래서 도에 대해 모른다고 말하는 것이 도리어 진정으로 아는 것이라고 주장한다. 사실 앎이라고 하는 것은 어떤 의미에서는 자기 자신이 해석하고 판단한다는 것을 말한다. 누군가 어떤 것을 알고 있다면 그것이 어떤 것인지 그 사람의 뇌리를 완전히 들여다보지 않는 이상 정확하게 알 수 없다. 설령 뇌리를 다 살폈다고 해도 마음에 담긴 것은 더더욱 알 수 없다. 따라서 안다고 하는 것은 주관적인 것일 뿐 객관성을 지니기 어려운 것이 사실이다. 그렇기 때문에 도에 대해서 안다고 내세운다면 그것은 모르면서 안다고 하는 것일 수도 있고, 본질보다는 부분이나 말단, 즉 외면만 안다는 것일 수도 있다. 사실 노자의 말처럼 아는 사람은 안다고 자랑하지 않을 것이니 누군가 안다고 할 때 우리는 그것을 말 그대로 받아들여서는 안 된다. 더구나 도와 같이 말로 설명하기 어려운 개념일수록 더욱 그러하다는 뜻이다. 뒷부분에 니오는 노자의 말은 《도덕경》 2장과 56장에서 일부분을 인용한 것이다.

2. 다른 사람의 자질을 활용하라

옛날에 요 임금을 보좌한 사람은 아홉 명, 순을 보좌한 사람은 일곱 명, 무왕을 보좌한 사람은 다섯 명이었다. 요·순·무왕은 이 신하들보다 한 가지 일도 잘하는 것이 없었다. 그런데도 팔짱을 끼고 성공을 한 것은 다른 사람의 자질을 잘 이용했기 때문이다. 그러므로 사람이 천리마와 달리기를 하면 천리마를 이길 수 없지만 수레 위에 타고 가면 천리마도 사람을 이길 수 없다. 북방에 짐승이 있는데 그 이름을 궐(蟨)이라고 한다. 앞발은 쥐와 같고 뒷발은 토끼와 같아서 종종걸음을 치면 넘어지고 달려가면 엎어졌다. 궐은 항상 공공(蛩蛩)과 거허(駏驉)를 위하여 맛있는 풀을 구해다 주었다. 궐이 우환이 있으면 공공과 거허가 반드시 궐을 등에 업고 달렸다. 이것은 할 수 있는 것으로 할 수 없는 것에 의지한 것이다. 그러므로 노자가 말하기를 "경지에 이른 큰 목수를 대신해서 나무를 깎는 사람은 그 손을 다치지 않는 경우가 매우 드물다."라고 했다.

✤ 아무리 성군이라고 하더라도 혼자 나라를 다스릴 수는 없다. 요·순·무왕과 같은 성인도 그들을 보좌하는 신하들이 있었기에 훌륭한 정치를 할 수 있었다. 신하의 장단점을 잘 헤아리고 재능을 판단해서 적재적소에 등용하는 것이 군주의 용인술이다. 자신에게 부

족한 것을 신하를 통해 보충하고 다른 사람의 장점을 충분히 활용할 줄 안다면 나라를 다스리는 일은 어렵지 않을 것이다. 국가를 다스리는 일과 마찬가지로 어느 조직이나 집단에서도 상호간의 장단점을 보완할 수 있는 인적 구성이 된다면 상하가 조화를 이루게 되고 조직도 성공할 수 있을 것이다. 개인의 적성과 재능을 충분히 발휘하도록 하는 것은 교육 분야에서도 적용되는 이론이다. 평준화된 교육이 아니라 개인의 특성을 반영한 교육이 이루어졌을 때 효과도 극대화되는 것이다. 노자의 말은 《도덕경》 74장에 나온다. 공공과 거허는 모두 앞발이 길고 뒷다리가 짧아서 잘 달릴 수 있는 신화 속의 동물이다.

3. 전쟁에 승리하면 교만해지고, 교만해지면 망한다

위(魏)나라 무후가 이극(李克)에게 물었다.
"오나라가 멸망한 원인이 무엇이오?"
이극이 대답했다.
"자주 전쟁을 했고, 자주 승리했기 때문입니다."
무후가 말했다.
"자주 전쟁을 하고 자주 승리했다면 나라의 복일 텐데 유독 멸망한 것은 무슨 까닭인가?"

이극이 대답했다.

"자주 전쟁을 하면 백성들이 힘들어지고, 자주 승리하면 군주가 교만해집니다. 교만한 군주가 힘든 백성을 부리면서 나라가 멸망하지 않는 경우는 세상에 드문 일입니다."

교만하면 방자하게 되고, 방자하면 모든 일이 끝나게 된다. 백성이 힘들면 원망하게 되고, 원망하면 생각이 끝이 없게 된다. 상하가 모두 극에 이르렀는데 오나라가 멸망한 것은 오히려 늦은 것이며, 이것은 부차가 간수에서 스스로 목을 맨 까닭이기도 하다. 그러므로 노자가 말하기를 "공을 이루고 명예를 완성한 뒤에는 스스로 물러나는 것이 하늘의 도다."라고 했다.

✤ 이 글처럼 〈도응훈〉편은 많은 고사들을 인용해서 여러 나라의 흥망이나 사람의 길흉화복을 이야기한다. 여기에 나오는 이극은 전국 시대 초기에 위나라의 부국강병을 이룬 명재상으로 이름난 사람인데 유가 사상과 법가 사상을 두루 갖춘 사람으로 알려져 있다. 오나라의 왕 부차와 월나라의 구천은 춘추 시대 군주들로 와신상담의 고사로 유명하다. 구천이 부차의 아버지를 죽게 만들어 장작 위에서 자고 쓸개를 핥으면서 복수를 다짐한 부차는 전쟁에 승리하자 구천을 죽이라는 오자서의 말을 듣지 않고 구천과 화의를 했다. 마침내 부차가 제후의 우두머리인 패자가 되었을 때 구천은 설욕의 기회를

엿보다가 부차가 진(晉)나라와 전쟁을 벌이고 있는 틈을 이용해 오나라를 쳐들어갔다. 진나라와 전쟁으로 부차의 군대는 지치고 백성들도 궁핍해져 구천의 공격에 힘없이 무너지고 말았다. 그리고 부차는 오자서의 말을 듣지 않은 것을 후회하며 자살하고 오나라는 멸망하고 말았다.

춘추 전국 시대의 국가들은 이웃 나라를 침범해 영토를 확장하는 데 혈안이 되어 있었는데, 그 밑바탕에는 대부분 군주의 욕심이 자리 잡고 있었다. 전쟁이 끊이지 않는 바람에 백성들의 삶은 피폐해지고 패자가 된 군주들 가운데 상당수는 자만에 빠져 멸망하는 경우가 많았다. 맹자는 당시의 상황을 "이익을 앞세우는 사람은 남의 것을 빼앗지 않고는 만족하지 못한다."라고 표현했다.

이처럼 군주의 욕심으로 자주 전쟁을 벌이면 나라를 잃는 불행을 겪을 수도 있으니 그만큼 욕심을 줄이고 자연스러운 본성에 따라 통치하는 것이 최상의 선택이라는 것이 이 글의 요지다. 따라서 머물 때 머물고 물러날 때 물러날 줄 아는 지혜가 필요하고 그것이 바로 자연의 법칙이다. 노자의 말은 《도덕경》 9장에 나온다.

4. 성인의 글은 성인이 남긴 찌꺼기다

 제나라 환공이 당상에서 독서를 하고 있을 때 수레 만드는 장인인 윤편이 당하에서 수레바퀴를 깎고 있었다. 윤편이 망치와 끌을 놓고서 환공에게 물었다.

"임금께서 읽고 계신 책은 어떤 책입니까?"

환공이 말했다.

"성인의 글이다."

윤편이 말했다.

"그 성인은 지금 어디에 계십니까?"

환공이 말했다.

"이미 죽었다."

윤편이 말했다.

"그러면 그것은 성인의 찌꺼기일 뿐입니다."

환공이 화를 내는 얼굴빛을 하며 말했다.

"과인이 독서를 하는데 일개 목수가 어찌 나에게 충고를 하는가? 대답을 잘하면 괜찮지만 말을 제대로 하지 못하면 죽이겠다."

윤편이 말했다.

"그렇다면 말을 하겠습니다. 신은 제가 깎고 있는 수레바퀴로 예를 들어 설명하겠습니다. 너무 조급하게 수레바퀴를 깎으면 좁아서 들어가지 않고, 너무 오랫동안 깎으면 넓어서 고정시키기 어렵습니다. 넓지도 좁지도 않게 손놀림에 따르고 마음이 가는 대로 따라야 오묘한 경지에 이를 수 있습니다. 이것은 저도 제 자식에게 가르칠 수 없고, 저의 자식 또한 이러한 기술을 저에게 배울 수 없습니다. 이런 이유 때문에 늙어 70이 되도록 수레바퀴를 만드는 것입니다. 지금 성인이 말한 것도 역시 그 진짜 내용은 성인의 가슴속에 품고 결국에는 죽었기 때문에 오직 그 찌꺼기만 남았을 뿐입니다."

그러므로 노자가 말하기를 "말로 표현할 수 있는 도는 진정한 도가 아니고 붙여진 이름은 본래의 이름이 아니다."라고 했다.

✤ 옛 성현의 글을 읽는 것은 그들의 삶과 지혜를 배우기 위한 것이다. 그런데 성현들의 지혜가 모두 글로 표현되는 것은 아니다. 오히려 성인이 살아서 이룬 진정한 깨달음은 가슴속에 묻고 죽어서 글로 남긴 것은 제자들이 기록한 성인의 찌꺼기에 불과한 것인지도 모른다. 노자가 말로 표현할 수 있는 도는 도가 아니라고 한 것도 바로 이러한 이유 때문이다. 모든 진리를 말로 표현할 수 있다면 좋겠지만 불교의 이심전심(以心傳心)처럼 말이나 글로 되지 않는 부분도 많다. 특히 도와 같은 무형의 존재는 어떠한 말로도 형용하기 힘든 것이다. 노자의 말은 《도덕경》 1장에 나오는 유명한 말이다.

독서상우(讀書尙友)라는 고사가 있는데, 책을 읽음으로써 옛 현인들과 벗이 될 수 있다는 뜻으로 《맹자》에 나오는 고사다. 이미 세상을 떠난 성인을 만날 수 있는 유일한 방법은 그들이 남긴 글을 읽는 것뿐이니 비록 윤편이 찌꺼기라고 표현한 것일지라도 유일하게 성인과 대화를 나눌 방법은 그가 남긴 글을 읽는 수밖에 없다. 따라서 직접 성현을 만날 수 없다면 그들이 남긴 저술을 읽어서라도 가르침을 배우는 것이 마땅한 도리다. 그러나 성인의 말씀이라고 무조건 옳다고 따르는 것은 경계해야 할 지점일 것이다.

5. 군주는 스스로를 탓해야 한다

 진(晉)나라가 초나라를 침략할 때 90리를 진격하고도 멈추지 않았다. 초나라 대부들이 이를 반격할 것을 청하자 초나라 장왕이 말했다.

"선군 때에는 진나라가 초나라를 침략하지 않았소. 그런데 과인의 대에 이르러 진나라가 초나라를 침략하니 이것은 과인의 잘못이오. 이 치욕을 어떻게 해야 할 것인가!"

그러자 여러 대부들이 말했다.

"저희 조상 때에는 진나라가 초나라를 침략하지 않았습니다. 지금 저희들의 대에 이르러 진나라가 초나라를 침략하니 이것은 신들의 죄입니다. 진나라를 반격하도록 청하옵니다."

장왕은 머리를 숙이고 눈물을 흘려 옷을 적시며 일어나 여러 대부들에게 절을 했다. 진나라 사람들이 이 소문을 듣고 말했다.

"군주와 신하가 앞다투어 과실을 자신에게 돌리고, 또한 군주가 신하에게 굽히는 것을 가볍게 여기니 진나라가 초나라를 정벌할 수는 없을 것이다." 그리고 밤에 군대를 돌려 자기 나라로 돌아갔다.

그러므로 노자가 말하기를 "나라의 수치를 자기 몸에 받아들이는 자를 사직의 주인이라고 말한다."라고 했다.

✤ 이 글 역시 군주의 태도를 논하면서 노자의 말을 결론으로 제시하고 있다는 점에서 다른 구절들과 유사한 구조를 갖는다. 사실 국가를 경영하는 자는 모든 책임을 자신에게 돌릴 줄 알아야 한다. 자신의 잘못은 인정하지 않고 모두 남의 탓으로만 돌린다면 결국 책임질 사람은 아무도 없게 될 것이다. 이 글의 예에 나오는 초나라 장왕처럼 군주가 먼저 스스로의 잘못을 인정하면 신하들 역시 자신들의 잘못을 인정하게 되어 단합할 수 있다. 이렇게 군주와 신하가 일심동체가 된다면 그 나라는 결코 쉽게 넘보지 못하게 된다. 노자의 말은 《도덕경》 78장에 나오는데, 먼저 잘못을 인정할 수 있는 도량이 있어야 나라의 주인이 될 수 있다는 의미다.

맹자도 이와 비슷한 맥락에서 반구저기(反求諸己)라는 말을 했다.

"사람을 사랑하는 데 친해지지 않으면 자신의 어진 태도에 문제가 없는지 돌이켜 보고, 사람을 다스리는 데 다스려지지 않으면 자신의 지혜로움을 반성할 것이며, 사람을 예로써 대하는데 응답이 없으면 자신의 공경함을 돌이켜 보아야 한다. 행하고 얻지 못하는 것이 있거든 모두 돌이켜 자신에게서 구할 것이니 그 몸이 바르면 천하가 그에게 돌아올 것이다." 가톨릭 기도문에도 "내 탓이오."라는 구절이 나온다. 모두 남을 탓하지 말고 스스로를 탓해야 한다는 측면에서는 동서고금이 동일한 관점을 가지고 있다고 하겠다.

6. 세 가지 원망

고구 땅의 덕이 있는 노인이 손숙오에게 말했다.
"사람에게는 세 가지의 원망이 있는데 그대는 그것을 알고 있소?"

손숙오가 말했다.

"무엇을 말하는 것입니까?"

노인이 대답하여 말했다.

"작위가 높은 사람은 선비들이 질투하고, 벼슬이 큰 사람은 군주가 미워하며, 봉록이 많은 사람은 곳곳에서 원망이 그에게 올 것이오."

이에 손숙오가 말했다.

"내 작위가 더욱 높아질수록 내 뜻은 더욱 낮추고, 내 벼슬이 더욱 커질수록 내 개인적 욕심은 더욱 줄이며, 내 봉록이 더욱 많아질수록 내가 베푸는 것을 더욱 넓게 하겠습니다. 이렇게 하면 세 가지 원망을 면할 수 있습니까?"

그러므로 노자는 "귀한 것은 반드시 천한 것을 근본으로 삼고, 높은 것은 반드시 낮은 것을 기반으로 삼는다."라고 말했다.

✤ 손숙오는 춘추 시대 초나라의 명재상으로 초나라 장왕을 패자로 만든 인물이다. 손숙오는 초나라의 최고 벼슬인 영윤의 자리에 세 번이나 올라도 기뻐하지 않았고 또 세 번이나 그 자리에서 물러나면서도 서운하게 생각하지 않았다고 한다. 자신의 일에 충실할 뿐 부귀영화에 마음을 두지 않았기 때문이다. 임종할 때는 아들에게 만약 임금이 땅을 주거든 침이라는 쓸모없는 땅을 받으라고 했다. 좋은 땅은 누구나 바라지만 쓸모없는 땅은 아무도 시기하지 않기 때문이다. 그로 인해 자손들이 대대로 가문의 맥을 이을 수 있었다고 한다. 노자의 말은 《도덕경》 39장에 나온다.

자신은 아무런 잘못도 없는데 사람들에게 괜한 미움을 사는 경우가 있다. 그런 경우에는 위에서 말한 세 가지를 돌이켜 보아야 할 것이다. 작위나 벼슬이 높아졌음에도 겸손하지 않으면 반드시 화를 당

하게 될 것이고, 월급이 많은데도 베푸는 데 인색하면 원망을 사게
된다. 스스로 원망할 일을 만들지 않아도 그렇게 되는 데에는 반드시
이유가 있음을 알아야 한다.

7. 작은 재주도 쓸모가 있다

 초나라 장수 자발(子發)은 특기를 지닌 선비를 찾는 것을 좋아
했다. 초나라에 도둑질을 잘하는 사람이 자발을 찾아가서 말
했다.

"장군께서 특기를 가진 선비를 찾는다는 말을 들었습니다. 저는 도둑
질을 잘합니다. 이 기술을 인정하신다면 저를 병사로 삼아 주십시오."

자발이 그 말을 듣고 허리띠도 매지 않고 갓도 바르게 할 겨를도 없이
나가서 보고 예우했다. 옆에서 신하들이 간언했다.

"남의 물건을 훔치는 자는 천하의 도둑입니다. 어찌 그를 예우하시는
것입니까?"

자발이 말했다.

"이것은 그대들이 관여할 일이 아니다."

그 뒤에 얼마 지나지 않아 제나라가 전쟁을 일으켜 초나라에 쳐들어
왔다. 자발이 군대를 이끌고 대적했지만 병사들이 세 번이나 후퇴했다.

초나라의 어진 대부들이 모두 계책을 내고 정성을 다했지만 제나라 군사는 더욱 강해졌다. 이에 도둑질을 잘하는 자가 앞으로 나가 청했다.

"저에게 천한 특기가 있으니 장군을 위해서 사용하고자 합니다."

자발이 말했다.

"좋다."

그의 말에 질문도 하지 않고 보냈다. 도둑은 밤에 제나라 장군의 장막을 걷어서 자발에게 바쳤다. 자발은 사람을 시켜 장막을 돌려보내며 말했다.

"병사 중에 나무를 하러 나갔던 자가 장군의 장막을 구해 왔기에 집사를 시켜 돌려보냅니다."

다음 날 또다시 가서 베개를 훔쳐 왔다. 자발은 또 사람을 시켜 돌려보냈다. 또 다음 날에는 가서 비녀를 훔쳐 왔다. 자발은 또 사람을 시켜 돌려보냈다. 제나라 군사들은 이 소식을 듣고 크게 놀랐다. 제나라 장군과 관리늘이 서로 대책을 논의했다.

"오늘 돌아가지 않으면 초나라 군대가 아마 내 머리를 벨 것이다."

그리고 군대를 돌려 돌아갔다. 그러므로 비록 미미하고 천박한 일이라도 군주가 쓰는 데 달려 있을 뿐이다. 노자는 말하기를 "불선한 사람은 선한 사람의 바탕이 된다."라고 했다.

✤ 비록 하찮은 재주라도 귀중하게 쓰일 곳이 있듯이 세상에 존재

하는 모든 것은 자기만의 가치를 지니고 있다. 좋고 나쁨을 구분하는 것은 인간의 인위적 구분일 뿐이다. 도둑질하는 재주는 나쁜 재주에 해당하지만 그로 인해 적군을 후퇴시키는 매우 좋은 결과를 가져왔다. 무엇보다 재주를 천하게 여기지 않고 유용하게 사용하는 자발의 지혜가 그것을 가능하게 했다. 공자는 "세 사람이 길을 걸어가면 그 가운데 반드시 나의 스승이 있다."라고 했다. 좋은 사람을 보면 그대로 따라서 하면 되는 것이고, 나쁜 사람을 보면 그렇게 되지 않으려고 해야 한다는 말이다. 그러면 이 세상의 모든 일이 나의 스승이 되어 깨달음을 줄 것이다. 노자가 말한 것도 이러한 공자의 말과 서로 통하는 것이다.

노자의 말은 《도덕경》 27장에 나오는데, 착하다는 것과 착하지 않다는 것은 사람들이 갖는 주관적인 구별일 뿐 상황에 따라서는 그 반대인 경우도 많다. 그러므로 모든 존재는 그만의 존재 가치를 갖는다고 생각한다면 가치 판단에 대한 편견도 없애고 모든 상황에 따라서 지혜롭게 대처할 수 있다는 뜻이다.

13편
범론훈氾論訓
조화로움의 극치

　이 편에서는 뜯어진 솔기를 붙이고 어긋난 틈새를 메우듯이 시대에 따라
달라지는 예법과 제도를 널리 논해 왜곡된 도를 바로잡고 본래의 원천 속에
있는 대도를 더듬으며, 만물을 생성시키고 완성시키는 것은 조화로움에 있
음을 설명하고 있다. 사물과 사물의 조화, 인간과 인간의 조화, 사물과 인간
의 조화가 모두 지극할 때 만물은 자연스럽게 생성되고 소멸된다. 이러한 조
화를 통해 백성을 통치한다면 백성에게도 무한한 이익이 돌아갈 것임을 설
명하고 있다.

1. 예법과 제도는 시대에 따라 변한다

과거에 옳다고 여기던 도리도 (지금에 맞지 않으면) 따를 수 없고, 과거에 사용하던 기계도 의지할 수 없는 것처럼 선왕의 법도도 바꾸어야 한다. 상고 시대의 제도에는 혼례 때 자신을 주관자로 하지 않았는데 순(舜)이 부모에게 알리지 않고 스스로 아내를 맞이한 것은 예법에 어긋난다. 후계자로 장자를 세우는 것이 법도인데 문왕이 장남인 백읍고를 버리고 차남인 무왕을 세운 것은 제도에 어긋난 일이다. 예법에 "남자는 30세에 아내를 맞아들인다."라고 했는데, 문왕이 15세에 무왕을 낳았으니 법도에 맞지 않는다. 상례에서 하후씨는 동쪽 계단 위에 시신을 안치하고, 은나라 사람들은 두 기둥 사이에 안치했으며, 주나라 사람들은 서쪽 계단 위에 안치했다. 이것은 예가 같지 않기 때문이다. 유우씨는 와관(瓦棺, 점토를 구워 만든 관)을 사용했고, 하후씨는 벽돌 관을 쌓았으며, 은나라 사람들은 곽(槨, 관을 넣는 덧널)을 사용했고, 주나라 사람들은 관에 깃털 모양으로 장식했다. 이것은 매장하는 풍습이 다르기 때문이다. 하후씨는 어두워지는 시간에 제사를 지냈고, 은나라 사람들은 한낮에 제사를 지냈으며, 주나라 사람들은 해가 뜨는 아침에 제사를 지냈다. 이것은 제사 지내는 법도가 같지 않기 때문이다.

은나라는 하나라 제도를 바꾸었고, 주나라는 은나라 제도를 바꾸었으며, 춘추 시대는 주나라 제도를 바꾸었다. 하 · 은 · 주 삼대의 예(禮)가 다른데 어떻게 옛날의 예를 따르겠는가? 선생이 만들면 제자들은 이것을 따라야 하는가? 법치가 발생한 이유를 알면 때에 맞추어서 변화시킬 수 있고, 법치의 근원을 모르면 비록 옛것을 따르더라도 마침내 혼란하게 된다. 오늘날 세상의 법전은 시대에 따라 변화하고 예의는 풍속과 함께 바뀌는데, 학문을 하는 사람들은 선배들을 따라 학업을 계승하고 전적에 의거해 옛 가르침을 지키면서 이것이 아니면 다스려지지 않는다고 생각한다. 이것은 마치 네모난 자루를 잡고 둥근 구멍에 끼우는 것과 같은 일이어서 알맞게 고정시키려고 하지만 어려운 일이다. 지금 유가나 묵가의 학자들은 삼대의 융성함과 문왕과 무왕의 덕을 칭송하면서도 그것을 실천하지 않으니 이는 행할 수 없는 것을 말하는 데 불과하다. 지금의 세상을 비난하면서도 고치지 못하니 이는 그 비난하는 것을 행하는 것에 다름 아니다. 옳은 것을 칭송하면서 그릇된 것을 행하기 때문에 온종일 생각해도 통치에 도움이 안 되고, 몸과 마음을 힘들게 해도 군주에게 보탬이 되지 않는다.

✤ 유우씨와 하후씨는 요와 순 임금 이전부터 있었던 부족들을 말한다. 이 글의 요지는 인간이 만드는 제도나 예의, 법률 등은 영원불변한 것이 아니라 시대에 따라 변화하고 달라지기 때문에 옛것을 그대

로 따를 수 없다는 것이다. 시대가 변하면 그에 따라 변한다는 것은 자연의 법칙에도 합치된다. 공자도 옛것을 배워 새롭게 안다는 뜻의 온고지신(溫故知新)을 말했다. 간혹 이 말의 의미를 옛것을 고수하려는 것으로 착각하는 경우도 많은데, 공자의 말은 온고에 목적이 있는 것이 아니라 지신에 목적이 있다. 즉, 지신하기 위한 온고일 뿐이다. 온고에 매달리면 그것은 과거를 고집하는 것에 지나지 않기 때문이다. 과거는 미래로 나아가기 위한 발판이요 디딤돌이다. 과거가 없는 미래도 없지만 과거에만 매달려 살 수는 없다. 인간이 옛것을 배우는 것은 그대로 따르고자 하는 것이 아니라 옛것을 바탕으로 시대에 맞는 새로운 것을 창조하기 위함이다.

그런데 여기서 《회남자》는 유가나 묵가의 학자들은 대부분 과거의 제도나 법 등을 금과옥조로 여겨서 그것을 고치려 들지 않는다고 비판한다. 더구나 그들은 과거의 제도나 법을 옳다고 여기면서도 실제로 그것을 실천하지도 못하는 모순에 빠져 있다. 따라서 자신들조차 실행하지 못하는 것을 지키고 따르기보다는 시대의 변화에 맞는 것을 행하는 것이 옳은 일이라고 주장하고 있다. 공자는 "은나라는 하나라의 예를 본받았으므로 그 손익을 알 수 있으며, 주나라는 은나라의 예를 본받았으므로 그 손익을 알 수 있다. 혹시라도 주나라를 계승하는 나라가 있다면 비록 백 세대 뒤라도 알 수 있다."라고 말한 바 있다. 하나라에서 은나라와 주나라로 계승되는 사이에 버려야 할 것과 새롭게 창조되는 것이 있다는 의미를 내포하고 있다. 따라서 인간이 만든 다양한 제도와 형식은 불변하는 것이 아니므로 시공에 따라 적절하게 대응하고 새로운 것을 창조해야 한다.

2. 조화로움으로 만물이 생성된다

 천지의 기(氣) 가운데 화기(和氣, 조화로운 기운)보다 중요한 것이 없다. 화(和)란 음양이 균형을 이루고 낮과 밤이 나뉘어 만물을 생성하는 것이다. 만물은 춘분에 생성되어 추분에 완성되니 생성과 완성은 반드시 조화의 정기를 얻어야 한다. 그러므로 성인의 도는 관대하면서도 엄숙하고, 엄격하면서도 온화하며, 부드러우면서도 곧고, 사나우면서도 어진 것이다. 너무 강하면 부러지고, 너무 부드러우면 말린다. 성인은 강함과 부드러움 사이에 반듯하게 있기 때문에 도의 근본을 얻는다. 음기를 쌓으면 가라앉고, 양기를 쌓으면 위로 오른다. 음양이 서로 만나야 조화로움을 완성할 수 있다.

✤ 만물은 음양의 원리로 이루어진다. 강함과 부드러움, 낮과 밤, 남성과 여성, 양지와 음지 등 우리가 사는 세상과 우주 만물에는 모두 음양의 원리가 적용되고 음양의 작용에 의해 태어나고 자라며 쇠

퇴하고 죽는다. 따라서 모든 사물은 이러한 음양의 기운이 조화를 이룰 때 안정된 상태가 된다. 조화는 서로 다른 음양의 기가 각각의 상황에 맞추어 균형을 유지하고 결합하는 것을 말한다.

사실 한나라 초기에 가장 유행했던 사상이 바로 음양 사상이었다. 그래서 음양 사상은 비단 도가만이 아니라 유가 등의 제자백가에서도 중요하게 언급되고 있다. 음양 사상은 오행 사상과 결합되어 후대로 이어졌고 송나라 때 유가 철학자 주렴계는 만물의 근원을 설명하려고 태극도설을 만들었는데, 음양과 오행을 그림의 중앙에 배치하여 만물을 생성시키는 원리와 질료로 삼았다. 이후 음양오행 사상은 성리학의 중요한 이론으로도 자리 잡는다.

올빼미는 눈이 크지만 시력은 쥐보다 못하고, 노래기는 다리가 많지만 달리는 것은 뱀보다 못하다. 사물 가운데는 진실로 크면서도 작은 깃보다 못하고, 많으면서도 적은 것보다 못한 것이 있다. 강한 것이 약하게 되고, 약한 것이 강하게 되며, 위험한 것이 오히려 안전하게 되고, 보존되는 것이 오히려 망하게 되는 경우에 이르러서는 성인이 아니라면 누가 그것을 알 수 있겠는가?

대소(大小)와 존비(尊卑)는 논할 것도 없고 오직 도가 있는 것이 귀한 것이다. 어떻게 그것을 밝힐 수 있는가? 천자기 교외의 정자에 머물면 구경(九卿)은 종종걸음으로 걷고 대부들은 달려가며, 앉아 있던 사람들은 엎드리고 기대고 있던 사람들은 가지런히 자세를 잡는다. 그런데 이때 명당(明堂)과 태묘(太廟)에서는 관을 벗고 검을 풀어 놓으며 허리띠를 느슨하게 하고 누워서 쉬는 신하들이 있다. 교외의 정자가 크고 묘당이 협소해서 그런 것이 아니라 지극히 존귀한 존재가 머물러 있기 때문에 그런 것이다. 천도(天道)가 귀한 것은 단지 천자가 존귀하게 여기기 때문이 아니라 도가 있는 곳은 모든 사람이 우러러 보기 때문이다. 겨울잠을 자는 곤충과 까치집이 모두 하늘을 향하고 있는 것은 지극한 조화가 거기에 있기 때문이다. 제왕이 진실로 천도를 포용하고 지극한 조화의 기운과 합해진다면 금수와 초목도 그 혜택을 입지 않는 것이 없거늘 하물며 백성이야 말해 무엇하겠는가?

✦ 여기서 말하는 명당이란 왕이 신하들의 조회를 받는 전각을 말하며, 태묘는 제왕이 제사를 지내는 사당으로 이 둘을 합해서 묘당이라고도 부른다. 구경은 관료 가운데 삼공 다음의 고위 관료를 경이라 부르는데 9명이어서 9경이라 한다.

모든 사물에는 장단점이 있다. 한 사물의 장점이 다른 사물에겐 단점이 되기도 하고, 그 반대가 되기도 한다. 따라서 장점이 항상 장점이 될 수 없고, 단점이 항상 단점이 되지 않는다. 더구나 장점을 지녔다고 강하거나 오래 사는 것도 아니다. 이와 같이 자연의 오묘한 현상은 성인과 같은 현명한 사람이 아니면 알기 어렵다. 그리고 이렇

게 만물을 생성하고 변화시키는 힘은 도에서 나오는 것이니 도는 참
으로 오묘하다고 할 수 있다. 따라서 도를 체득하고 도의 조화를 아
는 군주가 세상을 다스린다면 만물도 번성하게 되고 백성도 그 혜택
을 입게 될 것이다.

 옛날에 소박한 두건을 쓰고 깃도 없는 목도리를 걸치고 천하의
왕 노릇을 한 자가 있었다. 그는 덕을 베풀어 백성을 살리기는
했어도 죽이지 않았으며, 백성들에게 주기만 하고 빼앗지 않았기에 천하
에 복종하지 않는 자가 없이 모두 그의 덕을 마음에 품었다. 이 시절에는
음양이 조화를 이루고 비와 바람이 절기에 맞게 내렸으며 만물이 번식하
고 까마귀와 까치의 집은 허리만 숙여도 찾을 수 있었고, 짐승은 재갈만
채워도 따라왔다. 어찌 반드시 옷자락이 넓고 허리띠가 크며 둥근 옷깃
과 반듯한 장보관을 써야 왕이 될 수 있겠는가?

✤ 의복과 외모를 꾸미지 않고 왕 노릇을 한다고 해도 백성들에게
덕을 베풀고 마음으로 복종하게 한다면 훌륭한 군주가 될 수 있다.
요·순은 임금이 되기 전에는 천하게 살면서 농사도 지으면서 허름
한 옷을 입었고 임금이 되어서도 검소하게 살았다고 한다. 그러나 후
대로 되면서 왕의 의복이나 관 등은 점차 화려하게 되었다. 그러나
진정한 제왕이라면 그러한 격식보다 소박한 모습을 간직한 채 백성

들에게 덕을 베풀어야 한다. 옷이 화려하고 격식에 맞는다고 반드시 왕 노릇을 잘하는 것은 아니기 때문이다. 장보관은 유생들이 쓰던 갓인데 당시 왕들도 쓰고 다닌 것 같다.

3. 선을 행하는 것보다 불선을 행하는 것이 어렵다

세상에서 선을 행하는 것보다 쉬운 일은 없고 불선을 행하는 것보다 어려운 일은 없다. 이른바 선을 행한다는 것은 고요하게 아무것도 하지 않는 것을 말하고, 불선을 행한다는 것은 조급하게 많은 욕심을 부리는 것이다. 자신의 뜻에 알맞게 하고 나머지를 사양하며, 좋아하는 것에 유혹당하지 않고, 본성에 따라 참된 것을 보존하여 자신을 변화시키지 않으므로 '선을 행하기가 쉽다'고 한다. 성곽을 넘고 험한 요새를 지나며, 부절(符節, 사신이나 장수에게 임금이 내린 신표로 둘로 쪼개어 그것이 서로 맞아야 명령을 내릴 수 있었음)을 거짓으로 꾸미고, 열쇠와 금인(金印, 황금으로 만든 도장으로 임금의 옥새)을 훔치고, 왕위를 찬탈하고 임금을 시해하며, 남을 속이고 무고하는 행위는 사람의 본성이 아니므로 '불선을 행하기가 어렵다'고 하는 것이다.

✤ 선과 불선을 본성에 따르느냐 욕망에 따르느냐에 의해 구분하고

있다. 본성은 고요하고 순박하기 때문에 아무것도 하지 않아도 선하게 되고, 욕망은 끊임없이 무엇인가를 인위적으로 행하기 때문에 불선하게 된다. 그런데 인간은 행하기 쉬운 선을 실천하지 않고 행하기 어려운 불선을 하는 경우가 많다.

특히 《회남자》에서는 전쟁을 통해 다른 나라를 침략하고 살상하는 행위를 대표적인 불선으로 규정하고 있다. 춘추 전국 시대의 혼란을 종식하고 진나라가 통일했지만 가혹한 법 집행과 억압에 반란이 일어나 다시 혼란에 빠졌다. 한나라가 세워지면서 혼란은 종식되었으나 한나라 초기만 해도 여전히 백성들에게 필요한 것은 마음의 휴식과 정신적 평안이었다. 이러한 상황 때문에 도가적 사유와 삶이 주류를 형성하게 되었고 《회남자》는 이러한 정황을 그대로 반영하고 있다고 하겠다.

14편
전언훈詮言訓
내면을 고요하게 하는 가르침

'전언'은 사리를 갖춘 말을 골라 낸 것이라는 의미다. 그래서 이 편에서는
《역경》,《시경》과 같은 유가의 경전과 《도덕경》의 말 가운데 일부를 선정해
서 그것을 설명하고 있다. 또한 우주의 근원인 태일(太一)에 대해 설명하고
있으며, 성인의 모습에 대해서 언급하고 있다. 나아가 세상사의 핵심을 지적
하고 치세와 난세의 요체를 밝히고 있다.

1. 우주의 근원은 태일이다

천지를 하나로 꿰뚫고 있으면서 혼돈과 질박함을 유지한 채 일 부러 만들어 내지 않으면서도 물체를 이루어 내는 것을 태일이 라 한다. 모두 하나의 근원에서 나왔지만 각기 만들어진 것이 달라 어떤 것은 새가 되고 어떤 것은 고기가 되며 어떤 것은 짐승이 되는데, 이것을 분물(分物)이라 한다. 만물은 같은 종류끼리 모이고 무리를 지어 나누어 지니 타고난 본성과 천명이 다르다. 모두 유(有)에서 형성되지만 서로 격리되어 있어 통하지 못하고, 나뉘어 만물이 되니 근원을 소급할 수 없다. 그러므로 살아서 움직이면 이것을 '생(生)'이라 하고, 죽어서 움직이지 않는 것을 '궁(窮)'이라 하는데 이것은 모두 사물이 된다. 사물이 아닌 것임에도 불구하고 사물을 사물답게 만드는 것은 없다. 사물을 사물답게 만드는 것은 만물 가운데는 없다. 오랜 태초의 일을 생각해 보면 사람은 무에서 태어나 유에서 형체를 받는데, 형체가 있으면 사물에게 제약을 받는다. 태어난 곳으로 돌아가 아직 형체를 갖추지 않은 사람을 진인이라고 하는데, 진인은 처음부터 태일에서 분리된 적이 없는 자다.

✚ 앞에서 이미 설명한 바 있듯이 만물의 근원은 태소 또는 허확이라고 했는데, 이것을 다시 태일이라 부르고 있다. 태일은 혼돈과 무의 상태인데, 어떤 작용을 하지 않으면서도 만물을 낳는다. 이렇게

무(태일)에서 유(만물)가 나오면서 형체가 생기게 되고 유사한 종끼리 분류되는데, 이것을 분물, 즉 사물의 나뉨이라고 말한다. 인간 또한 이런 만물의 한 가지라고 할 수 있는데, 오직 도를 체득한 사람인 진인만은 태일과 한 몸체라고 주장한다. 진인은 《장자》에 많이 등장하는데 도가적 성인을 이르는 말이다. 그런데 이 글을 보면 진인에 대해 《장자》보다 신비한 요소를 부여하고 있다. 이는 도가 사상이 도교로 변화하는 과정 속에 있어서 그러하지 않을까 싶다. 이 글 가운데는 "만물은 같은 종류끼리 모이고 무리를 지어 나누어진다."라는 말은 《주역》〈계사전〉에 나오는 말이다. 《주역》은 공자가 집대성한 유가의 경전 가운데 하나지만 고대 시대부터 세상의 이치와 변화를 설명한 책이었기에 여기서도 인용한 것으로 보인다. 물론 《주역》만이 아니라 《시경》에서도 인용하고 있는데, 그 내용은 유가적인 것이 아니라 도가적인 것으로 변용되고 있다. 아마도 유가적 소양을 쌓은 사람이 도가의 사상을 설명하기 위해 인용한 것으로 판단된다.

2. 성인은 무형과 무위에서 노닌다

성인은 명예의 주인이 되지 않고, 모략의 곳간이 되지 않으며, 일의 책임자가 되지 않고, 지략의 주인이 되지 않는다. 형체 없이 숨어 있고, 흔적 없이 다니며, 조짐 없이 노닌다. 복(福)의 선봉이 되지 않고 재앙의 근원이 되지 않으며, 허무에서 몸을 보존하고 부득이 할 때만 움직인다. 복을 바라는 사람이 간혹 재앙을 당하기도 하고, 이익을 바라는 사람이 간혹 해를 입기도 한다. 그러므로 아무것도 하지 않고 편안한 자가 편안한 근원을 잃으면 위태롭게 되고, 아무 일도 하지 않고 다스리는 자가 다스려지는 근원을 잃으면 혼란해진다. 별은 하늘에 펼쳐져 있으면서 빛나기 때문에 사람들이 손가락으로 가리키고, 의(義)는 덕에 펼쳐져 나타나기 때문에 사람들이 그것을 주시하는 것이다. 사람이 가리키는 별이 움직이면 궤적이 남게 되고, 사람이 주시하는 의가 행해지면 자취가 남게 된다. 별이 움직여 궤적만 남게 되면 비난하는 말이 생기고, 의를 행하여 자취만 남으면 논란이 생긴다. 그러므로 성인은 형체가 드러나지 않는 속에 총명함을 감추고, 무위로 자취를 숨기는 것이다. 용맹한 왕자 경기(慶忌)는 칼에 찔려 죽었고, 활을 잘 쏘는 예(羿)는 복숭아나무로 만든 몽둥이에 맞아 죽었고, 용맹한 자로는 위나라에서 젓갈로 담아져 죽었으며, 달변가인 소진(蘇秦)은 입 때문에 죽었다.

✦ 경기는 춘추 시대 오왕 요(僚)의 아들로 용맹한 인물이었다. 그런데 합려가 오왕을 죽이자 경기는 정나라로 망명했다. 장차 경기가 일을 도모할 것을 두려워한 합려는 요리라는 자객을 보내 경기를 칼로 암살했다. 예는 활을 잘 쏘는 명사수였는데 신하였던 한착이라는

인물의 계략에 의해 몽둥이로 살해당했다. 자로는 앞에서도 나왔듯이 공자의 제자인데 용맹했지만 반란 속에서 죽어 시신은 젓갈로 만들어졌다고 한다. 소진은 전국 시대 말 제후국들이 단결해서 강대국 진나라와 맞서자는 합종책을 제안한 사람인데 말을 잘하기로 소문이 나 있었지만 결국 말 때문에 암살당했다고 한다.

이상에서 설명한 사람들은 모두 무엇인가를 인위적으로 하려고 지혜를 발휘하거나 용맹함을 드러낸 사람들이다. 하지만 그 재주로 인해 죽임을 당하게 되었다. 그러니 진정한 지혜는 무위와 무사에서 나오는 것이며 성인은 그런 이치를 깨달아 무위와 무형의 삶을 산다는 것이다. 별이 모습을 드러내 흔적을 남기면 그 흔적을 둘러싸고 시비와 논란이 일어나고 의로움 또한 그러하니 성인은 도리어 자신의 지혜와 총명을 가리고 무위와 무사로써 대응할 뿐이다. 그래야 세상의 논란에 휩싸이지 않고 세상을 자연스럽게 이끌 수 있다는 말이다.

성인은 비난받을 행동을 하지 않지만 남이 자기를 비난해도 미워하지 않으며, 칭찬 받을 덕을 닦지만 남이 자신을 칭찬해 주기를 요구하지 않는다. 재앙이 오지 못하도록 할 수는 없지만 자신이 재앙을 당하지 않을 것이라고 믿고 있으며, 복이 반드시 오도록 할 수는 없지만 자신이 복을 물리치지 않을 것이라고 믿고 있다. 재앙이 닥쳐도 자신이 요구하여 이른 것이 아니므로 곤경에 빠져도 걱정하지 않고, 복이

다가와도 자신이 요구하여 이루어진 것이 아니므로 일이 잘 풀려도 자랑하지 않는다. 화복이 닥치는 것이 자신에게 있지 않다는 것을 알기 때문이다. 그러므로 한가로이 거처하면서도 즐기고, 무위하면서도 다스린다. 성인은 이미 가지고 있는 것을 지킬 뿐 얻지 못할 것을 추구하지 않는다. 얻지 못할 것을 추구하면 이미 가지고 있는 것마저 잃기 때문이다.

✤ "남이 알아주지 않아도 화를 내지 않는다."라는 《논어》의 말처럼 성인과 군자와 같은 사람들은 자신의 도리를 다할 뿐 그에 대한 보상을 원하지 않는다. 또한 화복에 대해서도 스스로 추구하거나 거부하려고 들지 않는다. 그저 자연스럽게 받아들일 뿐이다. 보통 사람들은 즐거운 일에 처하면 즐거워하고 불행한 일에 처하면 불행에 빠진다. 하지만 성인은 즐거움이나 불행을 의연하게 받아들이고 일희일비하지 않는다. 욕심을 버리고 마음을 비워 모든 것에 대해 달관하며 편안히게 즐기는 것이야말로 진정한 무위의 삶이라는 것을 강조한 구절이다.

 성인은 추한 것을 버리려는 마음이 없어도 마음에 추함이 없고, 아름다운 것을 취하려 하지 않아도 아름다움을 잃지 않는다. 그러므로 제사 지낼 때는 부모를 생각할 뿐 복을 구하지 않고, 손님을 접대할 때도 공경을 다할 뿐 덕을 생각하지 않는다. 오직 구하지 않는 사람이라야 그것을 소유할 수 있는 것이다. 높은 자리에 있는 사람은 공적인 도리를 가지고 일을 처리하고 사적인 마음을 가지지 않는다. 그렇기 때문에 존귀하다고 칭하는 것이지 어질다고 칭하지는 않는다. 큰 땅을 소유한 사람은 일정한 방법은 있지만 권모술수가 없다. 그렇기 때문에 공평하다고 칭하고 지혜롭다고 칭하지는 않는다. 안으로는 포악한 일로 백성에게 원망을 듣는 일이 없고, 밖으로는 어진 행실로 제후들에게 미움을 받는 일이 없으며, 상하의 예(禮)가 계승되어 서로 배반하지 않는다. 그러니 왈가왈부하는 사람들은 막연해서 보지 못한다. 이것을 바로 무형에 감춘다고 하는 것이다. 무형에 감춘 것이 아니라면 어찌 드러나지 않겠는가?

군자는 행실을 닦으면서도 선(善)이 소문나지 않도록 하고, 보시를 하면서도 인(仁)이 드러나지 않게 한다. 그러므로 선비는 선을 행하되 선의 유래를 알지 못하고, 백성은 충분히 이익을 누리면서도 이익의 출처를 알지 못한다. 그러하니 무위하면서도 저절로 다스려진다. 선이 드러나면 선비는 명예를 다투고 이익의 근원이 있으면 백성이 공을 다툰다. 두 가지 다툼이 생기면 비록 어진 사람이라도 다스릴 수 없다. 그러므로 성인은 선을 행하여도 자취를 감추고 인을 행해도 이름을 감춘다.

✤ 형체가 없는 것이 무형이다. 도는 형체가 없기 때문에 알 수 없다. 알 수 없지만 모든 것은 그 속에서 나온다. 성인은 바로 도와 함께 움직이고 도를 체득한 사람이니 그 또한 자신의 행위를 무형 속에 감춘다. 자신의 행위가 다른 사람에게 선이 되는지 은혜가 되는지에 대한 생각조차 하지 않고 오직 자연의 도에 따라 행하는 것, 그것이 바로 무형의 행위라 할 수 있다. 이런 행동에 칭송하는 말은 무의미하다.

의식적으로 선을 행하고 사랑을 베푸는 일도 쉬운 일이 아니다. 더구나 아무도 모르게 그것을 행하는 것은 더욱 어렵다. 이 단계를 뛰어넘어 선을 행하는지 사랑을 베푸는지에 대한 의식조차 없다면 그것이 바로 최상의 단계일 것이다. 선을 행하면서 명예를 구하거나 사랑을 베풀면서 타인을 의식한다면 인위적이고 가식적인 것에 불과하다. 그러므로 무형의 행위란 무의식적인 또는 자연스러운 마음에서만 가능하다. 맹자는 어린아이가 우물에 빠지려는 순간 어떤 목적을 가지고 아이를 구하는 것이 아니라 자신도 모르는 사이에 아이를 구하는데, 이것을 모든 사람이 타고난 측은지심이라고 했다. 성인이 행하는 무형의 일이란 바로 맹자가 말하는 타고난 본성에 따른 행동과 크게 다르지 않다. 그러므로 인간의 순수한 본성에 다가갈수록 무형의 일은 더욱 확장된다고 할 수 있다.

3. 내면을 고요하게 유지하라

천하를 소유할 수 있는 사람은 반드시 그 제후의 나라를 잃지 않고, 나라를 소유할 수 있는 사람은 반드시 신하의 집안을 잃지 않는다. 집안을 다스릴 수 있는 사람은 반드시 그 자신의 몸을 잃지 않고, 몸을 닦을 수 있는 사람은 반드시 그 마음을 잃지 않는다. 그 마음을 다스릴 수 있는 사람은 반드시 본성을 어그러지게 할 수 없고, 본성을 온전하게 할 수 있는 사람은 반드시 도에서 흔들리지 않는다. 그러므로 광성자(廣成子)가 말하기를 "내면을 신중하게 지키고 외면을 두루 차단해야 한다. 지식이 많으면 해가 될 뿐이다. 보지도 듣지도 말라. 고요하게 정신을 유지하면 형체도 스스로 바르게 될 것이다."라고 했다. 자신을 깨닫지 못하고 다른 것을 아는 경우는 없다. 그러므로 《주역》에서는 "주머니 끈을 묶듯이 하면 허물도 없으며 칭찬도 없으리라."라고 했다.

✤ 광성자는 《장자》에 나오는데 황제 시대의 인물로 도를 체득한 사람이라고 한다. 《주역》의 인용문은 곤괘(坤卦) 육사의 효사(爻辭)다. 이 글의 전체적인 의미는 내면을 다스리면 외형은 저절로 다스려지고, 내면을 고요하게 유지하고 외물의 유혹을 차단할 수 있어야 한다는 뜻이다. 또한 전반부는 《대학》에서 "사물의 이치가 연구된 다음에 앎이 지극해지고, 앎이 지극해진 다음에 뜻이 정성스러워지며, 뜻이

정성스러워진 다음에 마음이 바르게 되고, 마음이 바르게 된 다음에 몸이 닦여지고, 몸이 닦여진 다음에 집안이 가지런해지고, 집안이 가지런해진 다음에 나라가 다스려지고, 나라가 다스려진 다음에 온 천하가 평안해진다."라고 하는 말과 유사한 표현이다.

《주역》에서 인용한 글의 내용은 곤괘가 64괘 가운데 두 번째 괘로 모두 음으로 이루어져서 속이 완전히 비워진 상태로 해석한다. 그 때문에 속을 비우면 새로운 것을 받아들이는 법이니 모든 것을 포용한다는 의미를 지닌다. 곤괘의 설명 글인 괘사는 주머니에 모든 것을 다 담는 형상으로 표현되는데, 허심하기 때문에 주머니를 꽉 매면 허물도 없고 명예도 없게 된다는 뜻이다. 광성자의 말이나 주역의 인용문 모두 마음을 비우고 내면을 고요하게 하면 세상사를 원만하게 포용하고 해결할 수 있다는 뜻이다.

4. 바른 기운과 나쁜 기운

성인은 마음이 욕망을 이기고, 보통 사람은 욕망이 마음을 이긴다. 군자는 바른 기운을 행하고 소인은 나쁜 기운을 행한다. 안으로 본성에 편안하게 의지하고 밖으로 의(義)에 맞으며, 이치에 따라 움직이고 사물에 얽매이지 않는 것이 바른 기운이다. 맛있는 음식을 중시하고 좋은 소리와 여색에 빠지며, 기쁨과 노여움을 드러내고 뒷날의 근심거리를 돌아보지 않는 것이 나쁜 기운이다. 나쁜 것과 바른 것은 서로를 상하게 만들고 욕망과 본성은 서로를 해치는 것이므로 양립할 수 없다. 그래서 하나가 존재하면 다른 하나는 없어진다. 그러므로 성인은 욕망을 줄이고 본성에 따른다.

눈은 아름다운 색을 좋아하고, 귀는 아름다운 소리를 좋아하며, 입은 맛있는 음식을 좋아한다. 이러한 것들을 접하면서 좋아하기만 하고 이익과 해로움을 모르는 것이 욕망이다. 먹는 것이 몸에 편안하지 않고, 듣는 것이 도에 합치되지 않으며, 보는 것이 본성에 편안하지 않으면 이 세 가지 감각 기관이 서로 다투게 되는데, 이것을 의로 제어하는 것이 마음이다.

✤ 여기서는 마음(본성)과 욕망, 바른 기운(正氣)과 나쁜 기운(邪氣)을 대비해서 순수한 마음의 상태인 본성을 지키고 바른 기운을 쌓을 것을 권하고 있다. 여기서 주장하는 것에 따르면 본성과 욕망은 서로 상반된 속성이니 서로 양립할 수 없다. 따라서 본성을 따르면 선하고 욕망을 따르면 악이 되는 것이니, 성인과 같이 득도한 사람은 바른 기운과 선한 본성에 따르고 보통 사람이나 소인은 나쁜 기운과 욕망을 추구하게 된다.

하지만 현실을 돌아보면 인간의 삶에는 두 가지 모습이 모두 존재한다. 때로는 스스로의 선한 본성을 따르려고도 하고 때로는 욕망의 늪에 빠지기도 한다. 그러니 인간은 선악과 정사의 양면을 지닌 존재라고 할 수 있다. 사실 아름다운 소리와 맛있는 음식을 싫어하는 사람은 없다. 그러나 이런 감각적인 즐거움에 지나치게 빠지면 인간은 순수한 인간적 가치를 잃기가 쉽다. 욕망이 마음의 순수함을 억누르기 때문이다. 고막이 터질 듯하게 들리는 음악 속에서 미친 듯이 춤을 추는 사람이나 음식을 절제하지 못하고 배가 터지도록 즐기는 사람은 그 순간에는 즐거움에 빠질지 모르지만 마음과 욕망, 정신과 육체의 균형과 조화를 잃어버리기 마련이다.

오늘날 현대인들은 다양한 음악과 다채로운 음식 등 감각을 자극하는 유혹에 무방비로 노출되어 있다. 텔레비전을 틀든 인터넷에 들어가든 사람의 감각적인 욕망을 부추기는 프로그램이 즐비하다. 인간의 삶에서 음악과 음식 또한 매우 필요한 것이기는 하지만 지나친 탐닉은 정신을 산만하게 하거나 정신적 공황을 불러오는 경우도 많다. 그러므로 욕망에 자신을 맡기면 그것이 주는 해악을 깨닫기가 힘들다. 무엇이 진정한 인간적 삶인지를 생각하면서 육체적인 즐거움과 감각적 욕망을 절제하고 그런 것과 일정한 거리를 유지하는 현명한 처신이 중요할 것이다.

마음에 근심이 있는 사람은 대나무 침상이나 요를 깐 자리 위에서도 편안하지 못하고, 향기로운 밥이나 소고기도 달지 않으며, 피리 같은 악기 소리도 즐겁지 않다. 우환이 제거된 뒤에야 먹는 것이 달고 잠자리가 편안해지며, 거처가 안정되고 노는 것도 즐겁게 된다. 이로 말미암아 본다면 삶에는 즐거움이 있고 죽음에는 슬픔이 있는 것이다. 지금 본성이 즐길 수 없는 것을 힘써 늘이면 본성이 즐겁게 여기는 것을 해치게 된다. 그러므로 비록 부유해서 천하를 소유하고 귀해서 천자가 되더라도 슬픈 사람이 되고 말 것이다.

♣ 아무리 부귀영화를 누린다고 해도 마음이 편하지 않으면 즐길 수가 없다. 즉, 물질적 풍요가 행복의 조건이 되지 않는다. 세계의 모든 성인들이 일관되게 말하고 있는 것은 마음에 관한 것이다. '마음을 비워라,' '마음의 평온을 찾아라,' '마음이 우주다' 등등의 말이 모두 그러한 것들이다. 그런 까닭에 인간에게 가장 중요한 것은 마음의 상태일 것이다. 근심이나 걱정도 바라는 것이 뜻대로 되지 않았을 때 발생하는 마음의 문제가 아닌가. 그러니 무엇을 이루려고 안달하거나 무엇을 소유하려고 욕심 부리지 않으면서 자신의 본성에 따라 물 흐르듯이 간다면 마음은 항상 최고의 즐거움에 도달할 것이다.

물질이 인간에게 행복을 준다면 돈이 많은 부자가 가장 행복할 것이고, 명예가 인간을 존중받게 만든다면 왕은 가장 존중받는 사람이

어야 한다. 하지만 불행한 부자와 존중받지 못하는 위정자가 많다는 사실은 너무도 명백하다. 거액의 복권에 당첨되면 누구나 행복할 것 같지만 복권의 저주라는 말이 생겨날 정도로 70% 이상의 사람들은 불행하게 되었다고 한다. 그 이유는 갑자기 돈이 많아지면서 예전에는 하지 않았던 고민이나 근심이 생겨서라고 한다. 그러니 마음의 행복을 찾는 방법은 아주 쉽고 가까운 곳에 있다. 무언가를 차지하려는 욕심, 무언가를 누리려는 경쟁심을 내려놓는다면 행복은 스스로 찾아올 것이기 때문이다.

5. 하나로 집중하라

장사하는 사람이 벌여 놓은 일이 많으면 가난하게 되고, 장인이 기술이 많으면 곤궁하게 된다. 그러므로 큰 나무는 가시가 해를 입고, 큰물은 깊은 곳에 해가 닥친다. 지혜만 있고 술수가 없으면 비록 구멍을 내도 통하지 않고, 백 가지 기술이 있어도 한 가지 도가 없으면 비록 얻더라도 지킬 수가 없다.

❀ 재주가 많으면 기난히게 산다는 말이 있는 반면 한 우물을 파라는 말이 있다. 재주가 많으면 하나에 마음을 쏟지 못하듯이 많은 일

을 번거롭게 벌여 놓으면 정신이 산만하게 될 것이다. 능력이 부족한 사람도 한 우물을 파면 반드시 성공할 수 있는 것은 그 때문이다.

성리학에서는 정신을 하나로 모으고 다른 곳에 흔들리지 않는 것을 '경(敬)'이라고 한다. 주자는 이것을 주일무적(主一無適)이라고 불렀다. 즉, 정신을 하나의 중심으로 모아 흐트러짐이 없는 상태를 말한다. 학문을 할 때는 학문에 집중하고 일을 할 때는 일에 집중하는 것이 경의 상태다. 이처럼 어떤 일에서나 하나에 집중해서 끊임없이 갈고 닦는다면 일정한 경지에 도달하게 될 것이다.

15편

병략훈 兵略訓

전쟁에 대한 가르침

15편
병략훈兵略訓
전쟁에 대한 가르침

이 편에서는 전쟁에 관한 도가적 방법론을 이야기하고 있다. 전쟁에서 승리하는 방법, 공격하는 전술과 적을 속이는 방법에 대해 밝히고, 고대의 전쟁과 지금의 전쟁을 비교하며 그 핵심을 설명하고 있다. 나아가 전쟁을 하고 다투는 것은 도가 아니므로 행해서는 안 된다는 사실을 알게 하고, 남을 공격하고 취하는 것은 덕이 아니므로 억지로 해서는 안 된다는 사실을 밝힌다. 이 편에서도 유가의 주장을 인용해서 도가적인 병법을 설명하는 방식을 취하고 있다.

1. 전쟁의 기원은 탐욕이다

고대의 전쟁은 영토를 넓히는 것을 이롭게 여기거나 보물을 빼앗고자 하는 것이 아니라, 장차 망해 가는 나라를 보존하고 끊어진 대를 이어 주어 천하의 혼란을 평정하고, 모든 백성의 해로움을 제거하기 위한 것이었다. 혈기가 있는 동물은 어금니가 있고 뿔이 나며 앞발톱과 뒷발톱이 있다. 뿔이 달린 것은 들이받고, 이빨이 있는 것은 물고, 독이 있는 것은 쏘며, 발굽이 달린 것은 걷어찬다. 기쁘면 서로 잘 놀지만 화가 나면 서로를 해치는데 이것이 바로 천성이다.

사람에게는 옷을 입고 음식을 먹으려는 마음이 있는데 물량이 이를 채우지 못해 부족하다. 그 때문에 무리 지어 생활을 하며 한데 섞여 살다가 분배가 고르지 않거나 자기가 바라는 것이 채워지지 않으면 다투게 된다. 다툼이 생기면 강한 사람이 약한 사람을 위협하고, 용감한 사람이 비겁한 사람을 침범한다. 사람은 근육과 뼈가 튼튼하거나 손톱과 이빨이 날카롭지 않기 때문에 가죽을 잘라 갑옷을 만들고 쇠를 녹여 칼을 만들었다. 탐욕스러운 사람이 이런 무기로 천하를 해치게 되니 모든 백성이 혼란에 빠져 편안하게 살지 못했다. 그래서 성인이 굳세게 일어나 포악한 자를 정벌하고 난세를 평정하며, 위험하고 더러운 것을 제거하여 탁한 것을 맑게 만들고 위태로운 것을 편안하게 민들었다. 그로 인해 인류는 중도에 멸망하지 않게 되었던 것이다.

✤ 이 구절은 성인 시대의 전쟁과 후대의 전쟁을 비교하면서 전쟁의 원인을 밝히고 있다. 사실 대부분의 전쟁은 물자의 부족이나 영토에 대한 욕심에서 일어난 것이다. 특히 고대 사회에서는 의식주와 같은 물자의 부족으로 공동체를 이루어 공동 분배하는 구조였는데, 분배의 공정성이 흐려지게 되면 내부 불만이 쌓이고 그로 인해 폭동이 일어나면서 전쟁으로 발전했다. 그러나 살기 위해 전쟁이 일어났지만 정작 전쟁을 통해 수많은 사람이 목숨을 잃고 논과 밭도 피폐해지는 것은 당연한 결과였다. 그런 의미에서 어떤 명분을 내세워도 정의로운 전쟁은 없다.

그렇지만 성인 시대에는 그나마 명분이 있었다. 포악한 군주를 처단하거나 백성을 편안하게 하기 위해서라는 명분이 그것이다. 하지만 후대로 오면 이런 명분조차 사라지고 오로지 이해관계 때문에 전쟁이 일어난다는 것이다. 사실 춘추 전국 시대의 전쟁이란 군주의 사적인 욕심에 의해 일어난 경우가 대부분이었다. 부국강병을 이루기 위해 영토를 넓히고 더 많은 인적 자원을 차지하려는 군주의 욕심이 전쟁의 직접적인 원인이었다. 오늘날의 전쟁을 보더라도 그 점은 마찬가지다. 종교적 이유나 테러와의 전쟁을 내세우지만 사실은 석유 등의 자원을 차지하기 위해 발생하는 경우가 대다수이기 때문이다. 기독교든 이슬람교든 타인을 사랑하라는 종교적 이념을 가지고 있음에도 불구하고 종교가 다르다는 이유로 서로에게 테러를 행하고 전쟁을 벌이는 것은 그 자체로 앞뒤가 맞지 않는 모순이다. 그러므로 어떤 명분을 내걸더라도 전쟁은 그 자체로 악이라고 할 수 있다. 여기서는 전쟁을 악이라고 보지 않고 성인의 대의명분을 강조하고 있지만 노자나 장자는 전쟁 자체를 악행이라고 강하게 비판한다. 이런 점은 아마도 유가의 전쟁관이 어느 정도 영향을 미쳐서 그런 듯하다. 유가 역시 전쟁을 반대하는 입장이지만 대의명분에 입각한 불가피한 전쟁이나 반란에 대해서는 정당하다고 인정한다.

함께 공존하고 평화롭게 살기 위해 지혜를 모아도 모자랄 판에 남을 해치고 자신만을 지키기 위해서 전쟁을 벌이는 것은 어리석은 행위다. 대부분의 사람들은 평화를 귀하게 여기는 평화주의자다. 그들은 공존과 상생의 원칙이 지켜지는 세상을 바란다. 만물도 함부로 살생을 해서는 안 되는 것인데 하물며 인간의 생명을 손상시키는 일을 저질러서야 되겠는가.

전쟁의 유래는 오래되었다. 황제는 일찍이 염제와 싸웠고, 전욱은 일찍이 공공과 싸웠다. 황제는 탁록의 들에서 전쟁을 했고 요임금은 단수의 포구에서 싸웠으며, 순임금은 이민족인 유묘를 정벌했고, 계(啓. 우왕의 아들)는 유호 부족을 공격했다. 이미 오제 시대부터 전쟁이 끊이지 않았으니 하물며 쇠퇴한 세상에서야 말해 무엇하겠는가? 전쟁은 포악함을 금지하고 반란을 토벌하는 것이다. 염제가 화재를 일으켰기 때문에 황제가 그를 생포했고, 공공이 수해를 일으켰기 때문에 전욱이 그를 죽였던 것이다. 도(道)로 가르치고 덕으로 인도해서 듣지 않으면 위엄으로 다스리고, 위엄으로 다스려도 따르지 않으면 병기로 제어한다. 그러므로 성인의 전쟁은 마치 머리에 빗질을 하고 밭에서 김을 매는 것과 같아 제거하는 것은 적지만 이로운 것이 많다.

✛ 이 구절 역시 앞의 내용에 이어서 고대의 성인은 백성을 구제하기 위해 마지못해 전쟁을 하거나 도덕과 위엄이 통하지 않을 때 부득이 무력을 사용했다고 주장한다. 다만 성인은 전쟁을 일으키기 전에 도와 덕으로 설득하고 권위를 내세워 제압하려고 하다가 그마저도 안 되면 부득이하게 전쟁을 일으킨다는 것이다.

이렇게 성인이 통치하던 아득히 먼 시대에도 전쟁이 발생했는데 탐욕을 앞세우고 포악한 군주들이 다스리던 시대에는 말할 필요도 없다. 앞에서도 말했지만 춘추 시대와 전국 시대는 이러한 도덕적 혼란이 극치에 이른 시대라고 할 수 있다. 수백 개의 나라가 흥망을 거듭하며 오랜 혼란을 겪었고 백성들의 삶은 피폐해졌다. 이런 시대였기에 유가는 덕치주의와 왕도 정치를 내세워 전쟁보다는 도덕으로 안정을 도모하고자 했다. 묵가는 전쟁에 반대하고 먼저 공격하는 것을 금지하면서 적의 공격에 방어하는 기술을 가르쳤다. 도가 역시 적극적으로 전쟁을 반대한 학파였다. 이러한 학파들의 주장은 그나마 전쟁을 비판하는 입장이었다. 그러나 이런 학파들보다는 부국강병을 강조하는 법가 이념을 수용한 진나라가 강력한 군주의 힘과 무력을 내세워 전국 시대의 혼란을 종식시킨다. 그로 인해 백성들은 강력한 법망의 그늘 속에서 안정되지 못했고 진나라 역시 얼마 되지 않아서 멸망하고 만다. 결국 진나라의 흥망을 보면 힘으로 일어선 자는 힘으로 멸망한다는 역사의 진실이 떠오르지 않을 수 없다.

2. 포악함은 멸망의 지름길이다

진시황의 아들 호해(胡亥)는 세력으로는 천자가 되고 부유함은 천하를 소유하여 사람의 자취가 이르고 배가 다니는 곳까지 군현(郡縣)으로 만들지 않은 곳이 없었다. 그러나 그는 자신의 육체적 욕망을 채우고 지나치게 사치하며 백성이 기아와 궁핍을 돌보지 않았다. 만승의 수레를 징수하여 아방궁을 짓고, 부역이 면제된 사람들에게도 수자리를 시켰으며, 태반을 세금으로 거두어 가고, 백성들에게 제멋대로 형벌을 가했다. 그리하여 수레를 끌다가 길에 머리를 박고 죽는 자가 하루에도 수만 명에 이르렀다. 온 세상은 불타는 듯 불만으로 떠들썩하고 뜨거운 열에 타는 듯했으며, 상하가 서로 편안하지 않고 관리와 백성이 서로 의지하지 않았다. 이때, 수자리 하던 병졸 진승(陳勝)이 대택에서 반란을 일으켜 팔뚝을 걷고 윗옷을 벗어 제치며 초나라를 다시 세울 것을 부르짖자 온 천하가 그에게 호응했다. 이때 갑옷과 병기, 단단한 무기와 강력한 창이 없어서 대추나무를 잘라 창 자루를 만들고 호미를 갈아서 창날로 삼았다. 또한 대나무를 잘라 죽창을 만들고 괭이를 둘러메고 싸움에 임해 진나라 군대의 긴 창과 강력한 무기에 대적하며 성곽을 공격하고 영토를 공략하여 항복시키지 못하는 곳이 없었다. 죽이 끓고 개미가 이동하듯 백성들이 따르자 구름을 해치고 영토를 차지한 곳이 수천 리나 되었다. 세력이나 지위가 지극히 천하고 무기도 매우 열악했지만 한 사람이 앞장서자 천하가 모두 호응한 것은 백성에게 쌓인 원한이 많았기 때문이다.

✤ 백성을 학대한 군주가 어떻게 망하는지를 여실히 보여 주는 글이다. 진시황은 전국 시대를 종식시키고 중국 최초의 통일 왕조를 건립했다. 그러나 대를 잇는 것은 아들 대에서 끝나 불과 2대 15년 만에 멸망하고 말았다. 진승은 기원전 209년에 진나라의 수자리로 차출되어 가던 중 오광(吳廣)과 함께 반란을 일으켰다. 진승이 일어나자 수많은 백성들이 이에 호응했는데, 불과 몇개월 만에 진나라 남부 지역을 장악할 정도였다. 그러나 내분이 일어나 진승이 암살당하면서 반란은 허무하게 끝나는 듯했으나 곧바로 여기저기서 수많은 반란이 다시 일어났다. 그리고 항우와 유방이 패권을 다투는 와중이던 기원전

206년 진나라는 유방에 의해 멸망했다. 이처럼 진나라는 강력한 법과 중앙 집권을 통해 강압적인 통치를 하는 바람에 백성들의 원한과 불만을 높여 불과 10여 년 만에 멸망했으니, 군주의 통치술에서 백성의 신뢰가 얼마나 중요한 것인지 알 수 있다.

3. 전쟁에서 이기는 방법

탕왕의 영토는 사방 70리에 불과했지만 그가 왕이 된 것은 덕을 닦았기 때문이고, 지백(智伯)이 사방 천 리의 영토를 소유하고도 멸망한 것은 무력에 힘썼기 때문이다. 그런 까닭에 천승의 나라도 문덕(文德, 학문과 덕망)을 행하면 왕이 될 수 있고, 만승의 나라도 전쟁을 좋아하면 멸망하게 된다. 그러므로 완전한 전쟁은 먼저 승리한 뒤에 싸우고, 실패한 전쟁은 먼저 싸운 뒤에 승리를 구한다. 덕망이 비슷하면 군대가 많은 자가 적은 자를 이길 것이고, 병력이 비슷하면 지혜로운 자가 어리석은 자를 이길 것이며, 지략이 비슷하면 술수가 뛰어난 자가 술수가 없는 자를 사로잡을 것이다. 무릇 전쟁을 하는 사람은 반드시 먼저 조정에서 전쟁을 계획한다. 군주는 누가 더 현명한지, 장군은 누가 더 능력이 있는지, 백성은 누구 편이 될지, 나라는 누가 더 잘 다스리는지, 군수물자는 누가 더 많은지, 병사들은 누가 더 정예 부대인지, 무기는 누구의 것이 더 좋은지, 장비는 누구의 것이 더 편리한지 등을 논의한다. 그러므로 조정에서 판세를 헤아리지만 승리는 천 리 밖에서 결정된다.

✤ 탕왕은 하나라의 폭군인 걸왕을 정벌하고 은나라를 창건한 임금이다. 비록 영토가 작은 제후국이었지만 덕망이 높아서 그가 걸왕을 정벌한다고 포고하자 각지의 제후들이 몰려들었다고 한다. 지백은 춘추 시대 진(晉)나라를 좌우하던 실력자였지만 전횡을 일삼으며 경쟁자들을 제거하려고 들다가 도리어 패망하고 말았다. 그러하니 큰 영토와 강한 군사를 차지해야만 좋은 임금이 되고 좋은 나라를 만들 수 있는 것은 아니다. 중요한 것은 왕의 덕망에 의해서 전쟁에 임하는 백성의 자세가 달라지고 승패를 결정하게 된다는 사실이다. 이러한 주장은 맹자가 주장한 왕도 정치와 유사하다. 왕도 정치는 무력으로 나라를 다스리는 패도 정치와 반대되는 개념으로 덕망으로 백성을 다스리는 정치를 말한다. 따라서 여기서 말하는 내용은 유가의 사유 방식과 상당하게 혼합되어 있음을 알 수 있다.

주왕(紂王)의 병사들은 백만 명의 마음이 각기 달랐고, 무왕의 군사들은 비록 삼천 명이지만 모두 한마음이었다. 그러므로 천 명이 한마음이면 천 명의 힘을 얻고, 만 명이 다른 마음을 가지면 한 사람도 쓰일 수 없다. 장군과 병사, 관리와 백성이 한 몸처럼 움직이면 적군에 대항해서 전쟁을 할 수 있다. 그러므로 계획이 정해지고 난 다음에 실행하고 역할이 결정된 다음에 움직이며, 장군에게는 술책을 의심하는 마음이 없고 병사는 두 마음을 갖지 않으며, 출동할 때는 게으른 모습이 없고 입으로는 거짓말을 하지 않으며, 일을 할 때는 시험해 보는 일이 없으면 적군에 대응할 때 반드시 민첩하게 되고, 출동할 때는 반드시 빠르게 된다.

 장군은 백성을 자기 몸처럼 생각하고, 백성은 장군을 자기 마음처럼 여겨야 한다. 마음이 진실하면 몸이 칼날과 친해지고 마음이 의심스러우면 몸도 기가 꺾이어 패배하게 된다. 마음이 집중되지 않으면 몸도 튼튼하지 못하게 되고, 장군이 진실한 마음을 갖지 않으면 병사도 용감하지 않게 된다. 그러므로 훌륭한 장수 밑에 있는 병사는 호랑이의 이빨, 무소의 뿔과 같으며 새의 날개, 노래기의 발과 같다. 이렇게 되어야 병사는 민첩하게 움직이고 날아가듯이 행동할 수 있으며, 적을 물어뜯거나 찌를 수 있다. 강해도 서로 어긋나지 않고 무리가 많아도 서로에게 해가 되지 않는 것은 한마음으로 따르기 때문이다. 그러므로 백성들이 진심으로 그 명령을 따르면 비록 수가 적어도 두려울 것이 없고, 백성이 명령을 따르지 않으면 비록 수가 많아도 오히려 짐이 될 것이다. 아랫사람이 윗사람을 사랑하지 않으면 그 마음을 쓸 데가 없고, 병사가 장군을 두려워하지 않으면 그 형세로 전쟁을 할 수 없다. 수비를 할 때는 반드시 견고함이 있어야 하고, 공격을 할 때는 반드시 승리해야 한다. 이렇게 하면 전쟁을 통해서 칼날이 맞닿기를 기다리지 않아도 흥하고 망하는 낌새는 미리 나타났다고 하겠다.

✤ 주왕은 은나라의 마지막 임금인데 폭군으로 주색에 빠져 신하였던 무왕이 천명을 받아 불과 삼천 명의 군사로 일어나 그를 정벌하고 주(周)나라를 건립했다. 무왕처럼 비록 작은 수의 군사로도 많은 수의 군사를 거느린 적을 물리치려면 장군과 병사, 관리와 백성이 서로 마음을 하나로 모으고 상호 신뢰를 해야 한다는 것이다. 전쟁을 승리로 이끄는 조건으로 앞의 구절에서는 군주의 덕망을 강조했다면 여기서는 단합과 일심동체를 강조하고 있다.

《맹자》에도 "천시불여지리, 지리불여인화(天時不如地利, 地利理不如人和)"라는 말이 나온다. "하늘이 내려 준 유리한 조건도 지형적 이로움만 못하고, 유리한 지리적 조건이라 하더라도 사람들의 인화와 단결만 못하다."라는 뜻이다. 말하자면 전쟁에서 가장 중요한 요소는 하늘이 준 시기나 지리적 유리함보다도 인화라는 뜻이다. 사실 전쟁의 역사를 보면 비록 중과부적의 상황에서도 장수와 병사 간의 조화, 병사들 사이의 조화를 이끌어 내서 전쟁을 승리로 이끈 예는 상당히 많다. 여기서 전쟁을 예로 들면서 사람 사이의 조화, 곧 인화를 강조한 것은 음양의 조화가 만물을 생성시키는 것처럼 사람 사이의 조화는 모든 일을 아름답게 만드는 요인이 된다는 도가적인 사고를 강조하기 위한 것이라 하겠다.

4. 무형의 전쟁

인(仁, 어짊)·용(勇, 용기)·신(信, 신뢰)·염(廉, 청렴)은 사람의 아름다운 재능이다. 그러나 용기 있는 사람은 유혹할 수 있고, 어진 사람은 마음을 빼앗을 수 있으며, 믿음직한 사람은 속이기 쉽고, 청렴결백한 사람은 계략으로 속이기 쉽다. 병사들을 거느린 장수가 이 가운데 하나라도 드러내면 적에게 붙잡히게 된다. 이것을 통해 본다면 군사는 도리를 가지고 승리를 만드는 것이지 인재의 현명함을 가지고 하는 것이 아님은 명백하다. 그러하니 적군이 사슴이라면 그물을 설치해서 잡을 수 있고, 자라라면 그물로 잡을 수 있으며, 기러기라면 화살로 잡을 수 있지만 오직 형체가 없는 것은 어찌할 수가 없다. 그러므로 성인은 무원(無原, 근원이 없는 상태)에 감추기 때문에 그 마음을 볼 수 없고, 무형(無形, 형태가 없는 상태)에서 움직이기 때문에 벌여 놓은 것을 쫓을 수가 없다. 법도 없고 형식도 없이 다가오는 사물에 따라서 마땅하게 처리하고, 이름도 없고 형상도 없이 변화에 따라서 모습을 드러낸다. 너무 깊고 너무 멀기도 하며, 겨울인 듯 여름인 듯 가을인 듯 봄인 듯하고, 위로는 지극히 높은 끝을 다하고 아래로는 매우 깊은 밑바닥을 헤아리며, 사라졌다 나타나는 것을 반복하면서 변화하고, 응결되거나 막힘이 없이 아득한 들에 마음을 세우고 아홉 굽이의 연못에 뜻을 숨기고 있으니 비록 눈이 밝아도 누가 그 마음을 엿볼 수 있겠는가?

✛ 이 구절의 앞에서는 하늘이 내린 조건의 유리함인 천시(天時), 지리적인 유리함인 지리(地利), 시기적인 유리함인 시기(時機), 사람 쓰는 것의 유리함인 인재(人材) 등 네 가지를 전쟁의 네 가지 근간이라고 설명한다. 이러한 유리한 조건을 앞의 구절에서는 군주의 덕망과 장수와 병사 사이의 인화로 말하기도 한다. 이런 지적들은 모두 고대의 병법서가 지적하는 바와 동일한 내용이다. 그런데 이와 달리 이번 구절에서는 무원과 무형에 의한 변화무쌍한 전술을 보다 근본적인 것으로 지적하고 있다. 인·용·신·염과 같은 덕목은 사람 사이의 인화를 이끌어 내는 유가적 요소라 할 수 있다. 반면에 무원과 무형의 덕목은 도가적 요소다. 그러니 유가적인 인화 단결의 덕목보다도 근원을 알 수 없는 무원, 형체를 알 수 없는 무형을 전쟁에서도 최고 덕목이라고 강조한 것이다. 이것을 여기서는 전쟁의 마땅한 이치, 즉 군사의 도리라고 말한다. 어떤 상황이 닥치더라도 그 변화에 따라 대처하고 적군이 헤아릴 수 없는 술책으로 응하는 것, 이것은 바로 무위자연의 이치를 그대로 전쟁에 적용한 것임을 알 수 있다.

보이지 않는 적을 상대로 싸운다면 승리할 수 있는 군대는 없을 것이고, 움직임을 포착할 수 없는 상대라면 대적조차 어렵다. 특별한 전략과 전술이 없는 것 같아서 뚜렷한 대응 방법이 나오지 않는데 손을 놓고 있으면 바로 기습당하니 누가 상대할 수 있겠는가.

5. 백성에게 신뢰를 주는 정치

군주가 백성에게 요구하는 것은 두 가지다. 하나는 백성들이 자기를 위해 힘껏 일할 것을 요구하고, 다른 하나는 백성들이 자신을 위해서 죽기를 바라는 것이다. 백성이 군주에게 요구하는 것은 세 가지다. 첫째는 굶주린 자가 먹고살 수 있게 해 주는 것이고, 둘째는 힘든 자가 쉴 수 있게 해 주는 것이며, 셋째는 공로가 있는 자에게 혜택을 주는 것이다. 백성이 두 가지 책무를 다했는데도 군주가 백성의 세 가지 소망을 무시하면 나라가 비록 크고 인구가 많아도 군대는 오히려 약하게 될 것이다. 만약 고생한 자가 반드시 즐거움을 얻고, 수고한 자가 반드시 이익을 얻으며, 적군의 목을 벤 자의 공로가 반드시 보전되고, 목숨을 바쳐 일한 자가 반드시 상을 받는 이 네 가지가 지켜져 이미 백성들에게 신뢰를 주었다면 군주가 비록 구름 속의 새를 잡거나 깊은 연못의 고기를 낚고, 악기를 연주하며 종과 피리 소리를 울리고, 육박 놀이를 하고 투호 놀이를 해도 군대는 오히려 강해지고 명령도 잘 행해질 것이다. 그러므로 윗사람을 우러러보기에 충분하고 아랫사람을 등용하기에 충분하며, 덕이 사모하기에 충분하다면 위엄이 확립될 것이다.

✤ 육박 놀이는 고대의 놀이 가운데 하나로 오늘날의 바둑과 비슷한데, 여섯 개의 바둑알을 가지고 하기 때문에 육박이라고 한다. 정

직한 사람에게 보상이 주어지고, 고생한 사람에게 대가가 주어지며, 공을 세운 사람에게 상이 내려지는 것은 어느 시대에나 정당한 일이다. 이렇게 군주가 백성의 마음을 헤아리고 그들을 데리고 전쟁을 하면 모두 목숨을 바쳐 싸울 것이다. 하지만 공을 세워도 상이 내려지지 않거나 정직한 사람이 피해를 보게 된다면 그러한 나라의 백성은 전쟁에 나가더라도 힘을 써서 싸우려 들지 않을 것이니 반드시 패하게 되어 있다.

공자 역시 정치에서 가장 중요한 것은 백성으로부터 신뢰를 얻는 일이라고 했다. 신뢰가 없으면 모든 것이 무너진다. 따라서 위정자가 신뢰를 주면 백성들은 명령하지 않아도 저절로 다스려지게 된다. 이러한 공자의 주장은 오늘날에도 마찬가지로 적용된다. 위정자가 도덕적이지 못하면서 국민들에게 도덕적일 것을 요구하거나 위정자가 신뢰가 없으면서 국민들에게 위정자를 믿도록 요구한다면 국민들은 따르지 않을 것이다. 신뢰를 강조한다는 측면에서 보면 유가와 도가 모두 동일했음을 알 수 있다.

16편

설산훈 說山訓

이야기의 산

16편

설산훈說山訓

이야기의 산

이 편은 많은 이야기들이 나온다. 다양한 문헌과 전설 등을 인용해서 이야기의 산을 이루고 있어서 설산훈이라고 이름 붙인 것이다. 다음 편에 나오는 설림훈도 이와 마찬가지인데 이야기의 숲이라는 의미다. 그런 구조이다 보니 어떠한 하나의 주제를 가지고 있다기보다 다양한 이야기를 통해서 서로 다른 만물의 존재 방식을 설명하고 그것들과의 소통 방법을 설명하고 있다.

1. 도의 형체에 대한 혼과 백의 대화

 백(魄)이 혼(魂)에게 질문했다.

"도는 무엇으로 형체를 이루는가?"

혼이 대답했다.

"무유(無有, 있지 않음)로써 형체를 이루는 것이네."

그러자 백이 다시 물었다.

"무유는 형체가 있는 것인가?"

혼이 "형체는 없다네."라고 대답했다.

백이 말했다.

"그렇다면 무유는 어떻게 해서 알 수 있는가?"

혼이 대답했다.

"나도 다만 만난 적이 있을 뿐이라네. 보려고 해도 형체가 없고 들으려고 해도 소리가 없으니 이것을 유명(幽冥)이라고 한다네. 유명이란 도에 비유할 수 있는 듯하지만 도는 아니라네."

백이 말했다.

"내가 이제 좀 알 것 같네. 자기 내면을 보고 스스로 근본으로 돌아가는 것이로군."

혼이 말했다.

"도를 깨달은 자라고 할지라도 형체를 보지 못하고, 이름도 부를 수는 없다네. 지금 그대는 이미 형체와 이름이 있으니 무슨 방법으로 도를 얻을 수 있겠는가?"

백이 말했다.

"그렇다면 그대가 말을 하고 있는 것은 어떻게 가능한가?"

혼이 대답했다.

"나는 이제 나의 근본으로 돌아갈 것이네."

백이 혼을 돌아보자 홀연히 사라져 보이지 않았다. 백이 자신을 되돌아보니 스스로 존재하고 있기는 하지만 또한 무형 속으로 빠져 버리고 있었다.

✚ 이 편의 시작 부분에 나오는 이야기로 혼과 백의 대화를 통해 도의 형체와 변화에 대해 설명하고 있다. 여기서 혼백이란 원래 사람의 육체를 거느리고 정신을 다스리는 넋을 뜻하는 말이지만 그것을 보다 세분한다면 혼은 정신과 같고 백은 육체와 같은 것이라고 할 수 있다. 그래서 살아 있다는 것은 혼백이 하나로 뭉쳐 있는 것이고 죽었다는 것은 혼백이 서로 분리되는 것이라고 말한다. 말하자면 혼은 보이지 않는 영적 영역이고 백은 육체와 혼연일체라고 할 수 있으니 보고 만질 수 있는 영역이다.

이 글은 혼과 백을 의인화시켜서 그 대화를 통해 도의 본질을 설명하고 있다. 도의 형체는 알 수 없기 때문에 '있지 않는 것', 즉 '무유'라고 하면서도 그 존재는 분명하게 실존한다는 것이다. 다만 그것이 인간의 눈에 보이거나 감각으로 알 수 없을 뿐이다. 이처럼 도는 형체가 드러나지 않기 때문에 색깔도 없고 소리도 없으며 냄새도 없는 존재이고, 보려고 해도 보이지 않고 들으려 해도 들리지 않으며 만지려고 해도 만질 수 없는 '어떤 것'이다. 그런 상태를 유명이라고도 부르지만 그것은 도를 설명하기 위한 용어일 뿐이지 도 그 자체는 아니다. 앞에서부터 묘사하던 도에 대한 설명과 크게 다르지 않은 내용이다. 이 부분을 서두에 실은 까닭은 만물의 근원이 도라는 것을 다시 한 번 강조한 다음, 만물의 다양한 존재 형태를 통해서 도를 확인할 수 있다는 의도가 있었기 때문으로 보인다.

2. 세상이 변하면 적용하는 원리도 변한다

 월나라 사람이 활을 멀리 쏘는 방법을 배웠는데, 하늘을 바라보고 당기는 것이 그것이다. 그런데 다섯 걸음밖에 안 되는 거리에서도 그 방법을 바꾸지 않고 활을 쏘았다. 세상이 이미 변했는데도 옛방법을 지키는 것은 비유하자면 마치 월나라 사람이 활을 쏘는 것과 같은 것이다.

✤ 하늘을 향해 활을 쏘는 원거리 방식으로 바로 앞에 있는 사물을 맞추려고 한다면 그것은 잘못된 일이다. 그러하니 그 방법이 바뀌어야 하는 것은 당연한 일이다. 상황의 변화에 따라 대처하는 방법도 달라져야 함을 말하는 것이다. 옛것이 좋다고 해서 무조건 시공을 초월해서 좋은 것은 아니지 않은가. 《주역》의 핵심인 역(易)의 원리도 바로 이 변화를 강조한다. 모든 존재는 변화한다는 것이 역의 대원칙이다.

이렇게 존재하는 모든 사물이 변화하는 것처럼 인간의 제도, 예법과 도덕도 모두 변한다. 그런데 시대가 변함에도 불구하고 과거의 형식을 그대로 따르는 것은 21세기에 살면서 15세기의 옷을 입고 다니는 것과 같다. 조선 시대에 부모가 돌아가시면 3년 동안 상복을 입고 애도를 표시했다고 해서 오늘날에도 이 방법을 사용한다면 직장도 잃고 사회생활을 포기해야 할 것이다. 따라서 시대가 변하거나 상황이 변하면 그에 따라 예법과 제도도 변해야 한다. 과거의 방법을 고수하는 것만이 소중한 것이 아니라 변화에 능동적으로 대처하는 것이 보다 본질적인 것이다.

3. 군자는 옥과 같다

옥(玉)은 윤택해서 광채가 나고, 그 소리는 천천히 널리 퍼져 마치 군자의 모습과 비슷하다. 안과 밖이 구별 없이 균일하고 티끌만큼의 흠집도 숨기고 있지 않으며, 가까이 가면 윤기가 흐르고 멀리서 바라보면 은은하다. 거울에 비춰 눈동자로 살펴보면 은미하게 아주 작은 것도 살필 수 있고, 밝아서 어두운 것도 비출 수 있다. 그러므로 화씨의 옥과 수후의 구슬은 산과 연못의 정기를 받아 나온 것이므로 군자가 이것을 착용하면 상서로운 기운에 따라 편안하게 되고, 제후나 왕이 이것을 보물로 여기면 천하를 바로잡을 수 있다.

✚ 화씨지벽의 고사와 수후지주는 6편에서 이미 언급한 바 있다. 옥은 동양에서 가장 귀하게 여기는 보석이기에 군자의 덕에 비유하는 경우가 많다. 《예기》〈빙의〉편에서는 옥에 대해서 "온화하고 광채가 나는 것은 군자의 어진 마음이요(仁), 치밀하면서 굳은 것은 군자의 지혜이다(知). 모가 나도 물건을 상하게 하지 않는 것은 군자의 의로움이요(義), 몸에 드리우면 마치 떨어질 듯이 하는 것은 몸을 공경하게 하는 군자의 예(禮)를 형용하며, 두드리면 그 소리가 맑고 은은하게 이어 가면서 슬쩍 사라지는 것은 군자의 음악과 같다."라고 말했다. 옥의 다양한 성질을 군자의 덕목인 인의예지와 음악으로 비유

해서 표현한 것이다.

《회남자》에서도 이와 비슷한 의미로 옥을 설명하고 있다. 옥은 빛을 안으로 품는 성질이 있어서 다이아몬드처럼 밖으로 빛을 발산하는 것이 아니라 안과 밖이 균일하다. 또한 옥은 몸에 착용하면 몸이 아래로 굽혀지는 듯한 형태로 구부러지는데, 이것은 바로 자신을 낮추는 군자의 모습과 닮았다는 것이다. 쇠를 두드리면 처음에는 강하게 울리다가 서서히 줄어들고, 돌을 두드리면 탁하면서도 짧게 울린다. 하지만 옥은 맑으면서도 여운이 길게 남아 처음과 끝이 한결같다. 이와 같이 옥은 동양에서는 내면과 외면이 한결같으면서도 은은한 광채를 발하는 인격자를 상징하고 있다. 이러한 옥의 특성 때문에 우리 민족 또한 옥을 무척이나 사랑했다. 왕실과 귀족들의 장식품으로 애용되어 과거의 묘지 발굴이 있으면 항상 부장품으로 발견되기도 했다. 이런 옥의 특성은 자연의 맑은 정기를 받아서 그런 것이 아닐까 생각된다.

4. 인위적인 선을 행하지 말라

 어떤 사람이 딸을 시집보내면서 교훈을 내려 말했다.
"너는 시집가서 삼가 선을 행하지 말라."

그러자 딸이 대답했다.

"선을 행하지 않으면 불선을 행하란 말씀입니까?"

이에 다음과 같이 대답했다.

"선을 행해서도 안 되는데 하물며 불선을 행해서야 되겠는가?"

이 부모는 하늘이 내려 준 본성을 잘 보존한 사람이다.

❖ 선을 행하지 말라는 말은 불선을 하라는 말과는 다르다. 여기서의 선은 인위적인 선을 말하기 때문에 그것을 행하지 말라고 한 것이지 착한 일을 하지 말라는 뜻이 아니다. 착한 일이란 사실 본성에 따라 행하면 저절로 이루어지는 것이기 때문이다.

선과 불선에 대한 개념도 초월해야 자연스러운 경지에 도달한다. 선과 불선은 상대적인 개념이어서 선이 강조된다면 그 사회는 불선이 만연한 사회일 수 있고, 그만큼 건전하지 않은 사회라고도 볼 수 있다. 따라서 선과 불선에 대한 구분조차 하지 않아야 자연의 본성에 따르는 것이다. 사실 아무것도 하지 않고 고요한 본성을 그대로 유지하면 선은 저절로 이루어지는 것이 아니겠는가. 그래서 노자는 "선은 행하기 쉽고 불선은 행하기 어려운 것이다."라고 말한 것이다.

5. 윗사람의 말 한 마디가 아랫사람의 말 열 마디를 낳는다

초나라 왕은 키우던 원숭이를 잃어버리자 원숭이를 찾기 위해 숲 속의 나무를 모두 베어 버렸고, 송나라 임금은 구슬을 잃어 버리자 구슬을 찾기 위해 연못의 물고기를 다 없앴다. 그러므로 늪에서 불이 나면 아무 관계도 없는 숲과 나무가 걱정되는 법이다.

윗사람이 재목을 구하면 아랫사람은 나무를 베며, 윗사람이 고기를 구하면 아랫사람은 계곡을 말리고, 윗사람이 노를 구하면 아랫사람은 배를 끌고 온다. 그러므로 윗사람의 말은 가는 실과 같더라도 아랫사람의 말은 굵은 새끼줄처럼 된다. 윗사람이 하나의 선행을 하면 아랫사람은 두 개의 명예를 얻고, 윗사람이 세 개를 줄이면 아랫사람은 아홉 개를 없앤다.

✤ 윗사람의 말 한마디에 따라 아랫사람의 행동은 달라진다. 따라서 윗사람이 옳은 말을 하면 아랫사람도 옳은 말을 할 것이고, 윗사람이 바르면 아랫사람도 바르지 않을 수 없다. 윗사람이 모범을 보이면 아랫사람은 저절로 다스려진다는 말은 유가에서도 지적하고 있다. 공자는 《논어》에서 "자기 자신이 바르면 명령하지 않아도 행하고, 자신이 바르지 않으면 비록 명령해도 따르지 않는다."라고 한 바 있다.

우리 속담에 빈대 잡기 위해 초가삼간 태운다는 말이 있다. 작은 것을 탐하다가 큰 것을 잃는 어리석음을 비유한 것인데, 윗사람이 빈대를 잡으려 들면 아래에서는 초가삼간을 태울지도 모르는 일이다. 그러니 아랫사람보다 윗사람은 더욱 조심해서 도덕적이고 모범적 행위를 해야 한다는 말이다.

6. 훌륭한 지혜란 무엇인가?

종기를 치료하는 사람이 멀쩡하고 상처 난 살을 가리지 않고 함께 잘라 내고, 농부가 벼와 잡초를 살피지 않고 모두 김맨다면 어찌 헛된 일이 아니겠는가? 저수지 제방을 무너뜨려 거북이를 잡고 지붕을 걷어 내어 살쾡이를 잡으며, 방을 뜯어 쥐를 잡고 입술을 잘라 내고 충치를 치료하는 것은 걸왕과 도척의 무리나 하는 짓이다. 이런 일에 군자는 관여하지 않는다. 군대에서 쓰는 말을 죽여 살쾡이와 이리를 잡고, 두 마리 자라를 구하려다 신령스러운 거북을 잃고, 오른팔을 부러뜨리면서도 털 하나를 지키고, 명검 막야를 부러뜨리면서도 송곳을 얻는다면, 이러한 지혜를 어찌 훌륭하다고 하겠는가?

✛ 걸왕과 도척에 대해서는 앞에서도 말한 바 있다. 간장과 막야(干

將莫耶)는 모두 오나라 장인이 만든 명검인데, 이런 고사가 있다. 간장과 막야는 부부 사이로 명검을 잘 만드는 사람들이었다. 하루는 오나라 왕이 칼을 두 자루 만들어 달라고 부탁했는데 간장이 쇠를 녹이려 해도 녹지 않아 고민했다. 시간은 자꾸 흐르고 왕의 독촉이 심해지자 부인인 막야도 나서게 되었다. 결국 막야의 도움으로 사람의 머리카락과 손톱을 넣으면 쇠가 녹는다는 사실을 알아내서 두 자루의 명검을 만들었는데, 사람들이 간장검과 막야검으로 불렀다고 한다.

이 글의 요지는 흔히 사람들이 본질이나 근본을 버리고 겉모습이나 말단에 집착함으로써 일을 망치는 것에 대한 경고라 하겠다. 물론 현실에서 좋고 나쁨, 옳고 그름을 구분하는 지혜를 갖는 것은 쉬운 일이 아니다. 더구나 욕망에 사로잡히면 이러한 분별력을 갖는 일이 더욱 어렵게 된다. 흔히 작은 것을 얻으려다 큰 것을 잃거나, 작은 목적을 달성하려다 큰 목적을 달성하지 못하는 것은 사람이 탐욕에 빠져 사리분별을 잃기 때문이다. 따라서 사사로운 욕망으로부터 자유롭게 되었을 때 지혜가 밝아질 수 있을 것이다.

7. 변화에 대처하는 방법을 깨닫자

노나라 사람 가운데 자신은 갓을 잘 만들고 부인은 신발을 잘 만드는 사람이 있었다. 그런데 이들이 월나라로 이사를 가자 매우 생활이 어렵게 되었다. 자신들이 가진 기술이 전혀 쓸모가 없는 고장으로 가서 돌아다녔기 때문이다. 비유하자면 연꽃을 산 위에 심고, 불을 우물 속에 모으며, 낚싯대를 들고 산으로 올라가고, 도끼를 들고 연못으로 가는 것과 같아서 얻으려고 해도 구하기 어려운 것이다.

✤ 노나라는 중국에서도 문화적으로 우수한 지역으로 공자의 모국이었다. 따라서 주나라 초기의 미풍양속과 예의가 살아 있었다. 이에 반해 월나라는 몸에 문신을 하고 머리를 늘어뜨려 기르는 등 문화적인 차원에서는 뒤떨어진 오랑캐 족이었다. 따라서 노나라에서 갓과 신발을 잘 만드는 사람이 오랑캐 지역으로 갔으니 갓과 신발을 판매하기 어려운 것은 자명한 일이다. 이러한 행위는 마치 나무에 올라가서 고기를 잡으려고 하는 연목구어(緣木求魚)나 그루터기 옆에서 토끼가 걸려 넘어지기를 기다리는 수주대토(守株待兔)와 같이 상황 판단을 제대로 하지 못한 경우다.

요즘에는 북극에서 냉장고를 팔고 사막에서 난로를 판다는 이야기도 나올 정도로 적극적인 마케팅을 강조하는 시대다. 하지만 이런 일은 정상적인 방법보다 쉬운 일도 아니고 누구나 생각할 수 있는 것도 아니다. 생각의 폭을 넓히고 사고의 전환을 의미하라는 의미로 이해하는 것이 좋을 것이다. 어쨌든 이 예화가 강조하려는 핵심은 모든 일에는 순리가 있으니 상황을 제대로 판단하고 이해하여 평범하고 자연스럽게 대응하는 방식이야말로 진정한 삶의 지혜라는 것이다.

8. 똑같은 행동일지라도 이유는 서로 다르다

미친 사람이 동쪽으로 달리면 쫓아가는 사람도 역시 동쪽으로 달린다. 동쪽으로 달려가는 것은 같지만 동쪽으로 달려가는 이유는 다르다. 물에 빠진 사람이 물속 깊이 들어가면 구조하는 사람도 또한 물속으로 들어간다. 물속으로 들어가는 것은 같지만 물속으로 들어가는 이유는 서로 다르다. 그러므로 성인이 삶과 죽음을 같게 여기듯이 어리석은 사람도 삶과 죽음을 같게 여기는 것은 마찬가지다. 하지만 성인이 삶과 죽음을 같게 여기는 것은 삶과 죽음에 각기 나누어 담겨 있는 이치에 통달했기 때문인데, 어리석은 사람이 삶과 죽음을 같게 여기는 것은 그렇게 나누어 담긴 이로움과 해로움의 소재를 알지 못하기 때문이다. 서나라 언왕(偃王)은 인의(仁義) 때문에 나라를 잃었는데, 그렇다고 나라를 잃는 사람들이 반드시 인의 때문에 그런 것은 아니다. 비간(比干)

은 충성 때문에 자기 몸을 망쳤지만 그렇다고 죽임을 당하는 자들이 반드시 충성스러움 때문에 그런 것은 아니다. 그러므로 날씨가 추워도 수족이 떨리고 두려울 때도 떨린다. 이름은 비록 같지만 실상은 서로 다른 것이다.

✦ 서나라(徐國)의 언왕은 인의를 좋아해서 그에게 귀속한 동이족이 40여 개에 달했다고 한다. 그런데 주나라의 목왕이 서쪽을 순행하다가 서나라의 위세가 날로 커지자 초나라 군대를 보내 습격해서 언왕을 죽이고 말았다. 비간은 은나라의 마지막 임금이며 폭군이었던 주왕의 숙부로 간언하다 죽임을 당했다.

인간이 사는 최종 목표는 행복이라고 하지만 행복을 향해 나가는 방법은 서로 다르다. 마찬가지로 똑같은 방향을 갈 때도 서로 목적지도 다르고 이유도 다르다. 동일한 현상을 보고 일반 사람이 바라보는 것과 성인이나 지혜로운 사람이 바라보는 것도 다르다. 맹인들이 코끼리를 만지고 서로 다른 느낌을 말하는 것과 같다. 그렇기 때문에 같은 내용을 말하더라도 그 실상을 정확하게 파악하는 것이 중요하다는 의미다.

사물은 다양한 시각에서 바라볼 수 있어야 하고 사람에 대해서도 다양한 측면이 있다는 점을 인정해야 한다. 바라보는 각도에 따라 모습을 달리할 수도 있음에도 불구하고 한 측면만을 가지고 사물의 본질을 이해하려고 하면 오류를 범할 수밖에 없다. 공자는 "날씨가 추워진 뒤에야 소나무와 잣나무가 늦게 시든다는 것을 알 수 있다."라고 말한 바 있다. 추사 김정희의 〈세한도〉에도 인용된 글로 어려운 환경에 처한 뒤에야 사람의 진가를 알 수 있다는 말이다. 평소에 알 수 없었던 실상이 극단적 상황에 이르면 드러나게 되므로 사물과 사람의 실상을 파악하는 일이 보다 쉽다는 것이다. 이처럼 평상시에는 실상을 정확하게 파악하기가 어려워서 그에 대한 대책을 수립하기도 어렵다. 그렇기 때문에 평상시에 다양한 시각에서 사물을 바라보는 안목을 길러야 하는데, 그것이 실상을 알아내는 최선의 방법이기 때문이다.

9. 누구에게나 장·단점이 있다

걸왕에게도 얻을 만한 일이 있고 요임금에게도 버릴 만한 도가 있다. 추녀인 모모(嫫母)에게도 아름다운 점이 있고, 미녀인 서시에게도 추한 점이 있다. 그러므로 망한 나라의 법도 따를 것이 있고, 잘 다스려진 나라의 풍속도 잘못된 것이 있다.

✤ 모모는 전설의 제왕 황제의 아내로 얼굴은 추했지만 덕행과 지

혜가 출중해 여성들의 모범이 되었다고 한다. 서시는 춘추 시대 월나라의 미녀로 이미 앞에서 설명한 바 있다. 이 글은 걸왕이나 요임금, 모모나 서시를 예로 들어 아무리 훌륭한 사람에게도 고칠 점이 있고, 아무리 나쁜 사람에게도 취할 점이 있다는 이야기를 하고 있다. 그런 까닭에 아무리 지혜가 출중하다 하더라도 독불장군처럼 혼자서 모든 일을 다 잘할 수 없으니 많은 사람의 지혜를 모아야 좋은 결과를 이끌어 낼 수 있다는 말이다. 사람은 누구나 장단점이 있으니 다른 사람의 장점을 잘 드러나게 해 주고 단점을 보완할 수 있도록 하는 것이 군주나 지도자의 지혜로움임을 강조한 대목이다.

17편

설림훈 說林訓

이야기의 숲

17편
설림훈說林訓
이야기의 숲

　이 편은 앞의 〈설산훈〉과 마찬가지로 많은 이야기를 통해 만물이 각기 존
재하는 방식과 서로 소통하는 방법에 대해 설명하고 있다. 그 가운데 하나가
유명한 고사인 각주구검(刻舟求劍)이나 수주대토 같은 것이다. 여기서도 〈설
산훈〉과 마찬가지로 사람들의 사고나 행동에는 나름의 이유가 다 있으니 그
장단점을 잘 가려서 판단해야 한다고 주장하고 있다.

1. 세상의 변화를 깨닫자

한 시대의 도덕이나 제도 등의 척도를 가지고 천하를 다스리는 것은 마치 손님이 배를 타고 강을 건너다 칼을 잃어버리자 급하게 뱃전에 표시를 하고 저녁에 배가 도착하자 잃어버린 칼을 찾는 것과 같아서 사물의 이치를 알지 못함이 지극히 심한 것이다. 한 모퉁이의 자취를 따르면서 천지를 가지고 즐길 줄 모르니 이보다 더 큰 미혹은 없다. 비록 때로 합치되는 것이 있더라도 귀하다고 할 수는 없다. 비유하자면 마치 가뭄에 흙으로 용을 만들거나 역병에 풀로 강아지를 만들어 제사 지내는 것과 같아서 한 순간은 황제와 같이 귀하게 대접받지만 조금 지나면 아무런 소용이 없는 것들이다. 조씨의 찢어진 옷 조각은 피부병을 앓는 자들이 귀하게 여기지만 하후씨의 서옥과 같이 귀한 것은 아니다. 그러므로 영원한 도는 고금(古今)도 없고 시종(始終)도 없으며, 천지가 아직 생겨나지 않았을 때 천지를 생성시키니 매우 미세하면서도 매우 광대한 것이다.

✤ 배를 타고 가던 젊은이가 강물에 칼을 빠뜨리고 말았는데, 빠뜨린 칼의 위치를 배에 새기고 배가 나루터에 도착한 다음 표시한 곳으로 내려가 칼을 찾았다. 이렇게 상황의 변화에 적절히 대응하지 못하는 미련함을 비유하는 고사가 《여씨춘추》에 나오는 각주구검이다.

고대 중국에서는 가뭄이 들면 흙으로 용을 만들어 기우제를 지내고, 질병이 걸리면 풀로 강아지를 만들어 질병이 낫기를 기원했다. 이런 제사용 물건들은 그것을 쓸 때에는 귀하게 대접 받지만 제사가 끝나면 아무런 소용이 없게 되어 버려지게 된다. 그래서 흙으로 만든 용이나 짚으로 만든 강아지는 잠시 후에 쓸모없게 될 물건을 의미한다. 조씨의 옷 조각이란 민간에서 조씨 가문에서 만든 옷의 조각을 태워 종기에 바르면 낫는다는 속설을 말하는데, 그 효능은 입증된 바가 없는 것이다. 하후씨의 상서로운 옥은 앞에서도 나온 내용으로 시간이 지나거나 상황이 변해도 영원한 보물이라는 의미다.

이와 같이 한 시대를 지배하는 도덕이나 제도, 또는 일부분만 통용하는 진리를 가지고 그것을 영원불변하는 진리인 양 여기면 안 된다는 것이 이 글의 요지다. 오직 도만이 시간과 공간에 상관없이 영원불변하는 것임을 알라는 말이다. 이 구절 역시 앞 편과 마찬가지로 이야기를 풀어 가기 전에 제시한 일종의 서두와 같은 내용이라 하겠다.

2. 항상 지킬 수 있는 방식이 중요하다

온종일 말을 하다 보면 그 가운데 반드시 성인의 일도 있고, 화살 백 발을 쏘면 그 가운데 반드시 예나 방몽의 신묘한 활쏘기 재주와 같은 것이 있을 것이다. 그러나 세상 사람들이 그들을 칭송하지 않는 것은 그들이 지킨 방식이 잘못되었다고 생각하기 때문이다.

✤ 앞에서도 나왔지만 예와 방몽은 스승과 제자로 명궁으로 유명한 사람들이다. 이 구절의 핵심 역시 앞 구절에 이어 우연하게 또는 일시적으로 들어맞는다고 해서 그것이 진리는 아니라는 점이다. 보통 사람이라 해도 백 마디 말을 하다 보면 성인의 말씀과 들어맞는 경우가 있고 활을 백 번 쏘다가 보면 예나 방몽처럼 신묘하게 맞힐 수 있다. 그러나 그렇게 해서는 도라는 큰 진리에 도달할 수 없다는 것이다. 무위자연의 도를 깨달으려는 노력과 정진이 없다면 결코 진정한 진리에 도달할 수 없다는 점을 강조한 내용이다.

3. 유사한 것은 같은 것이 아니다

사람이 남의 것을 도둑질해서 부자가 된 사람도 있지만 부자라고 해서 반드시 도둑질을 하는 것은 아니다. 청렴하면서 가난한 사람도 있지만 가난한 사람이 반드시 청렴한 것은 아니다. 갈대 이삭은 버들가지와 유사하지만 버들가지가 될 수 없고, 삼으로 만든 베는 무명과 비슷하지만 무명이 될 수 없다.

✛《맹자》〈진심하〉편에도 공자의 말을 인용하여 이와 유사한 내용을 말하고 있다. "공자가 말하기를 '나는 참된 것 같으면서 참되지 않은 사이비를 싫어한다. 가령 가라지를 미워하는 것은 그것이 곡식의 싹과 혼동될까 두렵기 때문이고, 말을 잘 둘러대는 인간을 미워하는 것은 의를 어지럽힐까 두렵기 때문이고, 구변이 좋은 인간을 미워하는 것은 신의를 어지럽힐까 두렵기 때문이고, 정나라의 음란한 음악을 미워하는 것은 아악을 어지럽힐까 두렵기 때문이고, 자주색을 미워하는 것은 주홍색과 혼동될까 두렵기 때문이고, 고을 유지를 미워하는 것은 덕을 어지럽힐까 두렵기 때문이다.'라고 하셨다."

사이비(似而非)라는 말이 여기서 유래하는데, 비슷하지만 결코 같지 않은 것을 의미한다. 세상에는 이와 같이 동일한 듯하지만 사실은 그렇지 않은 일이 많다. 따라서 너무 쉽게 자기의 주관적인 생각으로 판단해서는 안 되고, 나아가 옳고 그름을 단정하는 것은 바람직한 일이 아니다. 부유한 사람이 부유하게 된 이유는 다양할 것이다. 열심히 노력해서 부자가 되기도 하고, 유산을 많이 받아서 부유하기도 하며, 남의 것을 빼앗거나 도둑질을 해서 부자가 되는 경우도 있다. 이러한 다양한 이유를 무시한 채 부당한 방법으로 부유하게 되었을 것이라고 생각한다면 잘못된 판단이다. 가난한 사람도 마찬가지로 게을러서 가난하기도 하겠고, 사업에 실패해서 곤란한 경우도 있을 것이다. 그런데 가난한 사람들이 모두 청렴결백할 것이라고 생각한다면 이 역시 잘못된 판단이다. 따라서 겉으로 드러난 현상만으로 판단하는 것은 매우 위험한 일이니 한 시대의 도덕이나 제도라는 잣대만으로 세상사 전체를 판단하지 말라는 말이다.

4. 같은 것이라도 양에 따라 그 기운이 달라진다

한 덩어리의 숯을 태울 때라도 그것을 잡으면 손가락이 덴다. 만석의 숯을 한꺼번에 태울 때는 열 걸음 정도 떨어져 있어야 죽지 않는다. 기운은 같지만 쌓인 양이 다르기 때문이다. 큰 용기와 작은 용기도 이와 유사하다. 지금 6척밖에 안 되는 방석이 있는데, 그것을 눕혀 놓고 넘으라고 한다면 비록 재능이 부족한 자라도 어렵게 여기지 않을 것이다. 그런데 이것을 세워 놓고 넘으라고 한다면 재주가 뛰어난 자라도 쉽지 않을 것이다. 형세가 다르기 때문이다.

✤ 화살 한 개를 부러뜨리는 것은 힘이 약한 사람도 쉬운 일이지만 화살 백 개를 한꺼번에 부러뜨리려고 하면 힘이 센 사람도 불가능할 것이다. 똑같은 화살이지만 모인 개수에 따라 형세가 달라지기 때문이다. 따라서 하나의 화살을 부러뜨릴 때의 힘과 백 개의 화살을 부러뜨릴 때의 힘이 달라져야 한다. 그러므로 사물의 실상에 따라서 본질은 같아도 형세가 다른 경우가 있다는 사실을 볼 수 없다면 그것 또한 진정한 지혜라고 부를 수 없다. 사물이 지닌 형세의 차이를 인식하고 그에 알맞은 삶의 지혜를 발휘한다면 세상사에 대한 안목이 넓어질 것이다. 그러므로 이 구절에서는 동일한 사물이라 하더라도 그 변화를 제대로 알지 못하면 자연의 도리도 알 수 없고 인간의 일에서도 실패할 것임을 강조하고 있다.

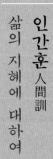

18편

인간훈 人間訓

삶의 지혜에 대하여

이 편에서는 화복이 변하고 이해가 상반되는 것을 잘 살피면 화가 도리어 복이 되고 해로움이 도리어 이익이 된다는 것을 깨달을 수 있다는 내용을 담고 있다. 또한 진실로 지극한 마음이 있으면 세상을 살면서 다른 사람이나 사물에 의해 해를 당하는 일이 없다고 말하고 있다. 전반적으로 삶의 지혜에 대해서 언급하고 있다.

1. 세 가지 위태로움

세상에는 세 가지 위태로운 것이 있다. 덕망이 부족하면서도 총애를 많이 받는 것이 첫 번째 위태로움이요, 재능이 부족한데도 지위가 높은 것이 두 번째 위태로움이며, 스스로 큰 공적이 없는데도 많은 봉록을 받는 것이 세 번째 위태로움이다. 그러므로 일이라고 하는 것은 간혹 손해를 보지만 그것이 오히려 이익이 되고, 간혹 이익을 보지만 그것이 손해가 된다.

✤ 자신이 가진 재능이나 공적보다 과장되거나 부풀려지는 경우 당장은 좋을지라도 나중에는 반드시 어려움에 처하게 된다는 것이니, 길흉화복이란 서로 돌고 도는 것이라는 점을 강조하고 있다. 전화위복이라는 말처럼 화복은 언제나 한쪽으로만 치우쳐 오는 것이 아니다. 좋은 일이 생기면 나쁜 일이 다가오기도 하고, 나쁜 일을 당하더라도 좋은 일이 금세 다가올 수도 있다. 그러니 어떤 경우에 부딪치더라도 그것이 변화할 수 있는 것임을 알고 억지로 그것에서 벗어나려 욕심을 부리지 않고 만족할 수 있어야 도리어 위태로움에 빠지지 않게 된다는 말이다. 동양적 사고에서는 사필귀정(事必歸正)이라 하여 좋은 일을 하면 복을 받고 나쁜 일을 하면 언젠가 재앙을 받는다고 말하는데, 이런 생각은 바로 길흉화복이 항상 변화되는 것임을

내다보았기 때문에 가능한 사고라 하겠다.

2. 세상의 일은 새옹지마다

 일은 간혹 이롭게 하려고 하지만 마침내 해가 되는 경우가 있고, 간혹 해롭게 될 것이라고 생각하지만 도리어 이익이 되는 경우가 있다. 이해가 상반되고 화복이 드나드는 문은 반드시 잘 살펴야 한다. 양호가 노나라에서 반란을 일으키자 노나라 군주는 성문을 닫고 그를 잡아 오도록 했다. 잡는 자에게는 많은 상을 주고 잡지 못하는 사람에게는 무거운 벌을 줄 것이라고 했다. 세 겹으로 둘러싸고 포위하자 양호는 칼을 잡고 자기 턱을 찌르려고 했다. 문지기가 저지하며 말했다.

"세상은 지극히 깊고 넓어서 그대를 찾으려면 끝이 없을 것이오. 내가 그대를 보내 주겠소."

양호는 포위망으로 다가가 그들을 물리치며 칼과 창을 휘두르고 달아났다. 문지기가 그를 보내 주자 도리어 문지기를 잡고 창으로 찔러 겨드랑이에 상처를 입혔다. 양호를 내보내 준 문지기가 원망하며 말했다.

"나는 본래 그대와 친구가 아님에도 불구하고 그대를 위해 죽을죄를 무릅쓰고 보내 주었는데 도리어 나에게 상처를 입히는가? 그대가 이런 어려움에 처하는 것이 마땅하구나."

노나라 군주는 양호를 놓쳤다는 말을 듣고 크게 노하여 어느 문으로 나갔는지 묻고 담당 관리를 시켜 문지기들을 잡아 오도록 했다. 상처를 입은 자는 큰 상을 받고, 상처를 입지 않은 자는 무거운 죄를 받았다. 이 것이 이른바 해롭게 될 것이라고 생각하지만 도리어 이익을 본 경우다.

✢ 앞의 구절에 이어 세상사의 길흉화복이란 쉽게 예측하기 힘들다 는 점을 강조하는 내용이다. 앞에서는 사필귀정이라 했지만 세상사 를 보면 반드시 정당하게 돌아가는 것만은 아니다. 좋은 일을 했지만 도리어 화가 되기도 하고 나쁜 마음으로 했지만 도리어 복이 되어 돌 아오기도 한다. 양호를 도와준 문지기의 예화는 바로 이런 점을 보 여 주고 있다. 양호는 앞에서도 나왔지만 노나라의 실권자이던 계손 씨의 가신이었는데, 한때 노나라 권력을 쥐고 있다가 반란을 일으킨 자다. 공자가 그와 생김새가 비슷해서 곤경을 치르는 이야기가 《논 어》에 나온다. 얼마 전 중국에서 발생한 일인데, 어떤 젊은 사람이 노 인의 짐을 들어 주었다가 도리어 도둑으로 몰린 경우가 있었다. 그 이후 사람들은 남을 돕지 않게 되었다고 한다. 좋은 일을 하고도 오 히려 봉변을 당한다면 누가 착한 일을 하겠는가?

이렇듯이 세상사에서 화가 복이 되고, 복이 화가 되는 형세는 인간 의 지혜로는 예측하기 어렵다. 그렇기 때문에 어떤 일이 다쳤을 때 그것을 잘 파악하고 대처해야 한다. 또한 잘 살피는 지혜 못지않게 필요한 것은 화가 닥쳤다고 크게 호들갑을 떨지 말고 자연스럽게 대응하는 자세라는 게 이 글의 요지다.

옛날에 송나라 사람 가운데 선(善)을 좋아하는 사람이 있었는데, 삼대(三代) 동안이나 이것을 지켜 왔다. 어느 날, 집에 아무 이유도 없이 검은 소가 흰 송아지를 낳자 집안의 어른인 선생에게 물었다. 선생이 대답했다.

"이것은 아주 길한 징조이니 귀신에게 제사를 지내시오."

1년 뒤에, 그 아버지가 이유 없이 눈이 멀게 되었고, 소는 또다시 흰 송아지를 낳았다. 아버지는 아들에게 선생한테 물어보라고 말했다. 그러자 아들이 대답했다.

"전에 선생의 말을 들었지만 실명하고 말았습니다. 그런데 지금 또다시 선생에게 물어서 무엇하겠습니까?"

그 아버지가 말했다.

"성인의 말씀은 앞에는 알 수 없지만 나중에는 반드시 맞는 법이다. 이 일이 아직 끝나지 않았으니 진실로 시험 삼아 가서 다시 여쭈어라."

아들이 다시 선생에게 묻자 선생이 말했다.

"이것은 아주 길한 징조이니 다시 귀신에게 제사를 지내시오."

돌아가서 아버지에게 그대로 말씀드리자 아버지가 말했다.

"선생의 말을 그대로 실행해라."

그렇게 1년이 지난 뒤에 아들도 이유 없이 눈이 멀고 말았다. 그 뒤에 초나라가 송나라를 공격하여 성을 포위했다. 이때 성 안에서는 서로 자식을 바꿔 잡아먹고, 뼈를 쪼개 불을 지폈으며, 젊은 사람들은 모두 죽어서 노인과 병자와 어린아이들까지 모두 성에 올라가서 성을 지키며 내려오지 않았다. 이에 초나라 왕은 크게 노하여 즉시 성을 부수고 성을 지키던 사람들을 모두 찢어 죽였다. 그러나 유독 이들 부자만은 눈이 멀었기 때문에 성에 올라갈 수 없었다. 초나라 군대가 포위를 풀고 물러나자 부자는 눈이 다시 보이게 되어 서로 만날 수 있었다. 화와 복은 돌고 돌면서 서로에게 반대로 생겨나는 것이므로 그 변화를 알기가 어려운 일이다.

변방에 사는 사람 가운데 꾀가 뛰어난 사람이 있었다. 어느 날 아무 이유 없이 집에서 기르던 말이 도망가서 오랑캐 땅으로 가 버렸다. 사람들이 모두 그에게 위로의 말을 전하자 그 아버지가 말했다.

"이것이 어찌 복이 되지 않겠소?"

몇 달이 지나서 도망갔던 말이 오랑캐의 준마를 데리고 집으로 돌아왔다. 그러자 사람들은 축하의 말을 전했는데, 그 아버지는 다음과 같이 말했다.

"이것이 어찌 화가 되지 않겠소?"

그 집에는 좋은 말이 많았고 그의 아들은 말타기를 좋아했는데, 하루는 말에서 떨어져 다리가 부러지고 말았다. 사람들이 모두 그에게 위로의 말을 전하자 아버지가 말했다.

"이것이 어찌 복이 되지 않겠소?"

그로부터 1년 지난 뒤에 오랑캐 사람들이 대거 변방으로 침입했다. 젊은 장정들은 활을 당기며 전쟁에 참여했다. 그리하여 변방 근처의 사람 가운데 죽은 자가 열 명 가운데 아홉이나 되었다. 그런데 그의 아들은 유독 다리가 부러졌기 때문에 부자가 서로 목숨을 보존할 수 있었다. 그러므로 복이 도리어 화가 되고, 화가 도리어 복이 되는 것이니 그 변화하는 모양새는 끝을 알 수 없고, 깊이를 헤아릴 수 없는 것이다.

✤ 두 고사 역시 화복이 변화하는 것에 대해 말하고 있는데, 뒤의 이야기는 새옹지마로 널리 알려진 내용이다. 옛날 말에 화복무문(禍福無門)이라는 말이 있는데, 화복은 출입하는 문이 없지만 좋은 일을 하면 복을 받고 나쁜 일을 하면 재앙을 받는다는 말이다. 하지만 위의 고사처럼 화복은 예측할 수 없는 경우가 많기 때문에 화복에 대해서 일희일비(一喜一悲)할 필요는 없다. 의연하게 대처하며 자신이 할 도리를 다하는 것이 현명한 대처법인 것이다.

화가 복이 되고, 복이 화가 되는 변화의 도리는 곧 하늘의 섭리에 따르는 것이니 그것을 예측할 수 없기 마련이다. 자연의 섭리가 늘 스스로 그러할 뿐 어떠한 이유나 목적을 가지고 이루어지는 것이 아니듯이 길흉화복 역시 그러하다. 인간의 관점에서 생각하니 그것이

복이 되거나 화가 될 뿐이다. 자연의 입장에서 보면 인간이 길흉화복이라 여기는 일조차도 우주 만물이 생겨나고 활동하는 과정에서 나온 당연한 일에 지나지 않는다. 그러므로 이런 큰 변화의 원리를 잘 파악하고 자연의 법칙에 순응하는 지혜를 갖는 것이 도를 터득하는 것이니 인간 세상의 화복에 지나치게 민감할 필요가 없는 일이다.

3. 무엇을 행해야 할 것인지 알아야 한다

 어떤 사람이 공자에게 물었다.

"안회는 어떤 사람입니까?"

"어진 사람입니다. 나는 그에게 미치지 못합니다."

"자공은 어떤 사람입니까?"

"말을 잘하는 사람입니다. 나는 그에게 미치지 못합니다."

"자로는 어떤 사람입니까?"

"용기 있는 사람입니다. 나는 그에게 미치지 못합니다."

손님이 말했다.

"세 사람이 모두 선생님보다 뛰어난데 선생님께 가르침을 받는 것은 무엇 때문입니까?"

공자가 말했다.

"나는 어질면서도 모질기도 하고, 말을 잘하면서도 어눌하며, 용기가 있으면서도 겁이 있답니다. 세 사람의 능력을 내가 가진 하나의 도(道)와 바꿀 수가 있다고 해도 나는 하지 않을 것입니다."

공자는 무엇을 행해야 할 것인지 아는 사람이었다.

✠ 안회와 자공, 자로는 모두 공자의 제자 가운데 뛰어난 덕망과 재주를 가진 사람들이다. 하지만 그들이 공자에게 배우는 것은 어떤 한 측면에서는 공자보다 뛰어날 수 있지만 공자는 모든 면을 다양하게 가진 성인이기 때문이다. 특히 안회는 하나를 들으면 열 가지를 안다고 하는 문일지십(聞一知十)의 주인공이다. 천재적인 머리와 탁월한 덕망을 가졌지만 그 모든 것이 공자의 가르침에서 얻어진 것이다. 자공과 자로도 공자에 비해 월등히 뛰어난 측면이 있지만 결국 공자에 미치지 못하고 모두 공자의 제자가 되었다.

맹자는 공자에 대해서 "가장 시의적절하게 행동하는 성인(聖之時者)"이라고 표현했다. 말해야 할 때와 말하지 않아야 할 때, 머무를 때와 떠날 때를 아는 사람이 바로 공자라는 의미다. 어느 때라도 가장 적합한 행동을 할 수 있는 사람이 공자였으니 그를 성인이라 부르는 것이다. 대부분의 사람들은 높은 자리에 오르면 그것을 놓치지 않으려고 온갖 잔꾀를 부리며 장기 집권을 획책한다. 물러갈 때를 잊고 장기 집권을 한 사람들의 최후는 비참하게 끝난다는 사실을 알면서도 욕심에 가려 올바른 판단을 하지 못한다. 그러니 시의적절하게 나아가고 물러날 줄을 아는 사람은 진정으로 도를 깨달은 사람이라고 할 수 있다. 사실 도가에서는 공자를 인위적인 방법으로 세상을 구제하려는 인물로 여겨서 성인으로 존중하지 않는다. 그런데도 이 구절에서 칭송한 것은 아마도 유가의 영향을 받거나 유가의 학자가 참여해서 그런 것으로 보인다.

4. 대화의 기술

노나라 애공(哀公)이 서쪽에 집을 더 지으려고 했다. 그런데 천문과 점을 담당하던 사관이 서쪽에 집을 짓는 것은 상서롭지 못한 일이라고 하자, 애공은 얼굴빛을 바꾸며 화를 냈다. 좌우의 신하들이 강하게 간언했으나 듣지 않았다. 이에 애공은 스승인 재절수(宰折睢)에게 물었다.

"내가 집을 더 지으려고 하는데 사관이 상서롭지 못하다고 하니 선생님께서는 어떻게 생각하십니까?"

재절수가 대답했다.

"세상에는 상서롭지 못한 것이 세 가지가 있는데, 서쪽에 집을 짓는 것은 거기에 포함되지 않습니다."

애공이 매우 기뻐하더니 조금 지나서 다시 물었다.

"세 가지 상서롭지 못한 것은 어떤 것입니까?"

선생이 대답했다.

"예의를 행하지 않는 것이 첫 번째 상서롭지 못한 것이요, 욕망을 멈추지 않는 것이 두 번째 상서롭지 못한 것이며, 간언을 듣지 않는 것이 세 번째 상서롭지 못한 것입니다."

애공은 아무 말 없이 깊이 생각하다 분연히 스스로 반성하고 마침내 서쪽에 집을 짓지 않았다. 사관들은 반대하는 주장으로만 멈출 것을 알았지 반대하는 주장을 하지 않고도 멈출 수 있다는 사실을 몰랐다. 지혜로운 사람은 길에서 벗어나 있지만 도를 얻고, 어리석은 사람은 도를 지키려다 길을 잃게 된다. 말을 잘하는 아열(兒說)은 그 기술로 닫히고 막힌 일을 풀지 못하는 경우가 없었다. 하지만 그것을 모두 푼 것은 아니며 풀 수 없는 것은 풀지 않았을 뿐이다. 풀지 않음으로써 그것을 푸는 사람과는 더불어 도를 논할 수 있다.

✤ 이 구절은 사람과 대화하는 기술도 하나의 도가 있다는 점을 지적하고 있다. 흔히 대화의 기술이라고 하면 구변으로 남을 속이는 것이라고 생각하기 쉽다. 그러나 대화의 기술도 경지에 도달하면 속이는 방법이 아니라 마음으로의 설복이 될 수 있다. 그 사람의 심중과 지적 능력 등을 모두 고려해서 시의적절하게 대응해야 마음으로

의 설복이 가능할 것이다. 그리고 때로는 직설적인 간언을 하기보다 우회적인 표현으로 설득하는 것이 효과적인 방법일 수도 있다. 그런 측면에서 재절수의 대화 기술은 도의 경지에 이른 것이라고 할 수 있다. 여기에 나오는 아열은 《한비자》에 "송(宋)나라 사람으로 말을 잘하는 사람이다."라는 기록이 보이는데, 매우 논리적이고 대화의 기술이 뛰어난 사람이었다고 한다. 하지만 아열과 같은 대화의 달인조차도 해결하지 못하는 경우가 있으니 그야말로 도의 경지에 이르지 않고서야 가능하지 않다는 말이다.

고대 동양에서 이런 대화의 기술은 대부분 군주를 설득하기 위한 것이었다. 법가의 대표적 저술인 《한비자》에도 군주를 설득하는 방법에 대해서 다양하게 언급하고 있지만 유가의 경전인 《효경》에도 "천자에게 간언하는 신하 일곱 명이 있으면 비록 도가 없더라도 천하를 잃지 않고, 제후에게 간언하는 신하 다섯 명이 있으면 비록 도가 없더라도 나라를 잃지 않으며, 대부에게 간언하는 신하 세 명이 있으면 비록 도가 없더라도 집안을 잃지 않는다. 선비에게 간언하는 친구가 있으면 그에게서 좋은 명성이 떠나지 않을 것이고, 아버지에게 간언하는 자식이 있다면 그는 불의에 빠지지 않을 것이다."라는 말이 있다. 사실 군주와 대화할 때 간언을 하는 것이야말로 가장 어려운 일이다. 간언을 하는 사람은 말 한마디에 목숨을 내놓을 수도 있는 일이고 간언을 듣는 사람은 그 말이 귀에 거슬려도 참지 않으면 곤란하니 그렇다. 더구나 군주의 잘못을 지적하는 경우는 더욱 조심스러운 일이다. 그러니 재절수의 예처럼 우회적으로 말해서 문제를 푸는 현명함이 곧 대화의 도라고 하겠다. 이 구절은 도의 본질적 차원을 언급하기보다는 대화를 풀어 가는 방법론을 제시한 부분이라고 할 수 있다.

5. 도를 깨달은 사람의 행동

도를 깨달은 선비는 밖으로는 사람들과 동화하지만 내면에서는 변하지 않는다. 밖으로 동화하는 것은 사람들에게 들어가기 위한 것이고, 내면이 변하지 않는 것은 자기 몸을 온전하게 하기 위한 것이다. 그러므로 내면에는 일정한 지조를 지키고 있으면서 외면으로는 굽혔다 폈다, 자랐다가 수축했다, 쥐었다 펼쳤다 하면서 사물의 변화와 함께 옮겨 가기 때문에 많은 일을 하면서도 함정에 빠지지 않는다. 그들이 성인을 귀하게 여기는 까닭은 용(龍)처럼 자유자재로 변할 수 있기 때문이다. 지금 애써서 하나의 절개만 지키거나 하나의 행동만을 밀고 나가면서 비록 무너지고 멸망해도 오히려 변하지 않는 사람이 있는데, 이런 사람은 작은 만족만을 살필 뿐 대도(大道)에는 막혀 있다.

✢ 도를 깨닫는다는 것은 매우 힘든 것이다. 눈에 보이지도 않고 감각으로 느낄 수도 없는 도를 어떻게 깨닫는다는 것인지 아무리 많은 글을 읽어도 알기 어려운 것이 사실이다. 하지만 도를 깨닫는다는 것은 많은 글을 읽는다고 되는 것은 아니다. 마음의 문제이기 때문이다. 마음이 하나에 얽매이면 한 가지만 보고 다른 것은 보지 못하는 법이다. 그러나 도를 깨달은 사람은 수많은 것에 대응할 수 있는 마음을 가지고 있다. 모든 것을 수용할 수 있는 마음을 지녔기 때문이다. 그런 마음을 가지면 그것이 밖으로 나타나 어떤 사람과도 어울릴 수 있고 동화한다. 하지만 그 자신의 내면에서는 자연의 이치를 품고 의연하게 살아간다. 용처럼 여의주를 물고 천변 만변할 수 있다는 말이다. 그러니 작은 원칙 한둘에 얽매이지 말고 마음을 크고 넓게 가지며 자연의 이치에 순응하는 인간으로 사는 것이 진정으로 도를 깨닫는 일이라 하겠다.

19편

수무훈 脩務訓

배우고 수양하는 방법을 가르침

19편
수무훈修務訓
배우고 수양하는 방법을 가르침

이 편에서는 사람들이 폭넓게 도를 행하지 않고 논하는 것도 깊지 않아 허황된 생각만 가지고 있음을 비판하고 있다. 또한 게으름에 빠져 배우지 않고 욕망만 추구하며 대도(大道)를 지키지 못하는 것을 논하고 있다. 도를 터득한 사람이 무위하는 것과 아무것도 모르는 사람이 무위하는 것은 이름만 같을 뿐 실상은 다른 것이다. 그러므로 여러 가지 다양한 방법을 제시하면서 학자들이 스스로 부지런히 배우고 즐길 것을 말하고 있다.

1. 무위의 다스림은 무엇을 말하는가?

어떤 사람이 말하기를 "무위는 고요하여 소리가 없고 막연하여 움직임이 없으며, 당겨도 오지 않고 밀어도 가지 않는데 이와 같은 것이 득도의 모습이다."라고 한다. 나는 그렇게 생각하지 않아서 시험 삼아 물어본다. 신농·요·순·우·탕 같은 사람들은 성인이라고 말할 수 있는가? 논란이 있을 수 있지만 반드시 아니라고 할 수는 없다. 다섯 명의 성인을 관찰해 보면 그들은 무위했던 것이 아님이 분명하다.

옛날에 백성들은 풀을 먹고 물을 마시며 나무의 열매를 따고 우렁이나 땅강아지의 고기를 먹었기 때문에 때로 질병이나 독에 몸이 상하는 피해가 많았다. 이에 신농이 비로소 백성들에게 오곡을 파종하는 방법을 가르쳤다. 토지의 상태가 말랐는지 습한지, 비옥한지 메말랐는지, 높은 지대인지 낮은 곳인지를 자세히 살폈으며, 모든 풀의 맛을 보고 샘물이 달콤한지 쓴지를 맛보아 백성들로 하여금 피해야 할 것과 취해야 할 것을 알게 했다. 이때 신농씨는 하루에도 70번의 독을 만났다.

요임금은 효도·자애로움·어짊·사랑을 세워 백성들을 자제같이 여겼으며, 서쪽으로는 옥민을 가르치고, 동쪽으로는 흑치에 이르렀으며, 북쪽으로는 유도를 어루만지고, 남쪽으로는 교지를 인도했으며, 환두를 숭산으로 추방하고, 삼묘를 삼위로 쫓아 버리고, 공공을 유주로 유배 보내며, 곤을 우산에서 사형시켰다. 순임금은 집을 짓고 담장을 만들며, 지붕을 잇고 토지를 개간하고 곡식을 심어 백성들로 하여금 토굴을 버리고 각자 집을 갖게 했다. 남쪽으로 삼묘를 정벌하다 도중에 창오에서 죽었다.

우왕은 장맛비에 목욕하고 세게 부는 바람으로 빗질을 하며, 강물의 물길을 트고, 용문산을 뚫고 이궐산을 열며, 팽려 지역의 제방을 수리하고, 네 가지 수레를 타고 산을 따라 나무로 경계 표시를 하고, 물과 땅을 평안하게 다스려 1,800여 나라를 정했다. 탕왕은 아침 일찍 일어나고 밤늦게 자면서 부지런히 총명함을 다하고, 세금을 줄여 백성을 너그럽게 대했으며, 덕망과 은혜를 베풀어 곤궁한 자들을 구휼했다. 또한 죽은 자에게 조문하고 병든 자에게 문안하고 고아와 과부를 양육했다. 백성들이 친근하게 따르고 정령이 두루 행해지자 명조에서 군대를 모아서 하나라 걸왕을 남소에서 무찌르고, 그의 허물을 꾸짖어 역산으로 추방했다.

이 다섯 성인은 세상에서 가장 훌륭한 임금으로 육체적으로 노고를 아끼지 않고 정신적으로 깊이 생각을 거듭하며 백성들을 위해 이익을 일으키고 해악을 제거하는 데 게으르지 않았다. 한 잔의 술을 손으로 들면 안색이 변하지 않지만 한 섬이 들어가는 술동이를 짊어지려면 하얀 땀이 흐른다. 하물며 천하의 근심을 주머니에 담고 온 세상의 일을 책임지는 자에 있어서 말해 무엇하겠는가? 그것은 한 섬들이 술동이보다 훨씬 무거운 짐이다.

✤ 여기에 나오는 신농은 황제·염제와 더불어 전설적인 제왕인 3황의 한 사람인 신농씨를 말한다. 옥민·흑치·유도·교지는 상고 시대에 동서남북의 4극(極)에 해당되는 지명이다. 환두는 요임금 시절의 고위 관료로 치수 관리 책임자로 공공을 추천했는데, 공공이 일을 잘못해서 물난리가 나는 바람에 둘 모두 추방당했다. 삼묘는 중국 서남쪽의 오랑캐로 난을 일으켜 서북 지역인 삼위로 쫓겨난다. 곤은 우왕의 아버지로 치수 관리를 잘못해서 사형을 당하고 치수 관리 임무는 아들인 우에게 넘어간다.

이 구절의 요지는 그동안 앞에서 말하던 것과는 달리 진정한 무위를 깨달은 사람은 어떤 존재인지를 다시 한 번 반문한다는 것이다. 아무것도 하지 않는 무위자연의 자세를 갖추는 것만으로 득도했다고 보는 것이 옳을까? 아니면 비록 그것이 무위자연의 자세에서는 다소 벗어나더라도 백성들이 편안하게 살도록 해 주는 것이 득도한 성인의 태도일까? 여기서는 도리어 후자 쪽이 진정한 성인, 득도한 사람의 자세라고 주장한다. 그래서 도가보다는 유가의 성인에 가까운 신농·요·순·우·탕의 행적을 들어 이런 주장을 뒷받침하고 있다.

다시 말해 성인이란 자기 한 몸의 희생을 감내하면서도 백성을 편안하게 하는 것을 우선으로 여기는 사람이라는 것이다. 그 예로 든 다섯 명의 성인은 모두 스스로 어려움을 끌어안고 고통을 감내하면서도 백성들의 편의를 위해 헌신했던 인물들이다. 그렇기 때문에 독을 먹어 풀의 독성을 실험하고 직접 농사를 지으며 솔선수범해서 일을 했던 것이다. 이것을 비유해서 무거운 술동이를 짊어지는 것보다 더 어려운 짐이라고 말한다. 한 순간 술동이를 짊어지는 것은 누구나 가능하다. 그러나 오랜 세월 동안 그것을 짊어져야 한다면 누가 그것을 감당하겠는가. 그래서 이런 성인의 시대에는 가장 덕망 있고 현명한 사람을 선택해서 왕위를 물려주는 방식으로 왕위를 계승했다. 이처럼 임금이 왕위를 자기의 혈족에게 세습시키는 것이 아니라 현명한 사람에게 전해 주는 것을 선양(禪讓)이라고 하는데, 요임금에서 순임금에게, 순임금에서 다시 우왕에게 선양했다. 사실 선양은 어떤 면에서는 왕위를 물려받는 것이므로 높은 지위를 차지하고 부귀영화를 누리는 것으로 보이기도 하지만 달리 생각하면 가장 무거운 짐을 지는 일이기도 하다. 혼자만 무위자연의 도를 깨우쳐 안일하게 사는 것은 진정한 성인이 아니라는 입장을 강조한 대목이라고 하겠다.

2. 유위와 무위의 구분

내가 말하는 무위란 사적인 의지가 공적인 도리에 들어가지 않고, 욕망이 올바른 방도를 그르치지 않으며, 이치에 따라서 일을 거행하고, 자질에 따라 공을 세우며, 자연스러운 기세를 따라 옳지 않은 것이 용납되지 않는 것을 말한다. 또한 일이 완성되어도 스스로 자랑하지 않고 공로를 세워도 명예를 차지하지 않는 것이지, 감각으로 느껴도 대응하지 않거나 공격해도 움직이지 않는 것을 말하는 것이 아니다.

만약 불을 피워 우물을 말리거나 회수의 물을 산으로 끌어댄다면 이것은 인위적인 자기 힘을 이용해서 자연을 거스르는 것이므로 유위(有爲)라고 한다. 만약 물에서 배를 이용하고, 사막에서 낙타를 이용하며, 갯벌에서는 썰매를 이용하고, 산에서는 삼태기를 사용하며, 여름에는 도랑을 트고 겨울에는 물을 막고, 높은 곳에는 밭을 만들고 낮은 데는 습지를 만든다면 이것은 내가 말하는 유위가 아니다.

✛ 이 글 역시 앞 구절을 이어서 무위와 유위를 현실적으로 재규정하고 있다. 공과 사를 구분할 줄 알고, 욕망에 따라 행동하지 않고 옳은 것과 그른 것을 구분하며, 자연의 이치에 따르며 스스로의 공을 내세우지 않는 것을 무위라고 말한다. 또한 자연을 훼손(毀損)하지 않으면서 자연스럽게 이용하는 것은 무위이지만 자연의 큰 흐름을 거스르거나 해치면서 인위적으로 변형을 가하는 것이 유위라고 말한다. 이는 엄격한 의미에서 도가적 무위와는 조금 다른 내용이라고 할 수 있다. 사실 인간이 사회생활을 하면서 무위자연의 도에 따라 살아가기는 쉽지 않다. 그래서 현실 생활에서 구체적인 예를 제시하며 무위와 유위를 구분한 것이라 하겠다.

가장 비근한 예로 최근 완성된 4대강 사업을 하나의 예로 들 수 있다. 4대강 사업은 자연스럽게 형성된 물길을 인위적으로 돌리면서 보를 쌓고 댐을 만들어 필요한 물의 수량을 확보하려는 의도로 시작한 사업이다. 그것이 설사 대운하 사업으로 이어지지 않는다 하더라도 이렇게 물길을 인위적으로 바꾸고 보를 설치함으로써 다양한 환경 문제가 나타나고 있고 그로 인해 많은 국민의 의혹을 사고 있다. 자연은 글자 그대로 '저절로 그렇게 된 것'이다. 오랜 세월 지형과 환경에 따라 축적되며 형성된 것이기에 인간이 마음대로 조작하고 개발하는 순간 수많은 자연 재해를 낳거나 많은 생명체가 위협을 받게 되는 등 자연과 인간의 조화가 깨지게 된다. 세계 곳곳에서 인위적으로 만들었던 방조제나 제방을 무너뜨리고 원래의 자연 그대로 복원하는 상황에서 도리어 개발이라는 눈앞의 이익만 내세우는 것은 현명한 정책이 아니다. 자연의 역습을 받아 후손들이 겪어야 하는 재해를 생각한다면 무모한 욕심이 끔찍한 결과를 초래할 수도 있으니 무엇이 진정한 살 길인지 다시 한 번 깊이 숙고해야 한다.

3. 특이한 모습의 아홉 현자

요임금은 눈썹에 여덟 가지 색이 있었고, 몸에 있는 아홉 구멍이 모두 열려서 공정하고 사심이 없었다. 그래서 한마디 말로도 모든 백성이 가지런해졌다. 순임금은 눈동자가 두 개여서 중명(重明)이라고 했는데 일을 하면 본보기가 되고 말을 하면 아름다운 문장을 이루었다. 우왕은 귀에 세 개의 구멍이 있어서 대통(大通)이라고 했는데, 백성들의 이익을 일으키고 해악을 제거했으며, 강물의 물길을 소통하게 했다. 문왕은 네 개의 젖이 있어서 대인(大仁)이라고 했는데, 천하가 그에게 돌아오고 백성들이 친애했다. 순임금의 신하였던 고요는 말의 입을 닮아 지신(至信)이라고 했는데, 명백하게 옥사를 처리하고 인정을 잘 살폈다. 치수 관리를 맡은 우는 바위에서 태어나고 법전과 예절을 맡았던 설은 알에서 태어났으며, 사황(史皇, 창힐이라고도 하며 문자를 만든 전설의 인물)은 태어나면서부터 글씨를 썼고, 예(羿)는 왼쪽 팔이 길어 활을 잘 쏘았다. 이상의 아홉 현자는 천 년에 한 번 나오지만 마치 서로 뒤를 이어서 계속 나온 것 같다.

✢ 여기서 언급한 현자들의 모습을 보면 일반 사람과 다른 모습을 하고 있다. 눈동자가 두 개, 귀에 구멍이 세 개, 젖이 네 개 등등 평범하지 않은 모습을 가지고 있다. 이 사람들이 정말 이런 몸을 타고난

것인지는 보지 않아서 알 수 없지만 성인들의 모습이 특이했다는 사실을 들어 그들의 행적을 더욱 빛나게 만들기 위해 이야기를 꾸며 낸 것으로 보인다.

사실 역사책을 보면 성인이나 성군의 등장에는 항상 예사롭지 않은 설화가 따른다. 이는 모두 후대에 만들어진 이야기일 것이나 그만큼 인류의 발전에 기여한 사람을 기리기 위해 그랬을 것이다. 어쩌면 인류를 위해서 온 마음과 몸을 바친 이런 성인들이 끊이지 않고 나타났기 때문에 오늘날 인류의 문화가 존재하는 것인지도 모른다.

4. 진정한 현명함이란?

 사물에 통달한 자는 괴이한 것으로 놀라게 할 수 없고, 도를 깨우친 자는 기이한 것으로 동요하게 할 수 없다. 말을 잘 아는 사람은 명칭으로 빛나게 할 수 없고, 형체를 잘 살피는 사람은 형상으로 속일 수 없다. 세속의 사람들은 대부분 과거를 존중하면서 현재는 천박하게 여긴다. 그러므로 도를 행하는 사람은 반드시 신농과 황제에게 의탁한 뒤에 사람들을 설득할 수 있게 된다. 난세의 우매한 군주는 도의 근원을 높고 멀다고 여겨 소중하게만 생각한다. 학문을 하는 사람은 이론에 얽매여 스승에게서 들은 것만 높이고 서로 반듯하게 앉아 칭송하며 옷깃을 바르게 하고 암송한다. 이것은 옳고 그름을 바라보는 분별력이 밝지 못하기 때문이다.

　✤《중용》 11장에는 공자가 "숨겨진 것만 찾고 괴이한 것만 행하는 것을 후세에 기술하는 사람이 있지만, 나는 그러한 짓을 하지 않겠다."라고 한 말이 나온다. 이 말 때문에 흔히 숨겨진 것만 찾고 괴이한 것만 행하는 것을 색은행괴(索隱行怪)라고 하여 유가에서도 인정하지 않는다. 색은행괴를 하는 사람들은 대부분 남에게 주목을 받기 위해 그런 것을 밝히려 든다. 하지만 도를 통달한 사람은 그런 것에 현혹되지 않는다.

　자신의 학설이나 주장을 증명하기 위한 방법 가운데 가장 많이 사용하는 방식이 바로 권위에 의존하는 방식이다. 예를 들어 성경에 나오는 구절을 인용하여 설명하거나 성인의 말을 인용하는 경우가 이에 해당한다. 그런데 권위에 의한 증명은 오류를 내포할 수 있음을 생각해야 한다. 그 이유는 주장의 근거를 객관적으로 제시하는 것이 아니라 특정 인물의 권위로 대체하는 경우가 대부분이기 때문이다. 훌륭한 논증은 명확한 주장과 이를 뒷받침하는 적절한 근거가 필요한 것이다. 그렇기 때문에 이 오류는 '잘못된 권위에 의존(호소)하는 오류'라고 불린다. 따라서 권위에 호소하는 증명이 오류가 되지 않기 위해서는 권위자의 말이 옳다는 것을 증명해야 한다는 문제가 남아 있다.

흔히 유가의 학설을 증명하기 위해서는 요, 순, 공자의 말을 인용하고, 도가의 학설을 증명하기 위해서는 노자, 장자의 말을 인용하는 경우가 많다. 그래서 《회남자》에도 노자의 말을 인용한 곳이 많다. 하지만 과거의 문헌과 성인에 의존하지 않고 진정한 도를 깨닫는 현명함이 더 필요한 것이 아니겠는가. 물론 그렇다고 성현의 말씀이나 문헌이 쓸모없거나 비현실적이라는 말은 아니다. 오로지 그 권위에 의존하는 오류를 범해서는 안 된다는 의미다.

태족훈 泰族訓

인간을 편안하게 하는 가르침

20편

태족훈泰族訓
인간을 편안하게 하는 가르침

이 편에서는 위로는 해와 달과 별을 밝히고 아래로는 물과 흙의 기운을 조화롭게 하며, 고금의 도리를 조리 있게 만들고 윤리의 질서를 다스리며, 온 세상이 나갈 방향을 총괄하여 하나의 근본으로 돌아가게 하는 내용을 담고 있다. 아울러 이런 내용을 통치에 적합하게 활용하는 부분도 담고 있어 유가와 도가의 조화를 꾀하고 있다.

1. 보이지 않는 작용이 신명이다

하늘은 해와 달을 설치하고 별을 진열하며, 음양을 조화롭게 하고 사계절을 펼쳐 준다. 낮에는 햇볕을 내리쬐고 밤에는 쉬게 하며, 바람을 불게 하여 말리고 비와 이슬을 내려 적셔 준다. 만물을 생육할 때는 성장시키는 것을 볼 수 없지만 만물이 자라고, 만물을 죽일 때는 죽이는 것을 볼 수 없지만 만물은 사라진다. 이것을 신명(神明)이라고 말한다. 성인도 이것을 본받았기 때문에 복을 일으킬 때 그 유래를 볼 수 없지만 복이 일어나고, 재앙을 제거할 때는 그 까닭을 볼 수 없지만 재앙이 제거된다. 멀리하려고 하면 가까워지고, 끌어들이면 더욱 멀어지며, 생각하면 터득할 수 없고, 관찰하려고 하면 환하게 드러나지 않는다.

✤ 다시 한 번 천지자연의 질서, 즉 도의 작용을 강조하는 대목이다. 자연은 어떠한 행위를 하지 않는 것 같지만 만물이 성장하고 소멸하는 과정을 반복하게 만든다. 이런 것은 매우 신비스럽고 오묘한 현상이어서 이것을 신명이라고 부른다. 이런 자연의 신령한 모습을 본받은 사람이 성인이다. 그렇기 때문에 성인의 행위는 예측할 수 없지만 항상 도리에 알맞고 길흉화복조차 시의적절하게 대응한다.

이런 성인과 달리 보통 사람들은 일반적으로 자신의 지식과 경험을 바탕으로 인간과 사물을 판단한다. 그 결과 오류나 억측이 난무하게 되고 자연의 질서, 즉 도의 진정한 모습을 보지 못하게 된다. 사실 세상 만물은 보이는 것보다 보이지 않거나 보지 못하는 곳에 더 많이 존재한다. 더구나 인간의 감각 기관은 다른 동물보다 뛰어난 것이 아니므로 보고 듣는 것에 한계가 있을 수밖에 없다. 그런 까닭에 인식의 범위를 넓히고 올바른 판단력을 가지고 만물을 대하려는 노력을 기울이지 않으면 결코 도를 터득할 수 없게 된다. 만물이 변화하고 조화하는 도의 원리와 작용, 자연의 법칙과 인간의 도리를 적절하게 파악하고 무위자연의 이치에 따르라는 것을 다시 한 번 지적하고 있다.

은나라 고종은 상을 치르는 방에서 3년 동안 말을 하지 않았다. 그러자 온 세상이 고요하여 아무 소리도 나지 않았는데, 고종이 한번 말소리를 내자 천하가 크게 움직였다. 이것은 천심(天心, 하늘의 뜻)에 따라서 입을 열고 닫은 것이다. 그러므로 한번 뿌리가 움직이면 많은 가지가 반응하여 움직인다. 마치 봄비가 만물에 흘러 들어갈 때, 이리저리 고르게 스며들고 왕성하게 펼쳐져 어느 지역이든 흘러들지 않는 곳이 없고 어떤 사물이든 생장시키지 않음이 없는 것과 같다. 그러므로 성인은 천심을 품고 소리를 질러 천하를 움직이고 변화시키는 사람이다. 그러므로 정성이 내면에서 감응하면 형기(形氣, 겉으로 나타나는 형상과 기운)가 하늘에서 움직이고, 상서로운 별이 나타나며, 황룡이 내려오고, 상서로운 봉황이 날아오고, 맛있는 샘물이 솟아나며, 좋은 곡식이 생겨나고, 하천은 넘치지 않고, 바다는 해일이 일지 않는다. 그러므로 《시경》에서 "수많은 신(神)을 회유하여 강과 큰 산에도 미친다."라고 했다.

✤ 고종은 은나라 왕인 무정(武丁)을 말하는데, 3년 동안 말을 하지 않았다는 말은 돌아가신 부모를 위해 3년간 상복을 입고 정사를 하지 않았다는 것을 뜻한다. 이런 경우 임금이 말을 하지 않으므로 신하 중에서 가장 높은 총재가 대신 명령을 내렸다. 이처럼 고종은 부모의 상을 당해서 3년 동안 정성으로 효를 다했기 때문에 세상 사람들은 그의 행위를 보고 그의 말을 믿고 따를 수 있었던 것이다. 말로 정치를 하는 것이 아니라 행동으로 보여 주는 정치를 통해 백성을 감화시킨다는 점을 강조한 대목이다.

2. 진실한 마음으로 다스려라

 태왕 단보가 빈(邠)에 살 때, 북쪽 오랑캐인 적인이 침공하자 백성들이 다치지 않을까 해서 지팡이 하나를 들고 떠나려고 했다. 그러자 백성들은 어린아이의 손을 잡고 노인은 부축하며, 솥과 시루를 지고 양산을 넘어 기주에 나라를 세웠다. 이것은 명령으로 백성을 부를 수 있는 것이 아니라는 것을 말한다. 진나라 목공은 야인들이 자신이 타는 준마를 훔쳐 그 고기를 먹는 것을 보고 그들의 몸이 상할 것을 걱정하여 좋은 술을 주어 마시게 했다. 그 뒤 진나라 혜공이 한나라와 전쟁을 하자 사력을 다해 보답한 것은 문서를 만들어서 그렇게 했던 것이 아니다. 공자의 제자인 복자(宓子)가 단보를 다스릴 때, 무마기가 그곳에 가서 교화시킨 것을 살펴보았다. 밤에 물고기를 잡는 사람이 작은 물고기를 잡으면 곧 풀어 주었는데, 이것은 형벌로 금할 수 있는 일이 아니다. 공자가 노나라 사구가 되었을 때, 길에서는 물건을 줍는 일이 없었고 시장에서 물건을 팔 때는 미리 값을 매기지 않았으며, 사냥하거나 고기를 잡는 사람들은 모두 어른에게 양보하고, 머리가 반백이 된 자들이 짐을 이거나 짊어지는 일이 없었는데, 이것은 법으로 할 수 있는 일이 아니다.

화살이 먼 곳을 쏘고 울타리를 꿰뚫는 것은 쇠뇌의 힘이다. 그러나 화살이 과녁에 적중하고 작은 것을 쪼개는 것은 마음을 바르게 하기 때문이다. 선한 자에게 상을 주고 포악한 자에게 벌을 주는 것은 법령에 의한 것이다. 그러나 그것이 행해질 수 있는 것은 군주의 정성 때문이다. 그런 까닭에 쇠뇌가 비록 강해도 홀로 과녁에 적중할 수 없고, 명령이 비록 분명해도 홀로 실행될 수 없다. 이것은 반드시 정성스러운 기운이 그것과 함께 도를 베풀기 때문이다. 그러므로 도를 펼쳐 백성에게 은택을 입혀도 백성들이 따르지 않는 것은 정성스러운 마음이 베풀어지지 않았기 때문이다.

✤ 위대한 군주나 성인이 백성을 다스리는 것은 강제성을 띠거나 인위적으로 하는 것이 아니다. 또한 법으로 백성을 통제하거나 힘으로 하는 것도 아니다. 오직 정성스러운 마음과 몸으로 보여 주는 실천에서 이루어지는 것이다. 이 구절은 백성을 교화시키는 가장 중요한 것은 말이 아니라 진심이라는 사실을 여러 인물을 통해 증명하고 있다.

법이 아무리 잘 정비되어 있고, 형벌이 아무리 엄하다고 해도 백성들을 모두 통제할 수는 없다. 세세한 부분까지 법으로 규정한다면 백성들은 수족조차 둘 데가 없을 것이며, 중죄인을 사형시킨다고 범죄가 사라지는 것도 아니다. 훌륭한 통치는 법을 잘 정비하거나 잘 이용하는 것보다 진실한 마음으로 백성을 교화시키고 모범을 보여 주는 데 있다. 이러한 방식을 강조한 것은 바로 유가학파였다. 위정자의 덕망을 통해 백성을 자연스럽게 교화시키는 방식이다. 노자 또한 정치에 대해 언급하면서 생선을 굽는 일에 비유했다. 이리저리 자꾸 뒤집다가 생선을 바스러뜨리는 어리석음처럼 법을 이리저리 세워 다스리기보다는 군주가 무위로 다스려 백성들이 스스로 법과 질서를 지키도록 만드는 것이 훌륭한 정치라는 말이다. 이 구절은 유가의 덕치와 도가의 무위 통치를 적절하게 조합한 것으로 보인다.

3. 근본을 튼튼하게 하라

패왕의 업을 달성하려고 하는 사람은 반드시 남을 이길 수 있는 자다. 남을 이길 수 있는 사람은 반드시 강자일 것이다. 강자가 될 수 있는 자는 반드시 남의 힘을 이용하는 자다. 남의 힘을 이용할 수 있는 자는 반드시 사람의 마음을 얻은 자다. 사람의 마음을 얻을 수 있는 자는 반드시 스스로를 얻은(자신의 주체성을 세운) 자다. 그러므로 마음이란 몸의 근본이요, 몸은 나라의 근본이다. 스스로를 얻고 사람을 잃는 자는 없으며, 스스로를 잃고 사람을 얻는 자도 없다. 그러므로 통치의 근본은 백성의 안녕을 힘쓰는 데 있고, 백성을 편안하게 하는 근본은 생활용품을 충분하게 하는 데 있다. 생활용품을 충분하게 하는 근본은 백성들이 일할 시기를 빼앗지 않는 데 있다. 백성들이 일할 시기를 빼앗지 않는 근본은 일을 줄이는 데 있다. 일을 줄이는 근본은 절약하는 데 있다. 절약의 근본은 본성을 돌이키는 데 있다. 뿌리를 흔들어 놓고 가지를 고요하게 하거나 물의 근원을 흐리게 해 놓고 지류를 맑게 할 수는 없다.

✤ 이 부분에서도 역시 정치의 근본과 말단에 대해 이야기하고 있다. 백성들의 착한 본성을 회복하도록 만드는 것이 정치의 근본이요, 나아가 경제적 풍요와 평안함을 주는 출발점이다. 자신을 수양해서 덕에 충실하게 만들고 타인의 마음을 얻으면 세상을 다스리는 왕

이 될 수 있다. 자신도 다스리지 못하면서 남을 다스린다는 것은 본말이 전도된 것이다. 이 구절 역시 수신에서 시작하여 평천하를 완성하는 유가의 정치관과 유사한 내용을 담고 있다.

학자가 하늘과 인간의 구분을 명확하게 하고, 치란(治亂, 올바른 통치와 혼란스러운 통치)의 근본에 통달하며, 마음과 의지를 맑게 보존하고, 사물의 시작과 끝을 볼 수 있다면 도에 대해 어느 정도 알았다고 말할 수 있다. 하늘이 만든 것은 금수와 초목이고, 인간이 만든 것은 예절과 제도다. 짚을 이어 궁궐과 방을 만들고, 기물을 제작해 배와 수레를 만드는 것이 바로 이러한 것이다. 통치의 근본이 되는 것은 인의(仁義)이고, 말단이 되는 것은 법과 제도다. 사람이 생명을 섬기는 것이 근본이요, 죽음을 섬기는 것은 말단이다. 그러나 근본과 말단은 일체다. 이 두 가지를 사랑하는 것도 사람이 지닌 하나의 본성이다. 근본을 우선으로 삼고 말단을 뒤로 여기는 사람을 군자라고 말하고, 말단으로 근본을 해치는 사람을 소인이라고 한다. 군자와 소인의 본성은 다른 것이 아니라 무엇을 우선으로 하는가에 달려 있을 뿐이다.

✤ 유가의 경전인 《대학》에서 "사물에는 근본과 말단이 있고, 일에는 시작과 끝이 있으니 먼저 해야 할 것과 뒤에 해야 할 것을 안다면 도에 가까울 것이다."라고 했다. 군자는 근본, 즉 인의를 중시하고 소

인은 말단, 즉 사욕을 중시하기 때문에 군자와 소인을 구분하는 것은 무엇을 중시하는가에 달려 있다는 말이다.

오늘날 많은 사람들은 근본보다 말단에 치우친 경우가 많다. 마음보다 물질을 중시하는 삶이 바로 그런 경우다. 물론 자본주의 사회에서 물질을 갖추는 것은 당연한 일이지만 물질에 의해 인간의 본성마저 상하게 하는 것은 옳은 일이 아니다. 인간이 마음을 통해 물질을 지배하고, 물질에 대한 욕망을 조절할 수 있을 때 근본이 확립되는 것이다.

하지만 이 글의 주장처럼 근본과 말단은 현실 세계에서 엄격히 구분되어야 하지만 거시적 측면에서 본다면 그것들도 사람이 지닌 본성의 일부분이라 할 수 있다. 삶과 죽음이 하나이듯 본말도 하나의 본성에 뿌리를 두고 있다. 다만 먼저 해야 할 일과 나중에 해야 할 일이 무엇인지를 안다면 도를 터득하게 될 것이고, 중요한 것과 중요하지 않은 것을 구별할 줄 안다면 본말을 안다고 할 수 있다.

 몸을 다스리는 데 가장 중요한 것은 정신을 기르는 일이고, 그다음이 몸을 기르는 것이다. 나라를 다스리는 데 가장 중요한 것은 교화를 기르는 것이고 그다음이 법을 바르게 하는 것이다. 정신이 맑고 의지가 평안해서 모든 골절이 다 편안한 것은 본성의 근본을 기르는 것이다. 살과 피부를 살찌우고 장과 배를 채우며 욕망에 이바지하는 것은 생명의 말단을 기르는 것이다. 백성들이 서로 양보하여 낮은 데로 자리하기를 다투며, 이익을 버리고 적게 받기를 다투고, 일에 힘을 쓰면서 더 수고롭기를 다투고, 날로 변화되어 선으로 옮겨 가면서도 그 까닭을 알지 못하는 것이 최상의 정치다. 상을 이롭게 여겨 선을 좋아하고, 형벌을 두려워하여 잘못을 저지르지 않으며, 위에서는 법령을 바르게 하고 아래서는 백성들이 복종하는 것은 정치의 말단이다. 상고 시대에는 근본을 길렀고 하대에는 말단을 일삼았는데, 이것이 태평한 시대가 일어나지 못하는 까닭이다.

✢ 이 구절 역시 정치의 근본과 말단을 지적하면서 최상의 정치와 최악의 정치를 서로 비교해 설명하고 있다. 육체적인 것보다 정신을 맑게 하고 어려운 일을 먼저 하며, 남에게 이익을 더 주려고 하는 마음이 바로 최상의 정치에서 태어난 백성의 모습이다. 하지만 최악의 정치에서는 대가를 바라고 선행을 하거나 법이 무서워서 복종하는 사람만 무성하게 된다.

근본과 말단을 잘 구분한다면 정치는 어려운 일도 아니다. 반면에 본말이 전도되면 모든 것이 어그러져 결국 패망의 길을 걷게 된다. 유가에서도 고대를 이상적인 사회로 삼고 있는 것처럼 도가에서도 고대가 가장 이상적인 사회이고 갈수록 혼란한 사회로 치닫는다고 주장하고 있다. 인구가 많아지고 사회가 복잡해질수록 혼탁한 세상이 되기 때문에 과거의 사회를 이상적 사회로 동경하고 있는 것이다.

반면에 중국 근대의 학자 강유위(康有爲)는 1898년에 《공자개제고(孔子改制考)》를 간행했는데, 여기에서 그는 사회 발전 단계를 거란세(據亂世), 승평세(升平世), 태평세(太平世)의 세 단계로 나누고 있다. 거란세는 서양의 군주 전제 시대와 같이 혼란한 사회를 의미하고, 승평세는 군주 입헌 시대로 조금 편안한 소강 사회이며, 태평세는 민주 공화 시대로서 태평한 사회라는 것이다. 이와 같은 구분은 역사 발전과 일치하는 것도 아니어서 비과학적이라고 할 수도 있지만 전제 군주 국가였던 청나라를 입헌 군주제나 민주 공화제 국가로 개혁해야 한다고 주장하려는 데 그 의도가 있었다. 그리고 이런 구분은 강유위가 스스로 창안한 것이 아니라 《예기》에 이미 언급되어 있는 내용이었다. 어쨌든 역사 발전의 단계를 강유위를 포함한 근대의 학자들은 사회 진화의 입장에서 설명하고 있는 데 반해 과거의 학자들은 고대 공동체 사회가 가장 이상적이고 태평한 세상이니 그런 상태로 돌아가는 것이 바람직하다고 생각했다. 도가 역시 이런 입장은 동일하다고 하겠다.

 법이 만들어진 것은 그것으로 인의를 돕기 위한 것인데, 오늘날 법을 중시하고 의를 버리는 것은 마치 갓과 신발을 귀중하게 여기면서 머리와 발을 잊어버리는 것과 같다. 그러므로 인의는 기초를 튼튼하게 만들기 위한 것이다. 기초를 튼튼하게 하지 않고 넓이만 확장하려고 하면 무너지게 되고, 기초를 넓히지 않고 높이 올리려고만 한다면 반드시 넘어질 것이다. 진시황 조정(趙政)은 자신의 덕을 늘리지 않고 지위를 높이려고 했기 때문에 멸망했고, 지백(智伯)은 인의를 행하지 않고 영토만 넓히는 데 힘썼기 때문에 나라를 잃었다. 그러므로 《국어》에서 말하기를 "용마루가 크지 않으면 무게를 이겨 낼 수 없다. 무겁기로는 나라보다 더 무거운 것이 없고, 용마루는 덕보다 큰 것이 없다."라고 했다.

✤ 《국어》는 앞에서도 나왔지만 춘추 시대의 나라별 역사를 기록한 책으로 춘추 시대의 모든 역사를 담고 있다. 지백 역시 앞에서 나온 노나라의 권신을 말한다. 여기서도 역시 정치의 본말을 구분해야 한다고 주장하고 있다. 특히 나라의 근본은 인의나 도덕이므로 말단인 법으로 다스리는 것은 위험하다는 말이다. 그래서 덕은 국가의 커다란 용마루라고 주장한다.

근본을 망각한 예로 진시황이나 지백을 든 것도 그들이 덕보다는 제도나 무력이라는 말단으로 나라를 다스렸기 때문이라고 주장하기 위해서였다. 실제로 역사를 돌아보면 이와 같은 사례는 매우 많다. 역사가 가르치는 교훈을 되새기지 않는다면 그 나라의 미래는 밝아질 수 없을 터이니 위정자들은 항상 근본에 힘써야 한다는 점을 강조한 대목이다.

《회남자》, 상호 이해와 소통을 말하다

1. 유안의 시대와 삶

1) 한 제국의 성립 과정

기원전 770년부터 기원전 221년까지 춘추 시대와 전국 시대를 거치면서 500여 년 동안 분열과 혼란을 거듭했던 중국은 진시황에 의해 통일되었다. 통일을 했지만 아직은 혼란의 여파가 가시지 않은 중국 사회를 재편하기 위해 진시황은 봉건 제도를 폐지하고, 나라를 군과 현의 행정 지역으로 나누어 쪼갠 후에 중앙 정부 소속의 관리들을 파견해 다스리는 군현제를 실시함으로써 중앙 집권 체제를 강화하려고 했다.

또한 진시황은 이사(李斯)의 도움을 얻어 법가 사상을 통일 제국의 통치 이념으로 삼아 제자백가로 대표되던 다양한 사상과 주장을 통일하고자 했다. 그 결과로 나타난 것이 '법가 이외의 책을 불사르고 학자들을 매장한' 분서갱유(焚書坑儒)라는 초유의 사태였다. 나아가 통일되기 이전에는 나라마다 서로 달랐던 화폐와 도량형, 문자와 도로까지도 하나의 기준으로 통일시켰다. 이렇게 제도적이고 사상적인 통일을 이룩함으로써 진시황은 중국 최초의 위대한 제왕, 곧 시황이 되고자 했다. 그러나 세상은 진시황의 의도대로 움직여지지 않았다. 서로 다른 나라의 서로 다른 제도와 문화 속에 살던 사람들에게 하루 아침에 엄격한 법을 잣대로 들이밀며 법을 어기면 무서운 형벌로 처벌된다고 강요하는 진시황의 통치는 억압으로 비쳤고 그에 대한 불만도 점차 높아졌다. 다양한 사상을 이끌며 나라의 여론을 주도하던 지식인층, 학자들도 이탈했고 도로 공사나 만리장성 축조와 같은 대규모 토목 공사를 벌이면서 백성들을 부역에 동원하자 민심마저 등을 돌리게 된다.

그 결과 진시황이 죽고 얼마 되지 않아 진나라는 농민 봉기와 반란으로 혼란에 빠졌고 불과 15년 만에 멸망하고 말았다. 이후 천하는 항우와 유방이 패권을 다투는 혼란기로 들어갔고 결국 유방의 승리로 싸움이 끝나 다시 한 번 통일 제국을 건설하게 되는데, 그것이 바로 한나라다. 유방, 즉 한 고조는 기원전 202년에 전국을 재통일하자 천하의 안정과 왕조의 보존을 도모하기 위한 방책을 세워야 했다. 그래서 한 고조는 진시황의 강압 통치에서 교훈을 얻어서 무리한 중앙 집권 정책을 추진하지 않고 제국을 분할해서 공신과 황족에게 나누어 주는 군국제를 실시했고 백성들의 세금을 경감시키고 농촌 경제를 부흥시키고자 했다. 이렇게 한나라의 건국 초기에는 지방 분권과 농민 우대 정책을 통해 안정을 취하려고 했지만 유방의 치세 기간 당시에도 점차 왕권 강화를 위해 공신 숙청이 단행되는 등 중앙 집권을 향한 발걸음도 이어지고 있었다. 제후국의 성장과 발전은 곧 한 제국의 존립에 대한 위협이 될 수 있었기 때문이다.

2) 한 제국의 중앙 집권화와 유안의 삶

이러한 시대적 배경을 바탕으로 《회남자》의 저자로 알려진 유안(劉安 : B.C. 179? ~ 122)이 탄생한다. 유안은 한 고조 유방의 손자로 황족이었다. 한 고조가 공신 숙청 과정에서 한신(韓信)의 반란을 진압하고 돌아오는 길에 조나라에 들렀는데, 이때 조왕이던 장오는 자신의 충심을 보이기 위해 한 미녀를 수청 들게 했다. 여기서 그 여인은 한 고조의 아이를 잉태하게 된다. 얼마 후 조왕 장오 역시 모반 사건에 연루되어 처형당했고 그 여인도 체포되어 투옥되었다. 여인은 고조의 아이를 잉태했다고 알렸지만 고조는 이 말을 믿지 않았다. 그로 인해 구속된 상태에서 아들을 낳고 원한을 품은 채 자살하고 말았다. 여기서 태어난 아이가 유안의 아버지 유장(劉長)이다. 그로부터 얼마 후 유방은 자신의 행위를 후회하고 아이를 데려다가 황후인 여후에게 기르게 했다.

기원전 196년 회남왕 경포가 모반을 하자 고조는 그를 정벌하고 유장을 회남왕에 봉했는데 불과 세 살의 나이였다. 유방이 공신들을 숙청하고 황족들을 제후에 봉함으로써 왕권 안정을 꾀하려는 의도를 갖고 있었기 때문이다. 이후 고조가 죽자 여후의 자식인 혜제(惠帝)가 등극하고 권력은 여씨 가문으로 넘어갔는데, 이때 다른 이복형제에 대한 숙청이 있었음에도 유장이 자리를 잘 보존할 수 있었던 것은 그를 키워 준 사람이 다름 아닌 여후였기 때문이다. 그러다가 5대 황제 문제가 즉위했는데 그 역시 여후의 자식으로 유장의 이복형이었다. 문제가 즉위할 당시 문제에게는 형제가 유장 이외에 남아 있지 않았다. 이런 연유로 문제는 유장을 유달리 아끼며 총애했는데, 유장은 문제와 형제간임을 내세워 점차 교만해지기 시작했다. 유장의 행적을 기록한 책에는 그런 교만함이 잘 드러난 예로 조정의 중신이던 심이기를 죽인 사건을 들고 있다. 유장은 항상 어머니의 억울한 죽음에 대해 한을 갖고 있었는데, 당시 자기 어머니를 구해 줄 지위에 있었으면서도 힘껏 도와주지 않았다는 이유로 심이기를 죽였다는 것이다. 그러나 형제애가 남달랐던 문제는 비록 심이기를 죽이는 중죄를 지었지만 황족이라는 명분을 내세워 그를 벌주지 않았다.

이렇게 황제의 총애가 확인되자 유장은 날로 교만에 빠져 국가의 정령도 지키지 않고 제멋대로 정령을 세우는 등 황제처럼 행세를 부렸다고 한다. 그러다가 결국 모반을 도모하게 되었고 이로 인해 처형당할 위기에 처했다. 그런데 신하들이 강력하게 사형을 건의했음에도 불구하고 문제는 왕의 지위만 박탈하고 촉도로 귀양을 보낸다. 그리고 촉도로 가는 도중 백성들이 그를 모욕하고 식사도 제공하지 않자 자존심이 상해서 음식을 전폐하고 굶어 죽고 말았다.

유장에게는 네 명의 아들이 있었는데, 문제는 유장의 죽음을 가엾게 여기고 아들들을 모두 후(侯)에 봉했다가 얼마 지나지 않아 사망한 한 명을 제외하고 세 명은 모두 왕으로 승격시켰다. 장남인 유안은 회남왕, 차남인 유발은 형산왕, 삼남인 유사는 여강왕에 봉했던 것이다. 이렇게 해서 유안은 회남왕에 봉해졌다.

《사기》〈회남형산열전〉에 의하면 유안은 어려서부터 독서를 좋아했고 악기 연주를 즐겼으며 문장에도 뛰어난 실력을 발휘했다고 한다. 또한 무술과 승마 같은 것을 싫어했다는 기록도 나오는 것으로 보아 유안은 정치가보다 학자적 기질이 강했던 것 같다. 이렇게 학문에 관심이 높았던 그는 기원전 139년 제8대 무제에게 자신이 지은 《회남자》를 바쳤고 무제는 이를 잘 보관하라고 지시를 내릴 정도로 그의 학문을 인정했다고 한다. 또한 무제가 〈이소전(離騷傳)〉이라는 글을 지으라는 명령을 아침에 내리자 저녁에 완성해서 바쳤다고 할 정도로 문장에도 소질이 있던 것으로 보인다.

그런데 유안은 이 무렵 당시 태위라는 고위직에 있던 무안후 전분이 당신도 황제가 될 수 있다는 말을 하자 그에게 금품을 하사하고 은밀하게 인재를 모아 모반을 준비하기 시작했다고 한다. 그러다가 기원전 124년경, 뇌피라는 인물이 유안의 태자인 천과 무술을 연마하다 태자를 다치게 했다. 이 일로 문책을 두려워한 뇌피는 장안으로 도망가서 유안이 모반을 준비하고 있다고 보고했다. 무제는 유안의 영토 가운데 두 개의 군을 삭탈하고 사건을 마무리하지만 유안은 이 일로 인해 더욱 모반의 뜻을 확고하게 가졌다고 한다. 그로부터 1년 후인 기원전 123년 유안의 서자였던 유불해가 사람들에게 멸시를 당하자 그의 아들 유건이 태자 천을 폐위시키려는 음모를 꾸몄다. 하지만 이 일은 사전에 발각되어 실패로 돌아갔다. 그러자 유안의 손자이기도 한 유건은 무제에게 유안의 모반 계획을 상소문으로 올렸다. 조정에서는 유안의 사안을 소사한 뒤, 모반으로 결론을 내렸고 유안을 처형하기로 확정했다. 하지만 관원이 형 집행을 위해 도착하기 전에 유안은 스스로 목을 매어 자살하고 말았다. 이와 함께 그의 가족도 모두 목숨을 잃어 멸문의 화를 당하게 되었고 《회남자》의 저술에 참여했던 빈객들 또한 상당수가 처형되고 말았다.

이처럼 유안의 일대기를 보면 황족으로 태어나 귀하게 살아갈 수 있었음에도 도리어 모반 사건과 연루되어 비참한 최후를 맞았음을 알 수 있다. 심지어 아버지인 유장, 할머니인 조 미인까지 3대에 걸쳐 모반 사건으로 불행하게 세상을 떠나는 비극적 가족사를 지니고 있다. 그러면 유안은 왜 이런 비극적 삶을 선택하게 되었을까? 그의 개인적인 원한이나 욕심으로 인해 그렇게 되었을까? 상당수의 학자들은 유안이나 그의 아버지 유장의 죽음이 단순하게 개인적인 문제가 아니라 그 당시의 시대적 상황과 긴밀하게 연관되었다고 보고 있다. 먼저 그 근거로 역사서들이 유장이나 유안의 모반 사건으로 기록하고 있지만 그 내용을 보면 매우 애매하다는 점을 지적하고 있다. 군사를 기르거나 동조 세력을 끌어모은다든가 하는 구체적인 모반 행위는 기술되지 않고 오로지 고발에 의해 적발된 모반 사건으로 기록되어 있기 때문이다. 더구나 유장의 경우에는 행동이 교만하고 황위를 넘볼 수 있는 소지가 있었다고 볼 수도 있지만 유안의 경우에는 10여 년이 넘게 모반을 준비했고 중앙 정부의 처형이 결정되었음에도 구체적인 모반을 실행하기는커녕 자살로 끝난 것으로 보아 더욱 이런 의구심을 자아내게 한다.

그럼 어떤 정황 때문에 유안은 비극적인 자살을 하게 되었을까? 가장 설득력 있는 추정은 한나라가 점차 안정되어감에 따라 지방에 할거하는 제후국들을 정치적 부담으로 느끼게 되었고 결국 제후국들을 분할하거나 없애는 과정에서 숙청당했다는 것이다. 사실 한 고조 시절부터 각 지방의 왕으로 임명했던 공신들의 세력이 커질 것을 우려해 그들을 숙청하면서 대신 황족을 임명한 바 있었다. 그런데 시간이

지남에 따라 혈연의 끈도 점차 엷어질 수밖에 없었을 것이고 황제권의 강화를 위해서는 이들이 도리어 걸림돌로 작용할 수밖에 없었다. 그 결과 문제 시절부터 점차 제후 왕들의 영지를 분할하거나 축소시키는 정책을 펼치게 된다. 이 과정에서 유장은 모반의 혐의를 받고 제거되었던 것으로 보인다.

문제의 뒤를 이은 경제 시절에는 제후국들이 이런 중앙 정권의 정책에 반발해서 '오초칠국의 난'을 일으키기도 한다. 오초칠국의 난이란 기원전 154년 오나라 왕 유비가 중심이 되어 경제의 제후국 축소 조치에 반발해서 일으킨 7개 제후국의 난을 말한다. 이 당시 유안은 회남왕으로 있었지만 아버지 유장의 죽음을 통해 깨달은 바가 있어서인지 반란에 가담하지 않았다. 그랬던 그가 중앙 정권의 힘이 더욱 강화된 무제 시절이 되자 뒤늦게 모반을 계획했다는 것은 객관성이 없어 보인다. 더구나 유안은 《회남자》를 저술할 때 이미 수천여 명의 학자들을 모아서 이들을 후원했다. 이런 행동은 중앙 정권의 의심을 사기에 충분했음에도 무제가 이것을 용인했던 것으로 보아 유안에게는 사실상 모반 의사가 없었다고 추정할 수 있다. 따라서 유안의 모반 사건이란 사실은 한 무제 시대에 이르러 강력한 중앙 집권화를 완성하는 단계로 접어들자 지방에 할거하는 제후국 세력들을 제거하고 군현으로 편입하는 과정에서 만들어진 조작 사건일 개연성이 상당히 높다고 할 수 있다. 설사 조작 사건은 아닐지라도 내부 고발자의 투서를 빌미로 중앙 정부에 의해 의도적으로 만들어진 사건일 가능성도 있다.

그 경위야 어찌 되었든 유안은 불안정한 정치 상황이 만들어 낸 희생양이 되어 비극적인 생애를 마감한 것으로 보인다. 하지만 《회남자》를 통해 드러난 그의 사상적 경향으로 판단해 보자면 유안 스스로에게도 그런 상황을 만든 일정한 책임이 있었던 것으로 보인다. 사실 한나라 초기만 해도 사상의 자유가 비교적 넓게 허용되는 분위기였고 그런 속에서 유가 사상보다도 도가 사상이 보다 큰 영향력을 갖고 있었다. 도가 사상은 정치적인 측면에서 보면 군주의 무위를 강조하는 기본적인 입장 이외에도 다양한 정치적 의견에 대한 포용과 지방 분권을 옹호하는 경향과도 일맥상통했다. 그런데 한나라의 정치적 안정이 이루어지면서 중앙 집권과 황제권 강화 문제가 대두되었고 이를 뒷받침한 것은 유가 사상이었다. 유가 사상은 이상적인 군주가 다스리는 왕도 정치를 강조하고 민본주의를 바탕에 두고 있지만 사농공상의 신분 질서와 그에 맞는 형식적 예법 또한 강조했다. 이런 측면은 중앙 집권을 통해 나라 전체를 하나의 위계질서 속에 넣으려는 황제의 의도와 맞아떨어지는 것이었다. 그 결과 강력한 왕권을 발휘해 중국 전체를 자신의 발아래에 두는 한편 중화주의에 입각해서 이민족을 정벌하려던 한 무제는 동중서를 대표로 하는 관변 유학자들과 결합해서 유학을 한나라의 정치적 지도 이념으로 세우게 된다.

진나라의 법가 사상에 이어 또 하나의 일통주의가 등장한 것이다.

그러므로 유안이 살던 시대는 유가와 도가, 일통주의와 다원주의, 중앙 집권과 지방 분권, 통일성과 다양성, 중화와 이적 등의 사상과 이념이 서로 대립하면서 패권을 다투던 시기였다고 할 수 있다. 이런 시기에 황제나 중앙 정부의 의중과 다른 생각을 갖는다는 것은 위험한 일이었다. 그런데 유안은 도가 사상을 중심으로 하는 《회남자》를 저술하는 등 사상적으로 중앙 정부의 유학자들과는 반대편에 서 있었으니, 스스로 화를 자초한 측면이 있었다고도 말할 수 있다. 그리고 유안의 숙청이 상징하는 바처럼 유학 사상은 한 무제 이후 중국 사회의 국가 이념으로 확고하게 자리 잡게 되었고 이를 계기로 도가 등 다른 사상들은 상대적으로 축소되고 말았다.

2. 《회남자》는 어떤 책인가?

춘추·전국 시대부터 권력을 가진 사람이 학자들을 초빙하고 후원하는 일은 많았다. 그 이유는 인재의 등용이라는 측면도 있었지만 일종의 자기 과시나 명분 쌓기 등의 측면도 있었다. 예를 들어 제나라에서는 직하학궁을 두어 인재를 길렀는데, 순자도 그곳에서 배우는 학생 대표로 있었던 적이 있다. 전국 시대 말기 진(秦)나라의 재상이던 여불위도 학자들을 초빙해서 《여씨춘추》를 저술했는데, 그 목적은 제자백가 사상을 총괄해서 가장 방대하고 완벽한 저술을 만드는 것이었다. 이런 전통은 한나라 시대까지 계승되었는데, 회남왕이던 유안도 학문과 문장을 좋아해서 주변에 많은 인재를 끌어모았고 그들을 후원했다. 그 결과물이 바로 《회남자》라고 할 수 있다.

사실 《회남자》라는 책의 이름은 유안이 지은 것이 아니라 후대에 만들어진 것이었다. 《회남자》의 마지막 편인 〈요략〉에는 단순하게 '유씨지서(劉氏之書)'라고 되어 있고, 후한 시대 고유(高誘)가 해설한 서문에도 〈회남왕 홍렬〉이라고 되어 있기 때문이다. 고유는 "이 책의 큰 의미는 도에 귀착되는 것이므로 홍렬(鴻烈)이라 부른다. '홍'은 크다는 의미고 '렬'은 밝힌다는 의미다. 즉 크게 도를 밝힌다는 말이다."라고 그 제목에 의미를 부여하기도 한다. 《회남》이라는 제목은 전한 말기의 학자인 유향(劉向)이 지은 것인데, 《수서(隋書)》〈경적지(經籍志)〉에 《회남자》 21권이라고 명시되어 있는 것으로 보아 한나라 말기로 가면서 점차 《회남자》라는 명칭이 통용된 것으로 보인다.

현존하는 《회남자》는 21편으로 되어 있는데, 마지막 21편은 전체를 요약하는 글로 이루어져 있기 때문에 제목도 〈요략〉이라 붙였다. 이 편에서는 《회남자》가 "천지의 이치가 모두 연구되고 인간의 일들이 다 다루어지고 있으니 제왕의 도가 모두 갖추어졌다."라고 하여, '제왕의 도를 갖추기 위한 저술'이라고 저술의 의도를 밝히고 있는데, 그런 목적을 이루기 위해 천지자연의 이치와 인간사 등 우주의 근원은 물론 세상의 법도나 제도 등을 모두 아우르고 있다고 주장한다. 그래서 유안도 《회남자》를 지어 무제에게 바쳤던 것으로 보인다.

그러면 회남자는 유안 단독의 작품인 것인가? 고유가 쓴 서문 〈회남왕 홍렬해서〉에는 다음과 같이 기록되어 있다.

"천하의 방술가들이 대부분 그에게 모여들었다. 이에 마침내 소비(蘇飛)·이상(李尙)·좌오(左吳)·전유(田由)·뇌피(雷被)·모피(毛被)·진창(晉昌) 등 여덟 명과 대산(大山)·소산(小山) 등의 유학자들과 함께 도덕을 강론하고 인의를 총괄하여 이 책을 저술했다."

그리고 《한서》에서는 다음과 같이 기록하고 있다.

"유안은 빈객과 방사(方士, 신선술을 연구하는 사람) 수천 명을 불러 모아 《내서》 21편을 짓고, 《외서》도 많이 지었다. 또 중편도 8권 있는데 신선의 술법을 말한 것들이 20만여 자나 되었다. 당시 무제는 학문과 예술을 좋아하여 유안을 숙부로 대접하고 그를 존중해서 공문을 보낼 때에도 학문이 높은 사마상여 등으로 초고를 교열하게 한 뒤에 보냈다. 유안이 입조하여 새로 지은 〈내편(회남자)〉을 바치니 황제는 그것을 좋아하여 잘 보관했고, 〈이소전〉을 지으라고 말했다.

유안은 아침에 명을 받고 점심식사 전에 이것을 지어 올렸다."

이런 기록으로 확인되는 것처럼 《회남자》는 유안이 중심이 되어 많은 학자들이 참여해서 지은 일종의 공동 저서라고 보는 것이 타당하다. 그래서 후대에도 유안의 저서라고 하지 않고 편저라고 불렀던 것이다

그러면 《회남자》는 어떤 내용의 책인가? 우리는 이미 앞에서 《회남자》의 본문을 보았기 때문에 그 내용은 도가 사상을 중심으로 하고 있지만 유가 사상도 일정하게 혼합되어 있고 음양가나 법가, 심지어 신화 등 다양한 사상과 학문들이 혼재되어 있음을 확인한 바 있다. 또한 이 책을 저술할 때 모인 학자들이 대부분 방사와 유생이었다는 기록을 통해 유추해 보더라도 그 한 축에는 도가와 도가 사상에서 종교로 발전한 황로 사상 등이 있지만 유학 사상 역시 또 하나의 축을 이루고 있음을 판단할 수 있다. 더구나 여기서 말하는 방사란 단순하게 신선의 술법을 연구하거나 닦는 사람만을 의미하는 것이 아니라 천문·지리·의학 등 오늘날로 보자면 자연 과학 분야를 담당하던 사람들이라고 할 수 있다. 그렇기 때문에 유안을 비롯한 당시의 학자들이 생각한 것은 그때까지 있었던 여러 사상들을 종합하고 통일해서 집대성하려고 했던 것으로 보인다. 일종의 사상적 대통합을 추구해서 길이 남는 업적을 쌓으려고 했다는 점에서 보면 유안은 여불위와

비슷한 꿈을 가졌던 것으로 판단된다.

이런 점은 당시 시대 상황과도 밀접한 연관이 있었다. 춘추 전국과 초한 대결의 혼란한 시대를 겪은 백성들은 경제적인 안정만이 아니라 정신적 휴식도 희망하고 있었다. 이런 백성들의 소망을 이루기 위해서는 도가의 이념을 주축으로 많은 사상을 접목하고 통합시키는 것이 가장 바람직하다고 유안과 그의 학자들은 생각했을 것이다. 그러므로《회남자》에는 어느 한 사상에 의한 일원화와 집중화가 아니라 인문학과 자연 과학의 통합, 다양한 제자백가 사상의 수용과 통합, 인간과 자연의 통합 등을 통해 다원주의와 지방 분권의 이념을 실현하려는 의도가 들어 있었다고 하겠다.

그러면《회남자》20편의 내용을 간략하게 정리해 보기로 하자.

1편 〈원도훈〉은 도의 근원에 대해 설명하고 있고, 2편 〈숙진훈〉은 도의 실상에 대한 가르침을 말하고 있다. 3편 〈천문훈〉은 글자 그래도 동양의 천문학적 지식을 내포하고 있고, 4편 〈지형훈〉 역시 제목에 나타난 바와 같이 지형과 지리에 대한 내용을 담고 있다. 5편 〈시칙훈〉은 계절의 변화와 인간의 삶을 상호 연결시켜 설명하고 있고, 6편 〈남명훈〉은 세상을 넓게 보는 방법에 대해서 설명하고 있다. 7편 〈정신훈〉에서는 만물 속에서 인간의 유래에 대해 설명하고 있고, 8편 〈본경훈〉은 세월이 가도 불변하는 진리에 대해 언급하고 있다. 9편 〈주술훈〉은 군주의 통치술에 대해 설명하고 있으며, 10편 〈무칭훈〉은 도가적 도덕에 대해 논하고 있다. 11편 〈제속훈〉은 절대적 진리에 대해 논하고 있으며, 12편 〈도응훈〉은 인간이 도에 대응하는 방법을 설명하고 있다. 13편 〈범론훈〉은 음양과 만물의 조화로움에 대해 설명하고 있고, 14편 〈전언훈〉은 내면을 고요하게 하는 수양 방법을 말하고 있다. 15편 〈병략훈〉은 전쟁에서의 도에 대해 말하고 있으며, 16편 〈설산훈〉과 17편 〈설림훈〉은 다양한 고전에서 인용한 일화를 통해 얻은 삶의 지혜를 설명하고 있고, 18편 〈인간훈〉은 도가적 입장에서의 삶의 자세에 대해 언급하고 있다. 19편 〈수무훈〉은 배우고 수양하는 방법을 가르치고 있으며, 20편 〈태족훈〉은 인간을 편안하게 하는 방법에 대한 교훈을 담고 있다.

3. 《회남자》에 나타난 주요 사상

《회남자》는 다양한 학자들이 모여서 백과전서와 같이 완성한 책이기 때문에 일관된 사상 체계를 갖추고 있는 것은 아니다. 물론 도가 사상을 중심축으로 삼아 유가 사상과 결합하고 다양한 다른 사상과의 접목을 시도하고 있기는 하다. 그럼에도 불구하고 《노자》나 《장자》같이 도가 사상을 일관된 체계 아래 설명하는 것은 아니다. 그렇지만 춘추 전국 시대부터 한나라 초기까지 이룩한 다양한 사상의 갈래를 이해하는 데는 매우 중요한 자료를 제공하고 있다. 물론 일관된 사상을 밝히는 철학서라고 부르기에는 다소 애매한 측면이 있다. 하지만 서양 근대에 백과전서를 발간하면서 다양한 학문과 지식을 제공하던 계몽주의자들이 근대 학문과 인문주의의 성장에 지대한 영향을 미쳤듯이 《회남자》 역시 유학이 주류를 점하며 다른 학문을 배척하던 일통주의적 독존 의식을 비판하는 중요한 이론적 근거가 되어 동양적 인문학의 출발점이 되었다고 할 수 있다. 학문의 다양성을 보장하는 자유야말로 인문 정신의 근간이 아니겠는가?

앞에서도 지적했지만 《회남자》를 저술한 학자들은 어떤 하나의 사상만으로는 복잡다단한 사회를 설명하기 어렵다는 인식을 했고, 인문 과학과 자연 과학, 인간과 자연이 분리되어 있다고 생각하지도 않았다. 따라서 고금의 모든 사상을 담아 집대성한다는 나름의 사명 의식으로 이 책을 저술했을 것이다. 그런 차원에서 후대에 이 책의 중심 사상을 논한다는 것은 원저자들의 진의를 왜곡하는 행위가 될 수도 있다. 그럼에도 불구하고 전통적인 동양 사상이 지니고 있던 사고 체계가 《회남자》에서도 관통되고 있기 때문에 이를 중심으로 사상적 맥락의 핵심을 분류하고자 한다.

1) 기(氣)의 세계관

인간이 어디서 생겨났는가? 우주가 언제, 어떻게 만들어졌는가?

아마도 인간이 스스로의 존재를 인식하는 순간부터 이러한 물음은 시작되었을 것이다. 보통 우주론이나 근원론이라고도 부르는 이런 물음은 생각하는 동물인 인간만이 할 수 있는 것이다. 그리고 동서양을 막론하고 우주 만물의 생성과 변화를 관찰하면서 보편적인 법칙을 찾으려는 노력은 인류의 정신적 성장을 이끈 원동력이었다. 이렇게 인간의 사유가 발전하게 되면서 동양에서도 일찍부터 독자적인 우주론이 만들어졌는데, 그것이 바로 음양론이다.

음양론은 우주 만물의 생성과 변화, 발전의 여러 현상을 '기(氣)'로 설명하는 이론을 말한다. 고대 사회에서 기는 구름이 하늘에 걸린 모습 또는 사람이 호흡하는 기운을 뜻하는 말이었지만 점차 우주를 구성하는 기본 요소라는 개념으로 발전했다. 그러다가 전국 시대에 이르면 음과 양의 두 기는 만물의 본원적 구성 요소로 확고하게 자리잡은 것으로 보인다. 이러한 사고 체계는 더욱 발전해서 자연계는 물론 인간계의 모든 현상까지도 기의 이합집산으로 설명하기에 이른다. 이 점은 도가든 유가든 학파를 불문하고 동일한 것이었다. 구체적인 내용에서는 학파에 따라 약간의 차이가 있을지 모르지만 그 근본적인 사고 체계는 동일했다.

《회남자》역시 이러한 기의 세계관을 받아들여 우주 만물의 생성과 소멸을 기의 모임과 흩어짐으로 설명하고 있는데, 구체적인 내용에서는 도가의 입장을 수용하고 있다. 다시 말하자면 인간을 포함한 만물은 음과 양의 두 기가 결합해서 생겨나며 기의 작용에 의해 성장과 쇠퇴를 하다가 소멸되면 궁극적으로 기로 돌아간다고 하는 것이다. 《회남자》에서는 우주의 가장 근원적인 상태를 '태소' 또는 '무'라고 명명하고 있는데, 이것은 기가 존재하기 이전의 상태, 말하자면 땅과 하늘이 아직 나타나기 이전의 혼돈 상태라고 할 수 있다. 그리고 이어서 허확이라는 상태가 나오는데, 허확 또한 공허하고 아득히 광활한 상태를 뜻하는 용어로 태소와 큰 차이를 갖는 것은 아니다. 허확에서 다시 시간과 공간을 의미하는 우주가 생겨나고, 우주의 상태가 되어서야 비로소 기가 생겨난다. 기에는 맑고 밝은 기와 무겁고 탁한 기가 있으며, 맑고 밝은 기는 모이기 쉬워 하늘이 되고 무겁고 탁한 기는 응고되기 어렵기 때문에 땅이 된다는 것이다. 이렇게 하늘과 땅의 기로 분리되면서 음기와 양기로 나뉘고, 음양은 사계절을 만들고, 사계절의 기가 만물을 생성한다고 말한다. 이와 같은 설명 방식은 일견 매우 논리적으로 보이는데, 여기서 핵심을 이루는 것은 만물의 생성과 소멸을 음양 두 기의 조화와 변화로 설명하고 있다는 점이다.

　물론 《회남자》에서 말하는 이러한 우주론이나 음양론이 오늘날과 같은 과학으로 증명된 것은 아니다. 하지만 불교에서 말하는 윤회가 과학적으로 맞다 틀리다고 말하기 어려운 것처럼 음양론 또한 그러하다. 왜냐하면 서양 과학 역시 만물을 이루는 구성 요소를 원소나 쿼크와 같은 입자라고 설명하고 있는데, 그 역시도 하나의 가설에 불과한 것이기 때문이다. 물론 쿼크 입자는 실험을 통해 입증하는 과정을 거쳤다고 말할 수도 있지만 오늘날 과학자들이 쿼크라고 부르는 입자가 기와 유사한 개념이라고 말한다고 해서 크게 틀린 것도 아니지 않겠는가. 어쨌든 《회남자》에 나타난 우주론의 핵심은 전통적인 음양론을 수용해서 음양의 기가 만물을 만들고 소멸하는 주체라고 보는 점에 있다.

2) 자연과 인간은 하나다

인간과 자연의 관계는 어떤 것일까? 과연 자연은 인간의 이용물에 불과할까? 의식 없이 자연을 훼손하던 시절이 있었다. 개발이라는 이름 아래 자연을 마구 훼손하면서 미래에 어떠한 재앙이 다가올 것이라는 예상도 하지 못한 채 당장의 이익만을 위해 자연을 정복의 대상으로 삼았던 것이다. 이런 점은 오늘날에도 마찬가지다. 현대인은 농지나 택지 개발을 위해 산림을 훼손하고 오폐수를 강물에 그대로 흘려보내고 있으며, 골프장을 만들어 농약을 대량으로 살포하는가 하면 샴푸와 같이 썩지 않는 화학제품을 일상생활 속에서 아무 생각도 없이 사용하고 있다. 우리는 매일 샴푸로 머리를 감으면서도 먼 미래에 물이 오염되어 후손들이 살 수 없을 것이라는 생각을 하지는 못한다. 하지만 인간이 이용의 대상물로만 여겼던 자연이 망가지면 인간의 삶도 더 이상 지속될 수 없게 된다. 그러므로 자연은 인간과 공존해야 하는 존재이지 인간이 자기 마음대로 이용하거나 개발하는 데 그치는 대상이 아니다.

사실 이렇게 자연을 이용의 대상으로만 보는 이기적인 인간 중심주의는 서양적 사고에서 나온 것이었다. 서양에서는 자연과 인간이 하나의 틀 속에 묶여 있는 것이 아니라 각기 서로 다른 존재로서 분리된 형태로 설명한다. 자연은 오로지 인간이 그것을 인식하는 대상인 물체일 뿐이며 그런 만큼 이용하는 대상에 지나지 않는다. 인식의 주체는 오직 인간이라는 인간 중심의 사고는 인간의 존엄성을 높이는 데에는 유용한 측면이 있었지만 자연과의 공존이라는 소중한 가치를 잃게 만들었다. 하지만 고대부터 이어져 내려온 동양적 사고에서는 자연이야말로 인간까지도 포괄하는 만물의 근원이자 끊임없이 살아 움직이는 활동성을 가진 존엄한 존재였다. 그렇기 때문에 자연의 법칙이야말로 마땅히 인간이 따라야 하는 큰 질서라는 생각이 발전했고 그런 만큼 인간과 자연은 상호 유기적으로 연결되어 있다고 보았나.

이런 자연과 인간의 유기적 관계를 강조하면서 한 걸음 더 나아가 자연과 인간은 서로 감응하며 하나의 구조를 지녔다고 보는 '천인합일'의 사상이 나왔고 이것은 동양 사상의 오랜 전통이며 큰 줄기가 되었다. 그래서 인간은 대우주인 자연의 축소판인 소우주라는 사고가 싹텄고 나아가 인간의 신체나 정신 모두 자연의 형상을 본떠서 이루

어졌다고 생각했다. 예를 들어 하늘에 9개의 문이 있듯이 인간에게
는 9개의 구멍이 있고 자연에 6개의 방위인 동서남북과 상하의 6합이
있듯이 인간의 장기는 6부로 이루어져 있다는 등의 생각이 그것이다.
이처럼 자연과 인간이 하나의 일체를 이루며 서로 영향을 주고받는
관계라는 동양적 사고는 그대로 《회남자》에서도 계승되었다. 심지어
《회남자》에서는 이렇게까지 말한다.

> "천지가 화합하고 음양이 만물을 창조하는 것은 모두 인간의 기와
> 연결된 것이다. 그러므로 윗사람과 아랫사람의 마음이 분리되면 기
> 가 위로 올라가고, 임금과 신하가 조화를 이루지 못하면 오곡이 익
> 지 않는다." 〈본경훈〉

이처럼 천지 만물은 인간과 분리되지 않고 하나의 몸체로 존재하는
것이니 자연이 인간에게 영향을 미치기도 하고, 반대로 인간이 자연에
영향을 미치기도 한다는 주장이다. 상하가 조화를 이루지 못하고 군신
이 조화를 이루지 못하는 것은 인간 사회의 일에 불과하다. 그것이 곡
물을 익게 만들거나 죽게 만들지는 못한다. 그런데 왜 이러한 생각을
가졌던 것일까? 그것은 인간의 삶이 만물의 삶에도 영향을 미친다고
생각했기 때문이다. 이와 비슷한 내용을 담은 다음 구절을 보자.

"옛날에 사광이 백설곡을 연주하자 신령스러운 물건이 하강하고 풍우가 사납게 쏟아져 진나라 평공이 위독하게 되었고, 진나라에는 가뭄이 들어 풀도 한 포기 나지 않았다. 또한 서녀가 억울함을 하늘에 호소하자 우레와 번개가 내리치고 제나라 경공은 누각에서 떨어져 사지가 부러지고 바닷물이 크게 넘쳤다. 맹인 사광이나 서녀는 지위가 말단 관리보다 미천하고 권세가 날짐승의 깃털보다 가볍다. 그러나 마음을 모으고 뜻을 분발하여 일을 하늘에 맡기고 정신을 집중하니 위로는 구천에 통하고 하늘은 지극한 정신을 격려했다. 이것으로 보건대 비록 아득하고 먼 은닉처나 이중으로 된 석실, 사방이 가로막힌 험난한 곳이라 할지라도 하늘의 죽임으로부터 도망칠 수 없다는 것은 분명하다." 〈남명훈〉

《명심보감》에 보면 "착한 일을 한 사람에게는 하늘이 복으로 보답하고 나쁜 일을 한 사람에게는 재앙으로 보답한다."라는 유명한 말이 있다. 이와 비슷한 맥락에서 위에 인용한 구절 역시 인간은 우주 자연과 연결되어 있기 때문에 화복에 관해서도 하늘이 작용을 한다고 주장하는 것이다. 사광이라는 음악가는 아름다운 음악을 연주하기도 했지만 점을 잘 치는 사람이기도 했다. 그런데 당시 군주였던 평공이 사광에게 들어서는 안 될 음악을 부탁했고, 사광은 마지못해 음악을 연주해 주었다. 그러자 3년 동안 나라에 흉년이 들고 평공도 죽고 말았다. 사실 음악이 얼마나 대단했으면 이러한 지경에 이르게 했는지는 의문이다. 또한 억울한 누명을 쓰고 죽은 서녀가 하늘에 억울함을 호소하자 엄청난 재앙으로 하늘이 갚아 주었다는 것인데, 이 예화 또한 사실 여부는 알 길이 없다. 하지만 동양적 사고에서는 인간이 저지른 잘못을 하늘(자연)이 결코 용서하지 않는다는 인과응보의 논리를 아주 자연스럽게 받아들인다. 그야말로 천인합일의 사고를 체화한 것이라고 할 수 있다. 또한 이런 사고는 자연스럽게 만물동체, 사해동포라는 사고와 이어진다.

> "하늘이 덮고 있는 것, 땅 위에 있는 것, 천지와 사방 안에 있는 것, 음양이 젖어든 것, 비와 이슬이 적시는 것, 도와 덕이 돕는 것, 이런 것들은 모두 한 부모에게서 태어나 하나의 조화를 이루고 있는 것이다. 그러므로 느티나무와 느릅나무, 귤나무와 유자나무는 합하면 한 형제가 되고, 묘족이나 삼위도 두루 한 집안이 된다." 〈숙진훈〉

세상 만물은 모두가 동일한 귀중함을 지니며 한 뿌리라는 만물제동, 인간은 모두 한 집안 식구와 같은 존재라는 사해동포 이론은 그 근원으로 거슬러 올라가면 모든 존재가 하나에서 태어났다는 음양론에 근거한 것이다. 즉, 우주에 기가 생기고, 기에서 음양이 생겨나고, 음양에서 사계절, 사계절에서 만물이 생겨나는 것이니, 모든 존재는 하나의 근원에 뿌리를 두고 있다는 말이다. 또한 한 뿌리에서 태어난 가지들이니 당연히 만물은 모두 소중한 존재라는 의식도 자연스러운 것이 된다.

3) 신화를 통해 드러낸 탐구 정신

동서고금을 막론하고 신화는 오랜 세월 동안 인간의 상상력을 통해 전해 내려온 이야기다. 하지만 신화는 단순한 상상력만을 담은 것이 아니라 삶의 경험과 지혜가 담긴 이야기라고도 할 수 있다. 그래서 신화에는 인간과 세상을 이해하는 가장 본질적인 해답이 내포되어 있는 경우가 많다. 그렇기 때문에 서양 사람들의 사고를 이해하기 위해서 그리스 로마 신화를 읽어야 하듯이 동양인의 사고를 이해하기 위해서는 중국이나 인도 등의 신화를 읽는 것이다. 신화는 한 문화권을 이해하는 첫 관문과 같은 역할을 하기 때문이다.

그런 의미에서 중국 문화를 이해하기 위해서는 당연히 중국의 신화를 읽는 것이 중요하다. 하나의 예를 들어 보기로 하자. 송나라 때, 태종의 명으로 이방 등이 지은 백과사전인《태평어람》에는 천지와 만물이 어떻게 창조되었는지 설명하는 반고 신화가 나온다.

"천지가 혼돈스러워 마치 계란과 같았는데 반고가 그 속에서 태어나 1만 8천 년이나 살았다. 천지가 개벽하여 밝고 맑은 것은 하늘이 되고 어둡고 탁한 것은 땅이 되었다. 반고가 그 속에서 하루에 아홉 번이나 변했으니 하늘보다 신령스럽고 땅보다 성스러웠다. 하늘은 날마다 한 장씩 높아지고 땅은 날마다 한 장씩 두터워졌으며 반고는 날마다 한 장씩 성장했다. 이와 같이 1만 8천년을 지나자 하늘은 지극히 높아졌고 땅은 지극히 두터워졌으며 반고도 지극히 커졌다."

《태평어람, 권2》

천지와 인간이 만들어지고 이어서 만물이 생성되는 과정을 반고 신화를 통해 설명하고 있다. 이 글의 뒤에는 반고가 죽으면서 내뿜은 기운은 바람과 구름이 되고, 소리는 우레, 왼쪽 눈은 해, 오른쪽 눈은 달, 사지와 오체는 사방과 오악, 피는 강물, 힘줄은 지형, 살은 농토, 머리털은 별, 솜털은 초목, 이빨과 뼈는 쇠와 돌, 정액은 보석, 땀은 비와 호수가 되었다고 나온다. 참으로 신기하고 재밌는 발상이 아닐 수 없다.

고대 중국의 신화는 《산해경(山海經)》, 《장자》 등과 같은 문헌 속에 많이 나오는데, 《회남자》도 이런 문헌들을 참조해 신화적인 이야기들이 많이 나오고 있다. 그중 대표적인 예를 하나 들어 보자.

"천지가 아직 형태를 갖추기 전에는 아득히 어둡고 형체가 없었기 때문에 '태소'라고 한다. 도는 허확에서 시작했고, 허확은 우주를 낳고, 우주는 기를 낳았다. 기는 무겁고 편안한 모습이 있는데 그 가운데 맑고 밝은 기는 엷게 퍼져 하늘이 되었고, 무겁고 탁한 기는 엉겨서 땅이 되었다. (중략) 옛날에 공공과 전욱이 황제가 되기 위해 전쟁을 했다. 공공이 크게 노해서 불주산에 충격을 가하자 하늘을 받치고 있던 기둥이 꺾어지고 땅을 연결하고 있던 줄이 끊어졌다. 이로 인해 하늘은 서북쪽으로 기울어 해·달·별이 그쪽으로 이동하게 되었고, 땅은 동남쪽으로 기울어 물·비·먼지 등이 이쪽으로 흐르게 되었다." 〈천문훈〉

이것은 우주 만물의 탄생 과정을 밝히는 이야기지만 그 가운데에는 공공과 전욱이라는 신화적인 인물이 등장해서 지구의 자전축이 기울어지게 되었다는 과학적인 내용을 밝히고 있다. 오늘날 밝혀진 것처럼 지구의 자전축은 23.5도 기울어져 있는데, 그런 사실을 고대인들도 알고 있었는지 공공이 들이받아 그렇게 되었다고 이야기를 꾸며낸 것이다. 고구려의 넉롱리 고문 벽화에도 지축을 상징하는 듯한 그림이 있다고 하니 고대의 천문학 수준도 상당히 높았던 것으로 짐작된다.

"곤륜산의 언덕에서 두 배 올라가면 그곳을 양풍산이라고 하는데, 여기에 오르면 죽지 않는다. 또 거기서 두 배 올라가면 그곳을 현포

산이라고 하는데, 여기에 오르면 신령스러워져 바람과 비를 부릴 수 있다. 다시 거기서 두 배 올라가면 상천인데, 여기에 오르면 신이 된다. 이곳을 태제가 거처하는 곳이라고 말한다." 〈지형훈〉

"요임금은 눈썹에 여덟 가지 색이 있었고, 몸에 있는 아홉 구멍이 모두 열려서 공정하고 사심이 없었다. 그래서 한마디 말로도 모든 백성이 가지런해졌다. 순임금은 눈동자가 두 개여서 중명이라고 했는데 일을 하면 본보기가 되고 말을 하면 아름다운 문장을 이루었다. 우왕은 귀에 세 개의 구멍이 있어서 대통이라고 했는데, 이익을 일으키고 해악을 제거했으며, 강물의 물길을 소통하게 했다. 문왕은 네 개의 젖이 있어서 대인이라고 했는데, 천하가 그에게 돌아오고 백성들이 친애했다. 순임금의 신하였던 고요는 말의 입을 닮아 지신이라고 했는데, 명백하게 옥사를 처리하고 인정을 잘 살폈다. 치수 관리를 맡은 우는 바위에서 태어나고 법전과 예절을 맡았던 설은 알에서 태어났으며, 사황은 태어나면서부터 글씨를 썼고, 예는 왼쪽 팔이 길어 활을 잘 쏘았다. 이상의 아홉 현자는 천 년에 한 번 나오지만 마치 서로 뒤를 이어서 계속 나온 것 같다." 〈수무훈〉

곤륜산에 대한 신화적 이야기나 성인들의 모습을 표현한 신화적 요소들은 모두 사실적인 내용과는 거리가 먼 신비한 이야기일 뿐이다.

하지만 그 내용 속에는 우주의 생성과 자연의 변화를 바라보는 고대인들의 과학적 사고가 들어 있다는 점을 간과해서는 안 된다. 사실 《회남자》에 등장하는 신화적 이야기들은 《장자》에 나오는 우화처럼 재미있고 기발한 이야기들보다는 우주의 발생이나 천문·지리 등에 관한 것이 많다. 하지만 이런 이야기 속에는 고대인들이 지녔던 탐구 정신이 순박하게 드러나 있다. 고대의 사상가들은 미지의 세계, 특히 하늘과 별과 달, 그리고 땅 위에 있는 다양한 동식물과 지형 등에 대해 끊임없이 관찰하고 연구하면서 그것을 자신들의 관점에서 해석하려고 들었을 것이다. 그런 까닭에 《회남자》에 등장하는 기이하고 황당하게 보이는 신화들조차 모두 고대인들의 세계에 대한 탐구심과 과학적인 해석이 담긴 것임을 잊지 말아야 한다.

4) 이상적 인간과 정치

앞에서 말한 바대로 전인합일 사상을 통해 《회남자》는 우주 자연의 근원과 그 작용, 그리고 그 법칙을 설명하면서 그것을 인간 사회에도 적용할 수 있다고 생각했다. 이렇게 자연의 법칙과 인간 사회의 도덕이나 규범이 하나로 묶일 수 있다고 생각한 것은 동양의 전통적 사고방식이었다. 그러므로 비단 도가 사상을 주축으로 한 《회남자》만이 아니라 동양의 모든 전통적인 사상에는 이런 사고가 녹아들어 있었다. 다만 서로의 차이가 있었다면 자연과 인간의 관계에서 자연을 보다 중시하느냐 아니면 인간을 보다 중시하느냐, 인간 사회의 이상적 모습은 어떠해야 하느냐 정도의 차이가 있었을 따름이다. 그러면 《회남자》는 인간 사회는 어떻게 되어야 한다고 생각했는지 구체적으로 알아보기로 하자.

전통적인 동양의 사상에는 항상 이상적인 인간상을 설정하고 그것을 목표로 삼아 학문을 하거나 도를 닦는 과정이 내포되어 있으며 그들에 의한 정치야말로 가장 바람직하다고 생각한다. 그런 대표적인 인간상을 성인(聖人)이라 칭하는데, 성인의 모습은 사상에 따라 약간씩 다른 모습으로 그려지고 있다. 유가에서는 덕망이 충만하여 백성을 편안하게 만드는 사람을 성인으로 표현한다. 그래서 요임금이나 순임금같이 스스로 도덕적 존재가 되어 백성에게 모범을 보임으로써 법이 아니라 인의로 다스린 사람들을 성인으로 추앙한다. 물론 후대로 가면서 유학의 창시자인 공자나 중흥자인 맹자 역시 성인이라 칭하고 있다. 이와 달리 도가에서는 어떠한 인위적 행위를 하지 않으면서도 자연스럽게 모든 일을 이루어 내는 무위자연의 도를 터득한 사람을 성인 또는 진인이라 부른다. 도가 역시 후대로 오면서 노자나 장자 같은 도가 사상의 창시자들을 성인으로 지칭하고 있다. 어쨌든 도가 역시 인간 사회의 정치에 대해서도 이런 무위자연의 도를 적용해 번거롭고 복잡한 제도나 법에 의한 인위적 정치를 배제하고 백성들이 자율적이면서도 만족하고 살아갈 수 있는 무위의 통치를 내세

운다. 그러니 도가 사상을 중심으로 삼는 《회남자》에서도 도가적 성
인을 이상형으로 삼고 있는 것은 당연하다고 볼 수 있다.

"성인은 명예의 주인이 되지 않고, 모략의 곳간이 되지 않으며, 일
의 책임자가 되지 않고, 지혜의 주인이 되지 않는다. 형체 없이 숨어
있고, 흔적 없이 다니며, 조짐 없이 노닌다. 복(福)의 선봉이 되지 않
고 재앙의 근원이 되지 않으며, 허무에서 몸을 보존하고 부득이 할
때만 움직인다." 〈전언훈〉

이렇게 도가적 성인은 마음을 고요하고 텅 빈 상태로 만들어 자연
스럽게 자연의 이치에 따라 행동하고 인위적인 지혜와 모략을 사용
하지 않는 인물이다. 그러니 당연하게도 세속적 인간의 화복은 그에
게 의미가 없다. 오직 자유롭고 편안한 마음을 지닐 뿐이다. 어쩌면
이렇게 되어야 한다는 의식조차 갖지 않는 상태가 바로 성인의 모습
일 것이다.

여기서 성인과 진인이 다스리는 이상적 정치의 모습은 바로 짐작할
수 있다. 법이나 제도, 인의나 예악 같은 어떠한 인위적 행위도 요구
하지 않는 무위의 정치를 할 것은 자명한 일이기 때문이다. 오직 자
신의 정신을 맑게 유지하고 모든 것을 비운 상태에서 마치 존재하지
않는 것처럼 정치를 행할 것이며, 아랫사람에게 모든 책임을 맡기는

자율적인 정치를 할 것이다. 이렇게 되면 군주는 세상의 본보기가 되어 말을 내뱉으면 아름다운 문장이 되고, 행동을 하면 세상 사람들이 따라 하고자 할 것이다. 그 결과 군주는 백성의 위에서 군림하는 존재가 아니라 백성과 더불어 사는 존재가 되며 군주와 신하, 관리와 백성은 조화를 이루며 법이 없어도 살아가는 이상 사회를 이루게 된다.

그런데《회남자》가 저술되던 시대쯤 되면 이런 이상 사회는 고대의 전설로만 전해져 내려오는 것이 되었고 인간 사회는 매우 복잡해져 법과 제도는 마치 그물망처럼 촘촘하게 인간을 얽어맨 지 오래된 상태였다. 여기서《회남자》는 유가의 정치사상과 일정하게 결합한다. 안으로 자신을 닦아 성인이 되고 밖으로는 왕이 되어 백성을 다스린다는 유가의 '내성외왕(內聖外王)' 사상을 정치 이념으로 내세웠기 때문이다. 물론 내성외왕이라는 말의 출처가《장자》〈천하〉편이기 때문에 그것이 유가의 전유물일 수는 없다. 하지만 정작 내성외왕의 개념을 정립하고 이상적 정치론으로 만든 것은 도가가 아니라 유가였다. 어쨌든 정치는 현실을 반영하는 것이고 유가의 정치론이 보다 정교하고 당시의 상황과 맞아떨어진다고 생각했기 때문에 그랬을 것으로 보이지만《회남자》역시 정치론을 펴는 곳에 이르면 두 사상의 접목을 시도하는 경우가 많음을 볼 수 있다.

그러면 마지막으로《회남자》에 나오는 군주와 신하의 관계를 말과 수레의 관계로 비유한 내용을 소개하면서 끝맺고자 한다. 권력이 군주가 타는 수레라고 한다면 신하는 수레를 모는 말과 같은 존재다. 따라서 수레가 잘 굴러 가려면 수레와 말이 조화를 이루어야 한다. 만약 군주와 신하가 조화를 이루지 못하면 정상적인 통치는 불가능하게 된다. 이와 같은 관계는 관리와 백성의 관계에서도 마찬가지다. 그러므로 《회남자》에서 강조하는 정치의 요체는 정치의 두 주체인 군주와 백성의 조화에 있다. 그리고 성인과 진인이란 이런 조화를 자연스럽게 이끌어 내는 사람에 다름 아니고 이상적인 국가는 이런 조화가 매끄러운 나라에 다름 아니다. 사소한 말 한마디에 발끈하며 다툼으로 이끄는 오늘날의 한국 정치인들이 새겨들어야 할 말인 듯하다.

4. 《회남자》의 사상은 오늘날 어떤 의미를 주는가?

비록 2천 년이 넘는 시차가 있지만 오늘날 우리에게 《회남자》는 어떤 의미를 지닌 책일까?

첫째, 《회남자》는 중국 고대의 다양한 사상과 문화를 다원주의의 입장에서 종합한 백과전서의 성격을 띠고 있는 책이므로 우리는 이 책을 통해 다양한 고대 동양의 사상적 흐름과 맥락을 파악할 수 있다. 《회남자》에는 도가를 주축으로 유가, 법가, 음양가의 학설은 물론 천문·지리·의학·군사학 등 다양한 내용들이 포함되어 있어서 당시의 사상과 문화를 종합적으로 이해할 수 있는 가장 좋은 텍스트라고 할 수 있다. 다양한 내용을 담고 있기 때문에 다소 복잡한 듯이 여길 수도 있지만 하나의 시각이 아니라 여러 시각으로 한나라 초기 지식인들이 고민한 철학적 주제들을 돌이켜 볼 수 있다는 점에서 《회남자》는 매우 독특한 문헌학적 가치를 지닌 책이라 하겠다.

둘째, 이 책은 인문 과학과 자연 과학이 분리되지 않은 상황에서 나온 탓이기도 하지만 근본적으로 학문의 상호 인정과 융합을 추구하고 있다는 점에서 그 의미가 남다른 책이다. 오늘날의 학문은 깊이 한 분야에만 천착해서 전문성을 강조하고 있지만 타 학문과의 비교나 융합을 통해 인간과 자연에 대한 총체적 이해를 추구하지는 않는다. 이와 같은 방식은 학문 사이의 단절을 낳고 특정 학문의 집단적 이해만을 반영하는 한계를 안고 있다. 그래서 전 세계적으로 융합 학문에 대한 관심이 높아지고 있는데, 근래에 이르러 우리 사회에서도 이런 분위기가 점차 확산되고 있는 추세다. 사실 학문이 인간을 위한 학문, 즉 인문학을 그 목표로 하는 한 인문 과학과 자연 과학, 사회 과학과 같이 영역을 분리해서 연구하는 것은 장기적으로는 올바른 방식이 아니다. 인간의 삶이 어떤 한 분야로 규정될 수 없듯이 학문도 다양한 학문의 융합과 통합, 소통과 교류가 원활하게 이루어질 때 비로소 완성된다고 할 수 있다. 이러한 의미에서도 고대 시대에 학문의 다양성과 융합을 시도했던 《회남자》는 매우 소중한 가치를 갖는다고 하겠다.

셋째, 《회남자》에서는 자연과 인간, 본질과 현상, 근본과 말단을 두루 포괄하고 있어서 형이상학적 주제와 형이하학적 내용이 서로 조화를 이루고 있다는 점에서 동양 사상을 다루는 책 가운데서도 매우 독특한 특징을 지니고 있다. 형이상학은 사물의 본질이나 존재의 근본 원리를 연구하는 학문이고, 형이하학은 현상적인 사물을 연구하는 학문이므로 이 둘을 동시에 언급하는 책은 그리 많지 않다. 그런데 도의 근원과 존재의 본질을 파악하려고 하는 시도가 있는가 하면 군주의 통치술이나 인간 세상의 처세에 대한 언급이 있고 천문과 지리, 신화를 다루는가 하면 병법의 전략과 전술을 다루는 등 《회남자》는 참으로 변화무쌍한 측면마저 있다. 보통 일반적인 책에서는 형이상학적 주제나 형이하학적 정치론 등이 구분되고 있는 데 반해, 이 책에서는 형이상학과 형이하학을 뒤섞어서 이야기하고 있다. 그 이유는 세계가 유기적으로 존재하기 때문에 형이상과 형이하가 서로 분리될 수 없다는 관점에서 그랬을 수도 있지만 이 책의 저술에 참가한 사람들이 다양하기 때문에 그랬다고 할 수도 있다. 어쨌든 이렇게 주제와 내용의 다양함 때문에 이 책은 도리어 그 가치를 인정받게 된 측면이 있다.

넷째, 이 책은 오늘날 화두가 되고 있는 소통과 통합이라는 차원에서도 매우 가치 있는 책이다. 도가든 유가든 하나의 사상이 정립되면 다른 사상에 대한 비판과 자기 사상의 정통성을 강조하기 마련이다. 가령 유안과 같은 시대에 살았던 동중서는 유학에 대한 철저한 신봉자로 유학만이 유일하게 존귀하다는 독존유술(獨尊儒術)을 내세우고 그것을 무제에게 권해서 유학을 국가 이념으로 만들 것을 건의했다. 이런 입장과 비교하면 《회남자》는 다른 학문에 대한 편견과 무시가 상당히 약한 편이다. 물론 《회남자》에 다른 사상에 대한 비판이 없는 것은 아니다. 하지만 근본적으로 《회남자》는 도가와 유가의 융합은 물론 다양한 학문 사이의 경계와 벽을 무너뜨리는 데 앞장선 측면이 있다. 이런 점은 막 공부를 시작하는 청소년들에게 학문적 편협함을 뛰어넘어 다양한 학문을 경험할 수 있는 길을 보여 준다는 측면에서 더욱 의미가 있는 일이다. 학문을 하는 이유는 여러 가지가 있지만 그 가운데 하나는 자신의 인격을 보다 넓고 깊어지게 하려는 의도도 있기 때문이다. 넓게 배우기 위해서는 편협한 마음을 극복해야 하고, 깊게 배우기 위해서는 느긋한 인내심이 필요하다.

이상에서 살펴본 것처럼 《회남자》는 학문의 다원주의와 상호 융합, 인간에 대한 폭넓은 이해와 차이의 인정, 나아가 세계의 본질에 대한 고민과 현실 세계에서의 지혜 등을 두루 제공하면서 사고가 넓고 깊어지는 방법을 알려 주고 있다. 물론 이 책이 만병통치약이 될 수 없다는 것은 누구나 아는 사실이다. 하지만 다양한 소리에 귀를 기울일 수 있는 열린 마음을 갖고 다른 사람과 소통할 수 있는 자유로운 정신을 지니며 자연과 인간의 조화를 꿈꾸려고 한다면《회남자》는 청소년 시기에 반드시 한 번은 읽어야 하는 소중한 고전이라 하겠다.